Die Provinz Kordofan als angeblicher Herkunftsort August Albrecht Sabac el Chers

Gorch Pieken
Cornelia Kruse

Preußisches Liebesglück

Gorch Pieken
Cornelia Kruse

Preußisches Liebesglück

Eine deutsche Familie aus Afrika

Propyläen

Ohne die Unterstützung des Deutschen Historischen Museums wäre dieses Buch nicht zustande gekommen. Unser Dank gilt insbesondere Dieter Vorsteher, Dorte Krause und Stefan Kontra. Bedanken möchten wir uns auch bei den Mitarbeitern des Militärhistorischen Museums in Dresden, hier insbesondere bei Katrin Korritter, Ingrid Meier und Jens Wehner.

Propyläen ist ein Verlag der Ullstein Buchverlage GmbH
www.propylaeen-verlag.de

ISBN 978-3-549-07337-7

Lektorat: Karin Schneider
Gesetzt aus der Bembo bei LVD GmbH, Berlin
Druck und Bindung: Offizin Andersen Nexö Leipzig GmbH, Zwenkau
Printed in Germany

Inhalt

AUFTAKT:
Ein Ölgemälde löst eine Zeitreise aus 7

1. KAPITEL
»... ein kleiner schwarzer nubischer Junge«
als »Geschenk« aus Ägypten *19*

2. KAPITEL
Vom Diener des Prinzen zum Obersten Silberverwalter:
Eine Karriere bei Hof *53*

3. KAPITEL
Ein Star im Deutschen Reich:
Gustav Sabac el Cher *89*

4. KAPITEL
Karrieren in der Weimarer Republik *125*

5. KAPITEL
Schicksalsjahre *159*

6. KAPITEL
Deutsch-deutsche Geschichten: Die Spuren verwehen *213*

ANHANG
Anmerkungen *241*
Literaturverzeichnis *261*
Personenregister *265*
Bildnachweis *271*

Auftakt

Ein Ölgemälde löst eine Zeitreise aus

Das Bild zeigt ein Liebespaar am Ende des 19. Jahrhunderts: einen Mann in blau-roter Uniform mit weißem Koppel und goldenen Knöpfen, der eine rotblonde junge Frau im hellen Kleid zärtlich umfangen hält. Beide Arme um ihn geschlungen, schmiegt sie sich, den Blick nach innen gekehrt, eng an seine Schulter. Das Gesicht des Mannes, an ihren Kopf gelehnt, spiegelt Glück und Stolz. Doch der Rekrut der königlich-preußischen Armee sieht anders aus, als man sich Soldaten des deutschen Kaiserreichs gemeinhin vorstellt: Er ist schwarz.

Als das Deutsche Historische Museum in Berlin das Gemälde im Sommer 1992 erwarb, avancierte es binnen kurzer Zeit bei Mitarbeitern und Publikum zum Lieblingsstück der Sammlung. In seiner sympathischen Wirkung ist es von seltener Unmittelbarkeit, und so wird dem Betrachter erst auf den zweiten Blick bewusst, dass es einige Fragen aufwirft. Seine Provenienz ist nicht lückenlos nachweisbar; erst mitten im Zweiten Weltkrieg tauchte das achtzig mal vierundneunzig Zentimeter große Gemälde plötzlich auf, als der Frankfurter Carl Maria Grünwald es erwarb. Der junge Mann, damals Anfang dreißig, hatte in der Mainmetropole 1938 eine Kunsthandlung eröffnet. Nach einer Verwundung bei Monte Cassino im Jahre 1943 kehrte er schwerst versehrt aus dem Krieg zurück. Bis ans Ende seines Lebens hatte er zu dem Gemälde eine besondere, emotionale Beziehung, er verband damit eine Träumerei von Glück und Innigkeit, was sich aus der Zeit erschließt, in der er es kaufte: Er sah es als eine Art Gegenpol zu Menschenverachtung und Intoleranz im Deutschland der NS-Zeit, als kleinen stillen Protest gegen ein Unrechtssystem, in dem die Verbindung eines schwarzen Mannes mit einer weißen Frau als »Rassenschande« verfolgt und mit dem Tod bestraft werden konnte.[1] Als Grünwald 1968 an den Spätfolgen seiner Kriegsverletzungen starb, gelangte das »Preußische Liebesglück«, so der Titel des Bildes, in den Besitz des Sohnes, der es schließlich Jahrzehnte später an das Museum verkaufte.

Auch vielen Ausstellungsbesuchern erscheint es als ein Arkadien – die gefühlvoll gemalte Allegorie einer besseren Welt voller Vertrauen und Liebe. Eine Darstellung wirklichen Lebens vermutet man zunächst nicht. Doch der Schwarze in preußischer Uniform hat tatsächlich gelebt: Sein Name war Gustav Sabac el Cher. Im Jahre 1890, zur Zeit der Entstehung des Porträts – es ist datiert und signiert –, war der Zweiundzwanzigjährige bereits seit fünf Jahren Angehöriger der königlich-preußischen Armee.

Wie kam es zu dieser Enthüllung, was machte bei genauer Betrachtung des Bildes eine rein allegorische Deutung zusehends unwahrscheinlich? Mehrere Aspekte gaben Anlass für nähere Nachforschungen: die Datierung, die Signatur und die Art der Uniform – denn schnell war klar, dass es sich nicht um eine Phantasiekreation handeln konnte. Ein militärhistorisches Gutachten brachte Erstaunliches an den Tag: Auch wenn die Darstellung nicht bis ins letzte Detail heereskundlich genau ist, musste nach Ansicht der Spezialisten jedem zeitgenössischen Betrachter bewusst gewesen sein, »dass der hier porträtierte Soldat Mitglied der preußischen Linieninfanterie war«, deren Regimenter allesamt »blaue Waffenröcke mit roten Krägen ohne Litzenschmuck« trugen.[2] Von diesem Ergebnis zu der Erkenntnis, dass zum Entstehungszeitpunkt des Bildes erwiesenermaßen nur ein einziger Schwarzer in der preußischen Infanterie gewesen war, der noch dazu als Militärmusiker für einiges Aufsehen gesorgt hatte, war es nur ein weiterer Schritt.[3] So ungewöhnlich war seine Karriere verlaufen, dass sie schon damals Presseberichte veranlasst hatte.[4]

Auch seine Einheit war daraufhin auszumachen: Es handelte sich um das in Brandenburg an der Havel in Garnison liegende Füsilier-Regiment Nr. 35 »Prinz Heinrich von Preußen«. Die als »brandenburgisch« bezeichneten Ärmelaufschläge mit weiß paspelierten Patten, die dessen Mitglieder – wie alle Soldaten des III. Armeekorps – trugen, sind auf dem Gemälde zwar zu erkennen, auch die laut Richtlinien »gelben« Knöpfe. Die roten Schulterklappen mit der Nummer des Regiments fehlen jedoch an Gustavs Uniform ebenso wie die – allerdings abnehmbaren – roten »Schwalbennester« mit gelbem Besatz, die seinen Status als Angehöriger eines Musikkorps angezeigt hätten. Ein weißes Koppel, wie Gustav es auf dem Bild trägt, war nur bei der Garde und den Grenadieren gebräuchlich.

Weshalb es der Darstellung der Uniform an Exaktheit mangelt, wird verständlicher, wenn man den Maler des Bildes und das, worauf es ihm ankam, ein wenig näher betrachtet. Emil Doerstling (1859–1939) aus Königsberg hatte sich schon in jungen Jahren durch Porträt-, Landschafts- und Genrebilder einen Namen gemacht. Ein überzeugter Vertreter der traditionellen Schule, konnte er sich für die modernen Kunstströmungen seiner Zeit nicht erwärmen – wohl auch ein Grund, weshalb ihm die ersehnte Berufung an die Akademie verwehrt blieb. Bei Auftragsarbeiten ein akribischer Handwerker und guter Beobachter – später trat er vor allem als Illustrator eines mehrbändigen Pilzbuches hervor –, hatte Doerstling, wie eine Sichtung seines Nachlasses zeigte, zudem ein Faible für die zu jener Zeit populären typisierenden Darstellungen von als »exotisch« betrachteten Menschen: Seinen Bildern von alten Juden oder »Zigeunern« wohnt etwas Beschauliches inne, es sind liebevolle kleine Porträts ohne jeden bösartigen Zug.

Der junge, erfolgreiche, dunkelhäutige Militärmusiker Gustav Sabac el Cher erregte seine Aufmerksamkeit wohl in ganz besonderem Maße. Dabei lag das Augenmerk des Künstlers weniger auf der Uniform als auf der »Exotik« seines männlichen Modells. Das ungewöhnliche Liebespaar – wer die junge Frau ist, wissen wir nicht –

wird ihm für eine anrührende Szene wie geschaffen erschienen sein.[5] Um den Kontrast zwischen den Hautfarben noch stärker zu betonen, malte Doerstling den jungen Soldaten erheblich dunkler, als dieser tatsächlich war. Denn Gustav war der Sohn einer Berlinerin und eines aus Afrika stammenden Mannes.

Die ungewöhnliche Familiengeschichte der Sabac el Chers, die sich über fünf Generationen bis in die Gegenwart erstreckt, erzählt vom europäischen Blick auf andere Kulturen, von Trennungslinien zwischen Innen- und Außensicht, vom vielschichtigen, oftmals fatalen Umgang mit »dem Fremden« im 19. und 20. Jahrhundert, aber auch von Integration, Anpassung und Verschmelzung. Über die Recherchen zu Doerstlings Porträt führten die Spuren zu den Ursprüngen der Familie von 1890 aus noch einmal fünfzig Jahre zurück in die Vergangenheit.

Alles begann mit einem Eklat im preußischen Königshaus, als Prinz Albrecht von Preußen, jüngster Bruder Friedrich Wilhelms IV., im Sommer 1842 die Trennung von seiner Frau bekannt gab.

Der 1809 als neuntes Kind von Friedrich Wilhelm III. und der früh verstorbenen Königin Luise in Königsberg geborene Prinz hatte seine Cousine Marianne, die Tochter des niederländischen Königs Wilhelm I., bereits im Alter von dreizehn Jahren kennengelernt und ab da jeden nur möglichen Anlass genutzt, um sie wiederzusehen. 1829 verlobte er sich mit der lebensfrohen, ein Jahr jüngeren Frau – als »Geschenk« erhielt er zu diesem Anlass von seinem Schwager, dem russischen Zaren Nikolaus I., das ukrainische Kavallerieregiment Nr. 7 –, und am 14. September 1830 fand in Den Haag die Hochzeit statt. Die Vermählung war auch, aber keineswegs nur, eine dynastische Allianz – eine Verbindung zum Haus Oranien wurde am preußischen Hof gern gesehen.

Alles schien unter einem guten Stern zu stehen: Neun Monate später wurde die erste Tochter mit Namen Charlotte geboren, und im

Prinz Albrecht, um 1835

Mai 1832 konnte das junge Paar sein eigenes Heim in Berlin an der Wilhelmstraße beziehen. Umfangreiche Renovierungsarbeiten an dem aus dem 18. Jahrhundert stammenden Gebäude, die von Karl Friedrich Schinkel geplant und von Mariannes Vater großzügig finanziert worden waren, hatten ein wertvoll eingerichtetes, viel beachtetes Palais hervorgebracht, das nach seinem Hausherrn benannt wurde. Das Innere, luxuriös, hell und geräumig, mit großen Gesellschaftsräumen, war frei von der staubigen Düsternis des nahe gelegenen Stadtschlosses – ohne Rüstkammer, ohne Rittersaal, ohne Sammlung historischer Waffen.[6] Den Park der neuen Residenz, in dem der pferdebegeisterte Prinz bald darauf eine Reithalle errichten ließ, hatte kein Geringerer als der berühmte Peter Joseph Lenné im englischen Stil gestaltet. Die äußerst wohlhabende Ehefrau ermöglichte Albrecht einen Lebensstil mit vielen Annehmlichkeiten, die er sich aus eigenen Mitteln niemals hätte leisten können, denn am preußischen Königshof wurde Sparsamkeit gepflegt. Prinzessin Marianne trat, so wird die Hofdame Caroline von Rochow später berichten, »als eine sehr hübsche, zuvorkommende Persönlichkeit auf, die nur den angenehmsten Eindruck hinterlassen konnte, zeigte auch den besten Willen, eine gute Frau zu sein, ein häusliches Leben zu führen, ja selbst ihrer Bildung nachzuhelfen«.[7]

Doch bald schon begann das junge Glück erste Risse zu zeigen: Seiner Bildung nachzuhelfen war Albrechts Sache, soviel wir wissen, nicht; seine Interessen gingen vor allem in die sportliche, praktische Richtung. Waren die beiden charakterlich zu verschieden, war es mangelnde emotionale Reife – den Partner, der ihren Ansprüchen genügte, fand die selbstbewusste Marianne in Albrecht nicht. Schon in den Augen der Zeitzeugen war es »eine Art von Kinderliebe«, die der Prinz »für seine muntere Cousine an den Tag gelegt hatte«. Der König, sein Vater, »liebte das Heiraten überhaupt, mochte glauben, daß frühe Ehen vor manchen Irrsalen des Lebens bewahren können, und so erwog man wohl kaum den Umstand, ob ein so junger Ge-

Prinzessin Marianne,
um 1840

mahl imstande sei, ein lebendiges, in größter Freiheit aufgewachsenes Wesen zu leiten«.[8] Ob der Prinz, bei seiner Heirat keine einundzwanzig Jahre alt, tatsächlich zu jung, zu unstet, zu unreif war? Es ist anzunehmen. Sicher ist, dass er an seiner Kindheit – sie wird als einsam, ja lieblos beschrieben – nicht leicht zu tragen hatte: Nach dem frühen Tod seiner Mutter war er in der strengen Obhut ständig wechselnder Erzieher aufgewachsen. Die »herrlichsten Anlagen des Kopfes und des Geistes«, hatte einer von ihnen dem Zwölfjährigen einst bescheinigt, doch zugleich »große Empfänglichkeit und übermäßige Reizbarkeit«. Alles mache Eindruck auf ihn, nichts aber bleibe haften; so gut seine Auffassungsgabe sei, so schnell vergesse er das Aufgefasste wieder. »Daher seine übertriebene physische und moralische Beweglichkeit, welche ihn aufzuzehren droht, wenn sie nicht in Schranken gehalten wird, und die Zorn, Eitelkeit, Ehrsucht sehr leicht in dem jungen Gemüt einheimisch machen könnten.«[9] In den wenigen Mußestunden häufig sich selbst überlassen, war der Prinz stets isoliert geblieben. Ein engerer familiärer Kontakt zu den – weitaus älteren – Brüdern war in seiner Jugendzeit nicht entstanden, und auch der Vater, Friedrich Wilhelm III., betrachtete den jüngsten Sohn, über den er einmal trocken bemerkt haben soll, »er hätte einen guten Stallmeister abgegeben«, mit spürbarer Distanz. Politisch ohne jede Funktion, flüchtete sich Albrecht in die soldatische Pflichterfüllung – er liebte die Armee und bereitete sich zeit seines Lebens auf den militärischen Ernstfall vor. Als Chef des 1. Dragonerregiments, das seinen Namen führte, war er oft unterwegs, und bald schon wurden seine Reisen immer ausgedehnter. In der »Häuslichkeit« des Paares, so die erwähnte Chronistin, begann »ein zerrissenes, herumfahrendes Wesen … Platz zu greifen«.[10]

Wer den ersten Ehebruch beging, ist nicht mehr zu rekonstruieren. Um 1840/41 munkelte man in Berlin jedenfalls über ein Verhältnis der Prinzessin mit ihrem niederländischen Leibkutscher. Es war nicht mehr zu übersehen: Cousin und Cousine hatten sich auseinandergelebt. Marianne war es wohl, die die Initiative ergriff und Albrecht schließlich anbot, die Ehe nur noch pro forma fortbestehen zu lassen – tatsächlich aber könne jeder tun, was ihm beliebe. Denn, das war ihr zweifelsohne nicht verborgen geblieben, auch der Gatte schlug über die Stränge. Unmittelbar an das Grundstück des Prinz-Albrecht-Palais grenzte das Haus des Generals und zeitweiligen preußischen Kriegsministers von Rauch. Seine Tochter Rosalie, etwa elf Jahre jünger als Albrecht, hübsch, natürlich, freundlich und als eine Hofdame Mariannes im Palais oft zu Gast, war dem Prinzen schon vor Längerem besonders aufgefallen. Nach dem offenen Ausbruch der Ehekrise zeigte er ihr unverhohlen seine Sympathie und machte ihr für jedermann sichtbar den Hof.[11]

Zum Leidwesen des Königs: Als Friedrich Wilhelm IV., seit 1840 auf dem preußischen Thron, fromm, konservativ und ein strikter Gegner der Scheidung, von der Trennung und den erotischen Eskapaden der Ehepartner erfuhr, schäumte er vor Wut und versuchte mit allen Mitteln, sie auf den Pfad der Tugend zurückzubringen. Angesichts des nicht mehr zu verbergenden Skandals hielt er es für geboten, dass Albrecht die Stadt, eine Zeit lang zumindest, verließ.

Eine andere Erklärung für diesen Beschluss findet sich in einer Geschichte, die man in der Familie Sabac el Cher über Generationen hinweg erzählte. Durch schriftliche Quellen zu belegen war sie bislang nicht.[12] Demnach gab es einen noch triftigeren Grund, Albrecht auf eine große Reise zu schicken: Zu einem Stelldichein, das Marianne mit ihrem Kutscher hatte, soll der Prinz seiner Gattin bis zum verabredeten Treffpunkt gefolgt sein. Kurz bevor er in Sichtweite der Liebenden geriet, habe ein Wachsoldat der Prinzessin so unüberhörbar laut vor ihm salutiert, dass das Paar gewarnt war und gerade noch fliehen konnte. Der als hitzköpfig bekannte Prinz soll daraufhin den treuen Wachsoldaten niedergestochen und tödlich verletzt haben. Doch ein Mitglied der Königsfamilie verhaften oder gar verurteilen zu lassen war damals nicht vorstellbar. Ein Bruder Albrechts, Prinz Karl, hatte jedenfalls einen Menschen erstechen können, ohne die Konsequenzen für sein Handeln tragen zu müssen.[13] »Ein Hohenzoller weniger!«, titelte die sozialdemokratische Presse noch Jahrzehnte später hämisch, als Karl mit einundachtzig Jahren verstarb, ein Mann, den weder »die berechtigte Kritik, geschweige denn die Gerechtigkeit hätte erreichen können«, denn »sonst wäre dieser vortreffliche Prinz schwerlich in seinem Palais, sondern wahrscheinlich in irgendeinem Zuchthaus gestorben«. Sei er doch derjenige gewesen, »dem das ›Unglück‹ passierte, seinen Kammerdiener mit dem Degen ›aus Versehen‹ zu töten«, als dieser ihn wegen des Missbrauchs von dessen halbwüchsiger Tochter wütend zur Rede stellte. Einen »hänfenen Strick« habe er auf Befehl des Königs daraufhin um den Hals tragen müssen, da er »ein todeswürdiges Verbrechen begangen hatte, ohne daß ihn der ›irdische Richter‹ deshalb an den Kragen fassen konnte«, hieß es damals im Volksmund. Den Strick freilich habe man nie gesehen, »wohl aber den Verdienstorden an einem Emaillehalsband«.[14]

Wie es im Falle Albrechts nun auch gewesen sein mag: Ob allein der Skandal der von beiden gewünschten, doch noch lang nicht vollzogenen Scheidung oder womöglich eine Gewalttat hinter der Maßnahme steckte: Bei Hof hielt man es für besser, den jüngsten Bruder des Königs dem Großstadtklatsch für einige Zeit zu entziehen. Und auch der Prinz war dem Vorhaben keineswegs abgeneigt. Zum Jahreswechsel 1842/43 war er mit den Vorbereitungen für eine Orientreise beschäftigt. Als Ziel wählte er nicht zufällig Ägypten.

1. Kapitel

»… ein kleiner schwarzer nubischer Junge« als »Geschenk« aus Ägypten

Ganz Berlin sprach in diesen Tagen von der großen archäologischen Expedition, die der erst einunddreißigjährige, doch schon berühmte Ägyptologe Richard Lepsius anführte. Alexander von Humboldt hatte sie angeregt, der kunstsinnige Friedrich Wilhelm IV. bereitwillig finanziert. Eine Faszination für das Land der Pharaonen, der wohl »ältesten bestimmbaren Civilisation des Menschengeschlechtes«,[1] bestand seit langem, doch das breite öffentliche Interesse war noch relativ jung. Ausschlaggebend war zum einen der Ägyptenfeldzug Napoleons von 1798, in dessen Gefolge Scharen von Forschern reisten und Altägyptisches dokumentierten, zum anderen eine spektakuläre Entdeckung, die erst zwanzig Jahre zurücklag:

Nachdem sich viele Generationen von Forschern vergeblich darum bemüht hatten, war dem jungen Franzosen Jean-François Champollion 1822 mit seinem »Lettre à Monsieur Dacier« der entscheidende Schritt zur Entschlüsselung der Hieroglyphen gelungen. Als er zehn Jahre später mit nur zweiundvierzig Jahren starb, war sein Lebenswerk unvollendet; manche Gelehrten bezweifelten gar die Richtigkeit seiner Erkenntnis. Es ist das Verdienst Alexander von Humboldts, der in Paris persönlich zugegen gewesen war, als Champollion seine Arbeit im Institut de France präsentierte, sich in Berlin für die Weiterführung der Forschungen eingesetzt und den begabten Altphilologen Lepsius dafür gewonnen zu haben, sich des Erbes Champollions anzunehmen. Nach einem intensiven Studienaufenthalt in Paris und einer von der Berliner Akademie finanzierten Reise durch Italien, wo er sich in Pisa mit Ippolito Rosselini hatte austauschen können, dem engsten Vertrauten Champollions und Sachwalter dessen Werks, legte Lepsius bereits 1837 mit seinem »Lettre à

M. Rosellini sur l'alphabet hiéroglyphique« die endgültige Bestätigung für Champollions Beweisführung vor.

Endlich verstand man die Aufschriften auf den ägyptischen Figuren und Sarkophagen, die schon so lange gesammelt und ausgestellt worden waren. Durch zahlreiche Veröffentlichungen grundlegender Werke etablierte Lepsius in den folgenden Jahren die Ägyptologie als neue geisteswissenschaftliche Disziplin. Anfangs von Frankreich, nun von Preußen ausgehend, entwickelte sich eine regelrechte »Ägyptomanie«, die bald ganz Europa erfasste. Die Entsendung einer Expedition in das »geschichtlichste aller Länder«,[2] wie der führende Ägyptologe befand, war da nur der nächste Schritt – und gleichsam eine Frage des nationalen Prestiges, der Profilierung im europäischen Kontext.

Mit der großen, generalstabsmäßig geplanten archäologischen Unternehmung, die nach vierzehntägigem Aufenthalt in Alexandria am 30. September 1842 begann, erfüllte sich für Lepsius ein lang gehegter Wunsch: »Es bleibt mir also nur Ägypten, und das hält sich wie ein Leitstern in allen Überlegungen, die ich anstelle. Ägypten muß einmal doch verschlungen werden; meine Zeit ist da«, hatte er schon 1839 geschrieben.[3] In der drei Jahre andauernden Expedition gelang ihm die erste wissenschaftlich exakte Bestandsaufnahme der archäologischen Überreste im Niltal, die er akribisch durch einen Stab handverlesener Mitarbeiter freilegen, vermessen und zeichnen ließ. Die so entstandenen »Denkmäler aus Ägypten und Äthiopien«, neunhundert in Ausführung und Präzision einzigartige Großfoliotafeln, sind ein für Ägyptologen bis heute unersetzliches Arbeitsmittel – umso mehr, als viele Originalmonumente seither zerstört worden sind. Doch nicht nur die umfassende Dokumentation der Altertümer vor Ort war das erklärte Ziel, sondern auch die Gewinnung von Ausstellungsstücken für das neue Ägyptische Museum in Berlin, das – entworfen von Friedrich August Stüler – seit 1841 entstand.

Eine erste, vielversprechende Forschungsreise an den Nil hatte unter der Leitung von Johann Heinrich Carl Freiherr Menu von Minutoli bereits 1820/21 stattgefunden – mit unglücklichem Ende: Ein Großteil der Funde ging durch Schiffbruch an der Elbmündung verloren. Immerhin: Die dreiundzwanzig von ursprünglich hundertzwanzig Kisten, die auf dem Landweg wohlbehalten in Berlin ankamen, bildeten mit der Sammlung des passionierten Ausgräbers Giuseppe Passalacqua den Grundstock der Sammlung.

Die »Untersuchung und Ausbeutung«[4] der altägyptischen Denkmäler, von der Lepsius später sprach, ist also durchaus wörtlich zu nehmen. Obwohl sie auch damals schon so manche Kritik hervorrief, geschah die Aneignung doch mit Billigung der örtlichen Autoritäten. Ägypten, nominell noch eine Provinz des Osmanischen Reiches, stand unter der Herrschaft des Vizekönigs Mehmed Ali, der das Land zwar mit autokratischer Härte regierte, aber auch entschieden seine Modernisierung betrieb. Großes Vorbild waren ihm dabei die Nationen Westeuropas, deren technische Neuerungen er mit regem Interesse verfolgte. Die Begeisterung der Europäer für Kunst und Geschichte des alten Reiches am Nil blieb ihm indes rätselhaft, weshalb er dem allgegenwärtigen Raub der Kulturdenkmäler und ihrer Zerstörung gleichgültig gegenüberstand. Dem wachsenden Bedarf an Baumaterial zur Errichtung von Fabriken fielen ganze Tempel zum Opfer, Grabräuber füllten am helllichten Tag ungehemmt ihre Taschen, und Reisende wurden in der Regel nicht daran gehindert, archäologische Funde außer Landes zu bringen.

Auch Lepsius erhielt, als er, ein persönliches Schreiben Friedrich Wilhelms IV. und einige Porzellanvasen aus der Königlichen Manufaktur im Gepäck, bei Mehmed Ali vorsprach, für sein Vorhaben grünes Licht. Und nicht nur das: Allerorten wurden ihm bereitwillig Arbeiter und die nötigen Hilfsmittel zur Verfügung gestellt. Zeitweise beschäftigte er nach eigener Auskunft achtzig bis hundert Personen, darunter nicht wenige Kinder. Die Ausbeute sollte am Ende beträchtlich sein: Insgesamt tausendfünfhundert Objekte wurden im Laufe der nächsten Jahre an die Spree geschickt, als »Geschenk des ägyptischen Vizekönigs an den König von Preußen«.

Lepsius' zwischen 1842 und 1845 verfasste »Briefe aus Aegypten, Aethiopien und der Halbinsel Sinai« – ein Reisebericht in Tagebuchform, »Alexander von Humboldt in tiefster Verehrung und Dankbarkeit zugeeignet« – spiegeln denn auch immer wieder preußisches Selbstbewusstsein: Aus heutiger Sicht skurril, doch für die Teilnehmer der Expedition selbstverständlich war die Demonstration nationaler Präsenz auf den Königsgräbern: »Gestern am 15. Oktober [1842] war Königs Geburtstag. Ich hatte diesen Tag für den ersten Besuch der großen Pyramiden ausersehen. … An dreißig Beduinen hatten sich um uns versammelt, und warteten auf den Augenblick, da wir die Pyramiden besteigen würden, um uns mit ihren kräftigen Armen die drei bis vier Fuß hohen Stufen hinauf zu heben … Wenige Minuten später entfaltete unsere Fahne« – sie war in luxuriöser Ausführung für diesen Tag eigens angefertigt worden – »auf dem Gipfel des ältesten und höchsten aller Menschenwerke, die wir kennen, den preußischen Adler, den wir mit einem dreimaligen jubelnden Lebehoch auf unseren König begrüßten. Nach Süden fliegend, wendete der Adler sein gekröntes Haupt der Heimath zu gen Norden, von wo ein erfrischender Wind wehte und die heißen Strahlen der Mittagssonne an uns abgleiten ließ.«[5] Über dem Eingang der Cheopspyramide wurde »auf einem Raume von fünf Fuß Breite und vier Fuß Höhe« eine ausführliche, von Lepsius verfasste hieroglyphische Inschrift zu Ehren Friedrich Wilhelms IV. eingemeißelt, »des Namen Sonne und Fels Preußens ist«.[6]

Angesichts dieser Stimmung konnte der Zeitpunkt für die Reise des Prinzen Albrecht günstiger nicht sein. Im Februar 1843 traf er in Begleitung zweier Offiziere und einiger Diener aus Genua kommend in Alexandria ein. Über seinen Aufenthalt im Land der Pharaonen

Geburtstagsfeier für König Friedrich Wilhelm IV.:
Die preußische Expedition auf der Spitze der Cheopspyramide,
15. Oktober 1842

gibt es mehr Mutmaßungen als Fakten – in der bisher einzigen Albrecht-Biographie, »Der vergessene Prinz«, wird er nicht einmal erwähnt. Rekonstruieren lässt er sich dennoch anhand verschiedener Quellen: Wichtigstes Zeugnis ist das »Album der Orientalischen Reise vom Februar-August 1843«, ein bisher unveröffentlichtes Skizzenbuch, das sich im Besitz des Deutschen Historischen Museums befindet. Auf hundertacht Seiten sind verschiedene Stationen der Expedition zum Teil farbig illustriert und mit Kommentaren versehen. Die meisten Ansichten wurden in Ägypten von Leutnant Charles Reclam, einem engen Freund des Prinzen und Begleiter seit Jugendtagen, skizziert und nach der Rückkehr in Berlin durch den Landschafts- und Architekturmaler Johannes Rabe ausgeführt. Wie aus einem auf die erste Seite geklebten Autographen Albrechts hervorgeht, schenkte er Reclam das Buch 1856 zu Weihnachten:

»Brl., 24ter 12. 56. Soeben von Albrechts-bg. hier eintreffend, finde ich das Dir bestimmte Album vor, welches eine treue Copie des Deinigen ... ist, und das mir damals, so wie heute unendl. Freude bereitete. Nimm aus schüchterner Hand die Gabe des Herzens ... auf, mein Alter Killo! Es thut mir recht innig leid, mich des Vergnügens beraubt zu sehen, mein Angebinde nicht eigenhändig überreichen zu können. Viel Heil und Seegen zum kommenden Jahre für Dich und die Deinen. Mit der Bitte meine Empfehlungen Deiner Frau ausrichten zu wollen, Dein treuer Freund Albrecht.« Das detaillierte Reisetagebuch, das Reclam ebenfalls führte, ist heute nicht mehr erhalten.

Von Alexandria ging es zunächst auf direktem Wege nach Kairo. In der lockeren Chronologie des Skizzenbuchs wird das zwar nicht erwähnt, Aufschluss darüber gibt aber Georg Erbkam, der am 2. März vermerkte, »daß Prinz Albrecht am 25ten in Alex[andrien] angekommen [un]d stündlich in Cairo erwartet wird«. Der Architekt, ein Mitarbeiter von Lepsius, fertigte die genauen Pläne der Ausgrabungen an. Später würde er unter denjenigen sein, die die – von Lepsius entworfenen – ägyptisierenden Malereien im Neuen Museum zu Berlin ausführten. Seine umfangreichen, bislang ebenfalls nicht publizierten Notizen über die Expedition sind die zweite wichtige Quelle zum Verlauf von Albrechts Ägyptenaufenthalt.[7]

In der Zitadelle von Kairo, dem Machtzentrum des Landes, wurde der Hohenzollernprinz von Mehmed Ali empfangen – trotz heikler Vorgeschichte. Nur zwei Jahre zuvor hatte Preußen dazu beigetragen, dass der mächtige Herrscher des Nillandes seine größte politische Niederlage erlitt. Der ehrgeizige Vizekönig war von Großbritannien, Russland, Österreich und Preußen daran gehindert worden, Ägyptens Unabhängigkeit vom Osmanischen Reich zu erklären. Die

Unveröffentlichtes Kleinod: Das »Album der Orientalischen Reise«, das die Ägyptenreise Prinz Albrechts dokumentiert

Affäre wurde letzten Endes in den Kabinetten der europäischen Großmächte entschieden, die ihre Interessen in der Region massiv zu behaupten suchten. Mehmed Alis Großmachtstreben, die rasche Entwicklung eines modernen Ägypten und der wachsende französische Einfluss im östlichen Mittelmeerraum waren ihnen ein Dorn im Auge, und so wurde er um das letzte Ziel seines an Erfolgen sonst so reichen Lebens gebracht.

Die Einzelheiten der Begegnung sind nicht überliefert, doch im ausführlichen Bericht eines anderen Reisenden von Stand, des Fürsten von Pückler-Muskau, der Ägypten und den Sudan ein wenig früher besuchte, findet sich eine genaue Beschreibung seiner Audienz bei Hof, die dem westlichen Gast zu gewähren ein Gebot orientali-

Das Machtzentrum Ägyptens: Die Zitadelle von Kairo, Holzstich von 1880

scher Gastfreundschaft war: »Seine Hoheit empfing mich in einem untern Saale des Palastes, der mit einer ehrerbietigen Menge seiner Hof- und Staatsdiener angefüllt war. Erst als ich durch diese hindurchgedrungen, sah ich den Vizekönig. ... Meine Überraschung war groß – denn nach der in Alexandrien befindlichen Büste und einigen Portraits, die man für ähnlich ausgab, hatte ich mir einen streng, ja hart aussehenden Mann im prunkvollen orientalischen Schmuck gedacht, mit Zügen, die, wie ich an der Büste bemerkt, auffallend an Cromwells Bilder erinnerten. Statt dessen stand in einen schlichten braunen Pelz gekleidet, mit dessen weißem Besatz der ehrwürdige Bart von gleicher Farbe seltsam zusammenfloß, den einfachen roten Tarbusch ohne Shawl und Edelsteine auf dem Haupte, keine Ringe an den Fingern, noch, wie im Orient gewöhnlich, einen kostbaren Rosenkranz in der Hand haltend … – ein kleiner freundlicher Greis vor mir, dessen kräftige, wohlproportionierte Gestalt nur durch eine fast kokett zu nennende Frische und Reinlichkeit geschmückt war; dessen Gesichtszüge aber ebensoviel ruhige Würde als wohlwollende Gutmütigkeit aussprachen, und der, obgleich seine funkelnden Adleraugen mich durch und durch zu schauen schienen, doch durch die Grazie seines Lächelns wie die Leutseligkeit seines Benehmens nur unwillkürliche Zuneigung und nicht die mindeste Scheu einflößte.«

Besonders beeindruckt war der Fürst vom Nuancenreichtum der

Mehemed Ali, um 1850

Umgangsformen im Orient: »Es herrscht hier in dieser Hinsicht weit mehr Etikette als bei uns, und die Abstufungen sind bestimmt. Zuerst das Grüßen betreffend. … Der Vornehmste grüßt stets zuerst. Der viel Höhere legt die Hand auf die Brust, während der ihm im Rang Nachstehende die Hand gegen die Brust und dann gegen die Stirn emporhebt, dies auch wohl zweimal wiederholt. Gleiche oder im Range nur wenig Verschiedne grüßen sich entweder auf diese letztere Manier gegenseitig oder aber nur mit einer Bewegung der Hand nach dem Gesicht, fast so wie wir uns eine Kußhand zuwerfen. Ganz Niedrige machen als Zeichen der Unterwürfigkeit die Pantomime, als wenn sie Staub von der Erde aufheben und diesen sich auf die Brust und die Stirn legen wollten«, eine Geste, die von Staatsdienern auch gegenüber Mehmed Ali üblich sei. Er selbst grüße seine Untergebenen, indem er die Hand auf den Leib lege, Fremde hingegen, die er auszeichnen wolle, durch Heben der Hand zum Gesicht.

»Mit der größten Courtoisie« sei er willkommen geheißen und bewirtet worden: Nach der ersten Begrüßung habe der Vizekönig ihn aufgefordert, sich neben ihm niederzulassen, was für sich schon eine Ehre bedeutete, woraufhin – als eine weitere Reverenz – für beide kostbare, mit Diamanten verzierte Pfeifen und Kaffee gebracht worden seien. Der Fürst erläuterte auch die feinen Abstufungen des Zeremoniells: »Man muß schon im Rang einem andern einigermaßen nahe stehen, um sich bei ihm auf die Ottomane setzen zu dürfen, und die Arten selbst, wie man sich setzt, sind dreifach nach den verschiednen Graden der schuldigen Ehrerbietung: 1) mit einem untergeschlagnen Bein auf dem Rand der Ottomane, 2) auf beiden Knien, aber etwas entfernt, ganz darauf Platz nehmend, ohne sich anzulehnen, 3) endlich es sich nach Belieben bequem machend, wo man vertraut oder gleich und gleich ist. … Wer das Recht zu sitzen hat, erhält in der Regel auch den Kaffee, die Pfeife aber ist eine größere Auszeichnung«, denn, wie Pückler an anderer Stelle nicht ohne Stolz

Unter preußischer Flagge auf dem Nil: der Raddampfer bei Girgeh
Aus dem »Album der Orientalischen Reise«

bemerkte, »den Generalkonsuln, wenn sich derer gegenwärtig befanden, sah ich immer nur Kaffee in ordinären Tassen und keine Pfeifen … präsentieren, selbst dem Sheriff von Mekka … nicht.« Weder Pfeife noch Kaffee oder auch nur ein Glas Wasser dürfe man empfangen »(außer bei Tafel wo alle Zeremonien wegfallen), ohne beim Nehmen und auch Wiederabgeben des leeren Geschirrs oder der Pfeife durch einen Gruß zu danken. Ja selbst der Wirt in seinem eignen Hause, sobald ein Vornehmerer als er bei ihm ist, grüßt diesen, dankend für alles, was ihm seine eigenen Diener servieren. So wird auch dem Vornehmsten immer zuerst präsentiert, er sei Wirt in seinem eignen Hause oder Gast in einem fremden.«[8] Entsprechend zuvorkommend wird auch Prinz Albrecht behandelt worden sein, der es sich, dem Status des »Vornehmsten« entsprechend, sicher »nach Belieben bequem« hat machen dürfen.

Zum besonderen Schutz gegen marodierende Beduinenhorden wurde den Preußen vermutlich ein Kawas, ein »Ehrenwächter«, als Zeichen der »unantastbaren Auctorät«[9] zur Seite gestellt, ebenso ein einheimischer Reisebegleiter und Dolmetscher, ein sogenannter Dragoman. Sein Name war Ibrahim. Im Skizzenbuch ist er porträtiert: in Pluderhosen, rotem Wams und mit Fez, einen Sonnenschirm in der Hand. Mit der prinzlichen Reisegruppe fuhr Ibrahim in den folgenden Wochen auf einem Raddampfer nilaufwärts. Über dessen Schornstein war – natürlich – der preußische Adler gehisst.

Nahe Kairo passierten sie eine lange Kette verfallener, schmutziger Dörfer. Wenige Jahre zuvor hatte der Ägyptenreisende Fürst Pückler befunden, dass die Bevölkerung zwar arm sei, doch nicht in Hunger und Elend lebe. Er war sogar der Überzeugung gewesen, »daß mitten in Paris und London teilweise grässlicheres Elend nachzuweisen ist, als in ganz Ägypten gefunden werden kann«.[10] Charles Reclam hingegen zeigte sich erschüttert: »Das Elend ist unbeschreiblich. Himmel und Erde scheinen sich gegen sie verschworen zu haben; sie erliegen der Last der Abgaben und dem Druck der heissen Sonnenstrahlen«, ja »ihre Palmbäume selbst verweigern ihnen den kühlenden Schatten«. Die große Geschichte des Landes sei hier kaum zu erahnen, alles schien zu ersticken unter Schichten von Sand und Schutt. Öde, Trockenheit und das unaufhaltsame Vordringen der »alles verschlingenden« Wüste ernüchterten die erwartungsvollen Reisenden zutiefst. Karg, monoton, kurz: sehr viel »weniger schön als erwartet« ließ sich die Nilfahrt an.

Erst allmählich rückten die Tempelanlagen und Grabmonumente der Pharaonen ins Zentrum des Interesses, doch immer noch überwogen eindeutig kritische Töne. Über die Provinzhauptstadt Assiut heißt es im Skizzenbuch: »... sieht, so wie alle orientalischen Städte beßer in der Entfernung als in der Nähe aus. Sie liegt etwa 1500 Schritt vom linken Nilufer entfernt. Wir ritten nach der Landung gleich nach dem ... 1/4 Meile von der Stadt entfernten hohen Thal-

»Sieht … beßer in der Entfernung als in der Nähe aus«:
die Provinzhauptstadt Assiut
Aus dem »Album der Orientalischen Reise«

rande, welcher in seiner ganzen Höhe mit Eingängen zu altegyptischen Grabgemächern bedeckt ist. Die nebenstehende Ansicht ist von einem derselben aus gezeichnet. Die größeren Gräber liegen auf der halben Höhe des steilen Abhanges, und ehe wir hineintraten, thaten wir einige Schüße um die Fledermäuse zu vertreiben. Auch halten sich häufig Shakals in diesen Gräbern auf. Deren Wände sind zum Theil mit Figuren und Hyerogliphen bedeckt.«

Auch die Kehrseite des Forschungsinteresses blieb der Reisegruppe an diesem Ort nicht verborgen: »Vor den Eingängen liegen eine Menge auseinandergerißener Mumien und halber Leichname. Es macht unserem Jahrhundert eben keine Ehre, daß diese Leichen welche Jahrtausende lang friedlich geruht, und welche selbst alle wilden Eroberer Egyptens verschont hatten jetzt so entheiligt werden. Dies geschieht in der Hoffnung eine Thonpuppe oder einen gläsernen Scarabäen zu finden. Die Leute nennen es wißenschaftliches Streben, Wißbegier; meist aber ist es eitele Neugier, und häufiger noch Geldgier, denn es wird mit Allem Schacher getrieben.«

Je mehr sich die Gesellschaft Assuan näherte, desto öfter kündigten einzelne aus dem Wasser ragende Felsen die berüchtigten Stromschnellen an, so dass besonders in der Nacht größte Vorsicht geboten war. »Quer durchschneidende Granitgebirge« im Flussbett, die »häufig kaum den nöthigen Raum für ein Fahrzeug lassen«, erschwerten die Fahrt des Dampfers. »Ohne eigentliche Wasserfälle zu bilden ist die Strömung dort äußerst heftig.« Von den Einheimischen wurde diese Stelle nach Möglichkeit gemieden: »Um die Cataracten des Nils zum umgehen«, notierte Reclam ins Skizzenbuch, würden die Waren »zwischen Assuan und Meschid (circa 1½ Meilen) auf Kamehlen transportiert«.

Bestürzend dann die Eindrücke im alten Assuan selbst, das die Gruppe »verwüstet« vorfand: »Einen desolateren Anblick ... kann man sich kaum denken. Nicht ein Grashalm wächst zwischen den Trümmern, das ganze vegetale Reich wird durch eine Giftpflanze vertreten welche die Araber Asher nennen. Bricht man ein Blatt, so fließt ein weißer zäher Saft aus. Die Araber träufeln denselben in eins der Augen der Knaben, welches in Folge dieser Operation austrocknet. Auch reißen sie ihnen aus der oberen Zahnreihe auf der rechten Seite einige Zähne aus; an anderen Orten z. B. in Syuth fanden wir, daß allen Knaben die beiden vordersten Glieder des Zeigefingers der rechten Hand fehlten. Alle diese Barbareien finden statt, um die Knaben später vom Militairdienste zu befreien; und Mehemet Ali muß nun auch die Einäugigen und die, denen die Patronenzähne fehlen, nebst den Neunfingerigen einstellen.«

Bei so viel Elend und einer Einförmigkeit, die auch schon Pückler beklagt hatte, schien die Fahrt kein Ende zu nehmen: Mit Zielschießen vom Schiffsdeck aus versuchten die Preußen der Langeweile Herr zu werden. Sie ärgerten sich über den wiederholt missglückten Versuch, ein Krokodil zu erlegen, und bewunderten Vielfalt und Reichtum der Fauna, ganz besonders der Vögel. In den Kommentaren des Skizzenbuchs fehlt es in diesem Zusammenhang nicht an Kuriositäten: »Die Zahl der Störche ist unbeschreiblich, sie stehen … reihenweise auf den Inseln, und große feiste Pelikane watscheln zwischen ihnen umher wie Nonnen zwischen Pensionärinnen –. Es war gerade die Zeit des Ziehens der Störche (März) und wir sahen sie in unübersehbaren Schaaren nach dem Norden ziehen.« Was offenbar Heimweh weckte: »Gute Reise, ihr treuherzigen Störche, und klappert den Freunden Grüße zu!«

Enttäuschung, ja Missmut regte sich angesichts der Insel Elephantine, »mitten im Nil und Aßuan gegenüber« gelegen. »Die arabischen Dichter nennen sie Djeziret el Sagh (›Die Blumeninsel‹). Sie verdient aber kaum den Namen mehr, denn die südliche Hälfte derselben ist mit tiefem Schutt bedeckt.« Und ein weiteres Übel im Reiche des Vizekönigs fiel ihnen hier ins Auge – die so häufig konstatierte »Verwertung« der Antiken: »Es standen dort zwei Egyptische Tempel welche Mehemet Ali hat abreißen laßen, um Material zum Bau einer Kaserne zu erhalten. Als einzige Überreste sieht man jetzt blos noch zwei Säulen und das steinerne Bildniß einer sitzenden verschleierten Isis welche traurig aus dem Schutt ihres Heiligthums hervorragen. Auf dem nördlichen Theil der kleinen Insel stehen einige Araberhütten, welche von der schönsten Vegetation umgeben sind. Die Bäume welche am häufigsten vorkommen, sind Acazien, Sycamoren, Duhm- und Dattel-Palmen. Woher der Name Elephantine kommt, weiß man nicht. Seit den ältesten Zeiten lagen auf dieser Insel Truppen zur Bewachung der Gränze. Herodot fand dort eine Persische Besatzung, und zur Zeit Strabos standen daselbst drei Römische Cohorten. Im Hintergrunde rechts sieht man die kleine Stadt Neu-Aßuan und die erwähnte Kaserne.«

Das »Album der Orientalischen Reise« enthält vor allem Beschreibungen der Sehens- und Merkwürdigkeiten des Landes. Abgesehen von einer kurzen Begegnung in Girgeh mit einem »Haremsmädchen«, das die Europäer bestaunte, wurden Kontakte zur Bevölkerung ebenso wenig erwähnt wie die Wetterverhältnisse, die Unterbringung, Erkrankungen oder das Essen.

Welchen Wechselfällen eine Reise durch Oberägypten in jener Jahreszeit unterlag, erfahren wir aus den Berichten der preußischen Expedition, die sich zu diesem Zeitpunkt in Sakkara befand: Der ägyptische Winter, bemerkte Lepsius, sei keineswegs »so frühlingsartig«, wie man ihn sich in Europa gemeinhin vorstellen mochte. Empfindliche Kälte, Hagelschlag und sintflutartiger Regen waren keine Seltenheit – einmal riss eine Schlammlawine das halbe Lager mit sich. Im März wurde es glühend heiß, und der Chamsin, der trockene Wüstenwind, der mit Sandstürmen einherging, brachte die Arbeit tagelang beinahe zum Erliegen. »Dieser feine Sand«, so Lepsius, »dringt durch alle Kleider, in alle, selbst die bestverschlossenen Kasten, füllt Nase, Ohren, Haare, und ist die unvermeidliche Zuthat zu allen Speisen und Getränken.« Ständige »Mäusenoth« und Flöhe sorgten für unruhige Nächte, und ein Heuschreckenschwarm von wahrhaft biblischem Ausmaß suchte die Ebene heim.[11]

Dieses Schauspiel beschrieb auch Georg Erbkam: »Das merkwürdigste Ereignis des Tages war der Heuschreckenregen, der vom Vormittag 10 od[er] 11 Uhr bis gegen Abend fortdauerte«, notierte er am 13. März in sein Tagebuch. »… es war e[in] höchst wunderbarer Anblick; Schwärme dieser Thiere, die recht hübsch grün [un]d gelb gezeichnet sind, kommen mit d[em] Südwinde von der Wüste her in das Thal herab, vollkommen d[en] fliegenden Schneeflocken vergleichbar, bisweilen nachlassend, bisweilen wieder dichter werdend. So oft sie sich müde niederlassen, begatten sie sich zu Tausenden, [un]d der Erdboden ist davon bedeckt. … jetzt kann ich mir denken, wie dieß eine Plage des alten Egyptens gewesen sein kann.« Und am folgenden Tag vermerkte er: »… selbst die harten Palmblätter werden v[on] ihnen angefressen, besonders aber die jungen hervorkommenden Gurken [un]d d[as] Getreide. … Wir ritten durch die dichtesten Massen, [un]d zu Tausenden sprangen die Doppelthierchen um uns her.«

Den »außerordentlich imposanten« Kometen am Himmel mit einer »unzählbaren Menge von Sternen in trefflichster Reinheit«, der Erbkam im März über Wochen hinweg allabendlich begeisterte, sahen sicherlich auch der Prinz und sein Gefolge. Sie besuchten derweil die Insel Philae sowie den Tempel von Kalabscha und reisten an Abu Simbel vorbei bis zum 2. Katarakt des Nils. Nach all den Enttäuschungen machte sich nun erstmals Begeisterung breit. Das Skizzenbuch zeugt von genauer Beobachtungsgabe: Die besuchten Altertümer sind bis ins Detail beschrieben. Die »ungeheuren unterirdischen Gemächer« der Gräber von Abu Simbel, denen der Chronist gleich mehrere Seiten widmete, gehörten »zu den interessantesten Denkmälern« des Landes überhaupt, man besichtigte »die großartigsten Tempelbauten«, und der Osiristempel von Philae mit seinen »reichen inneren Verzierungen« und der »herrlichen Säulenreihe« riss gar »zur Bewunderung hin«.

Von Wadi Halfa in Nubien aus, wo sie, so Reclam, am 20. März »abends die Zelte zum Nachtlager« aufschlugen, traten sie den Rückweg nach Kairo an. Als sie erneut den 1. Katarakt erreichten, gaben die Preußen sich draufgängerisch: Die Einwände der einheimischen Begleiter ignorierend – »man machte indeßen viele Schwierigkeiten, indem die Gefahr zu groß sei weil der Nil in dieser Jahreszeit … zu wenig Wasser habe, und die Bote wahrscheinlich an den Felsen zertrümmert werden würden« –, bestanden sie darauf, das riskante Unterfangen zu versuchen: Eine »gute Belohnung wurde versprochen«, und deren Wirkung blieb nicht aus. Die gefährliche Stelle wurde mit einigem Glück überwunden, und »außer dem gezwungenen Bade«, als eine Welle ins Boot schlug, blieben die Hasardeure von jeglichem

Die Gräber von Abu Simbel
Aus dem »Album der Orientalischen Reise«

Unheil verschont. Wohlbehalten traf die Gruppe Ende März wieder in der Hauptstadt ein.

Kairo, das der Prinz immerhin zweimal besuchte, die große, lärmende Metropole des Orients, mit ihren Minaretten, dem dichten Gedränge, dem Gewirr von Straßen und Gässchen und nicht zuletzt dem Basar, bleibt im Skizzenbuch ausgespart – was umso erstaunlicher ist, als man dort in jenen Tagen das Geburtsfest des Propheten beging, mit Prozessionen und geheimnisvollen »verzückten Tänzen« in religiöser Entrückung,[12] wie Lepsius staunend berichtete. Eine Stadt wie aus Tausendundeiner Nacht, über die auch Georg Erbkam immer wieder ins Schwärmen geriet:

»Ich kann es nicht oft genug wiederholen, wie alles, was der Orient Interessantes besitzt, sich an diesem Orte zusammenfindet, immer wieder überwältigt es den aufmerksamen Besucher … Wer 100 Augen hätte, und 100 Sinne, um den Eindruck einer einzigen Stunde wiederzugeben; er würde es nicht vermögen«, schrieb der Architekt nach Berlin. »... die Straßen waren mehr als voll ... Vorbei ging es an den erleuchteten Boutiken der Händler, immer durch wimmelnde Menschenmassen, die Gassen schwimmen stellenweise von vergossenem Wasser.« Ein Tross schwer beladener Esel verstellte plötzlich den Weg, man wich in breitere Straßen aus, wo »hell-glänzende Becken von Backwerk« und »Buden mit Zuckerwerk« lockten, »widrige, unförmige Musik durchdringt ... das Geschrei der Massen ...« Auf einem Platz waren »ungeheure, von Laternen erleuchtete Zelte« zu sehen, in denen Türken und Araber Kaffee tranken und rauchten. »... und wirft man ermüdet vom Treiben der Erde, einen Blick auf den ruhigen sternenbestrahlten Mond, so hat man für einen Augenblick den Eindruck, als sei man aus einem wirren Traum erwacht, und ... Stille umgebe einen.«[13]

Für den Besuch der Pyramiden, den krönenden Abschluss des Aufenthalts in Ägypten vor dem Aufbruch ins Heilige Land, hatte sich Albrecht mit Lepsius den sachkundigsten Führer für diese Region ausgesucht. Der Ägyptologe hatte seine wissenschaftlichen Arbeiten in Sakkara noch nicht abgeschlossen und hielt sich deshalb nach wie vor dort auf. Am 4. April informierte Lepsius seinen Mitarbeiter Erbkam von der Verabredung mit dem Prinzen, zu der sich beide unverzüglich auf den Weg nach Kairo begaben. Das Ansinnen seiner Hoheit kam zu einem denkbar ungünstigen Zeitpunkt – das Zeltlager der Expedition war in jener Woche gleich mehrmals überfallen worden, und Lepsius litt seit einigen Tagen unter einem grippalen Infekt. Doch Besuch aus dem preußischen Königshaus war nicht auszuschlagen, zumal sich so die Gelegenheit bot, den Fortgang der Grabungen an Ort und Stelle zu zeigen. Erbkam, den »abscheuliche Zahnschmerzen« plagten, notierte am Donnerstag, dem 6. April, in sein Tagebuch:

Prinz Albrecht in der ägyptischen Wüste
Aus dem »Album der Orientalischen Reise«

»Mein erster Gang, nachdem ich um 7 Uhr aufgestanden, ist zu Dr. Pruner, den ich im Begriff finde auszureiten; er kommt aber noch einmal [nach] oben, [un]d zieht mir nach einigen Einschnitten in d[as] Zahnfleisch, den Zahn sehr gut aus, es that schrecklich weh, aber ich bin nachher wie im Himmel. Nun gehe ich mit Bonomi zu Wagner, da wir noch keine Aufklärung über unsere Vorstellung beim Prinzen haben. Es ist keiner zu Hause. Auf d[em] Rückweg z[um] Gasthof sehen wir Wagner [un]d Leps[ius] im Gefolge des Prinzen, der mit s[einen] Begleitern von dem gestern erwähnten Festzuge zurückkommt. Während ich mit Bonomi beim Dejeuner sitze, erscheint endl[ich] Abeken, der mir sagt, dass d[er] Prinz keine Vorstellung annehmen wolle, [un]d es sei nun so eingerichtet, dass ich mit ihm morgen sammt Leps[ius] nach Ghize und Sakkara, wo d[er] Prinz uns einen Besuch machen wollte, aufbrechen, Abeken aber [un]d Bonomi gleich nach Sakkara gehen sollten, um dort das Nöthige z[um] Empfang des Prinzen vorzubereiten. … auch Wild wurde überredet, auf 1 Tag mit nach Sakkara zu gehen, damit d[ie] ganze Expedition dem Prinzen vorgestellt werden könnte. Nach 2 Uhr brachen diese dann auf, [un]d ich ging nach bezahlter Rechnung mit Leps[ius] zu Wagner, bei dem wir d[ie] Zeit bis 5 Uhr, wo beide wieder z[um] Prinzen beschieden waren, recht hübsch verplauderten; interessantes Zwischenspiel daselbst mit dem Italiener, der die Copie eines Papyrus als ächten Papyrus vorzeigte [un]d damit sehr gehänselt wurde. Um 5 Uhr wollte ich Koch besuchen, begegnete ihm aber auf d[er] Straße [un]d besuchte dann mit ihm den neuen Gasthof, welcher von Coulomb gebaut wird, [un]d dessen fertigen Theil der Prinz jetzt bewohnt.«[14]

Auch der 7. April, der Tag der gemeinsamen Unternehmung, wird von Erbkam genau festgehalten. Den landesüblichen Gepflogenheiten entsprechend, fand der Ausflug »zu Esel« statt. Die Tiere hatten, so erzählte er wenig später launig in einem Brief an seine Familie, für »preussisch 6 Uhr morgens« bereitzustehen. Diese zweckmäßige, wenn auch wenig standesgemäße Art der Fortbewegung sei, »in der That ein etwas drolliger Anblick« gewesen: »Cairiner Esel wie man sie daselbst an allen Ecken stehen sieht, sind zwar stark, aber äußerlich keineswegs elegant oder schön zu nennen. Sattel und Riemenzeug, vielfach geflickt harmonierten mit den hervorstehenden Knochen des Thieres und die Treiber sehen selbst auch nicht viel besser aus, anbei auch die Straßenjungen. … So bildeten wir einen seltsamen und abenteuerlichen aber höchst lustigen Zug.«[15]

Mitglieder der prinzlichen Entourage:
Major von Claire, Dragoman Ibrahim, Fourier Ströhmer
Aus dem »Album der Orientalischen Reise«

Über den Verlauf der Besichtigungstour heißt es im Tagebuch: »Freitag d[en] 7ten April 1843. ... Es wurde e[in] kl[ein] wenig später, [un]d da wir am Gasthof ankamen, kam d[er] Prinz uns bereits mit s[einer] Suite entgegen, flüchtig wurde ich ihm vorgestellt, [un]d erst auf d[em] Wege kam ich mit ihm in e[in] längeres Gespräch. ... So unterhielt ich mich mit ihm durch die herrlichen Gartenanlagen fast bis nach AltCairo. Wir genossen des herrlichsten Morgens; der Prinz war sehr liebenswürdig sans gène; seiner Begleitung, der Major v[on] Claire, d[er] Lieutnant Reclam, der Sekretär Ströhmer wurde ich vorgestellt; Reclam kannte ich schon als Schulgenossen v[on] [Hartung's] her; Claire hatte Bernh[ard] [einen Bruder Georg Erbkams] in Paris kennen gelernt [un]d Strömer hatte ebenfalls Bernh[ard] umsorgt, [un]d so war ich gleich mit Allen bekannt [un]d

Koch Schwimmer, »Saback El Cher« und Jäger Otto
Aus dem »Album der Orientalischen Reise«

befreundet; 2 Diener [un]d 1 Koch des Prinzen folgten außerdem; so wie [ein] kleiner schwarzer Nubischer Junge, den der Prinz v[on] einem Gouverneur oberhalb zum Geschenk erhalten hatte.«

Dieser Nebensatz in den Aufzeichnungen Georg Erbkams, der einen Tag mit Albrecht verbrachte, ist die erste schriftliche Erwähnung des Stammvaters der Familie Sabac el Cher. In einem Punkt aber irrte Erbkam wohl: Der »kleine schwarze Nubische Junge« war Albrecht nicht von einem Gouverneur in Oberägypten überlassen worden, sondern er war ein »Geschenk« Mehmed Alis – das besagt zumindest ein späterer Eintrag im Familienstammbuch der Sabac el Chers. War dies wirklich der Fall, dann gelangte der Knabe wahrscheinlich schon Anfang März in die Obhut des Prinzen, als dieser kurz nach der Ankunft in Kairo eine Audienz im Palast erhielt. Geht

Auf der Insel Elephantine war Sabac el Cher schon dabei und hält ein gesatteltes Pferd am Zaumzeug. Aus dem »Album der Orientalischen Reise«

man von einer authentischen Darstellung der Reisegesellschaft in Reclams Skizzenbuch aus, so nahm er an der Raddampferfahrt den Nil hinauf schon teil: Auf einer Zeichnung, die den oben beschriebenen Besuch der Gruppe auf der Insel Elephantine festhält, ist er jedenfalls in der Mitte des Bildes zu erkennen: Er hält ein gesatteltes Pferd am Zaumzeug. Albrecht nannte den Knaben zunächst einfach »Sabac el Cher«, was so viel wie »guten Morgen« bedeutet und eine geläufige Grußformel in Ägypten ist – vermutlich eine der wenigen arabischen Wendungen, die der Prinz auf der Reise gelernt hat. Da lag der Gedanke wohl nahe, daraus einen Namen zu machen. Später kamen die deutschen Vornamen August und Albrecht hinzu.

Wie sich der Junge dabei gefühlt haben mag, einfach »verschenkt« zu werden, und wie er unter den nordischen Fremden, deren Sprache er nicht verstand, in den ersten Wochen zurechtkam, wissen wir nicht. Bekannt ist: Er war kein Einzelfall. Europäischen Reisenden von Stand als Geste der Gastfreundschaft dunkelhäutige Kinder mit auf den Weg zu geben war im damaligen Ägypten keineswegs ungewöhnlich. Nur ein Jahr später erhielt auch Richard Lepsius von einer Sultanin im Süden des Landes einen kleinen Abessinier mit Namen Gabre Máriam zum »Geschenk« und nahm ihn mit nach Berlin, ein »hübscher, dunkelfarbiger Knabe«, der etwa acht Jahre alt war. Der berühmte Ägyptologe war ebenfalls nicht auf die Idee gekommen, die »Gabe« auszuschlagen.[16] Zu jener Zeit gab es im Reiche Mehmed Alis noch große Sklavenmärkte, auf denen hin und wieder auch wohlhabende Europäer als Käufer auftraten. Selbst Hermann Fürst von Pückler-Muskau, dem solches Feilbieten von Menschen wie Vieh zwar abstoßend erschien, aber gleichzeitig faszinierend-exotisch, hatte einige Jahre zuvor in Kairo »für eine ziemlich ansehnliche Summe« eine junge Äthiopierin, Ajiamé mit Namen, »an der die Zivilisation noch nichts hatte verderben noch verbessern können«, gekauft und später mit nach Deutschland gebracht, »um den Charakter dieses originellen Mädchens zu studieren«.[17]

Geht man davon aus, dass der kleine August Albrecht Sabac el Cher an der Nilreise teilnahm, dann wäre er am 7. April 1843 schon seit etwa vier Wochen in der Gesellschaft Albrechts von Preußen gewesen. Beim Ausflug zu den Pyramiden, den Erbkam so ausführlich schilderte, war er erwiesenermaßen dabei. Ein äußerst gedrängtes Programm wurde hier absolviert:

»In AltCairo ward übergesetzt [un]d dann mit großer Schnelligkeit nach Ghize geritten.... [Der Prinz] hatte e[inen] grauen Filzhut mit breiter Krempe, blaue halb türk[ische] Jacke, blau gestreift od[er] karirte Hosen [un]d Schawl um, [un]d machte sich so recht hübsch. Alle Andern waren ähnlich, sommerlich leicht gekleidet. In Ghize ward sogl[eich] auf d[ie] große [Cheops-]Pyr[amide] gestiegen [un]d dann in dieselbe hineingekrochen; im Innern ›Heil dir im Siegerkranz‹ gesungen, [un]d dann brachte Leps[ius] d[ie] Gesundheit des Prinzen [un]d Königs aus, was dem Prinzen nicht ganz gefiel, da er selbst die des Königs hatte ausbringen wollen, was er auch that [un]d das alte Gebäude hallte v[on] unserm Jubelgeschrei wieder.«

Am Eingang wurde noch kurz die erwähnte »hieroglyphisch hoch darüber angebrachte Inschrift« bewundert, die Lepsius unlängst zu Königs Geburtstag dort hatte einmeißeln lassen,[18] um dann in aller Eile eine Stärkung zu sich zu nehmen: »Wieder an d[as] Tageslicht gelangt, ... ward Setzei [un]d Rührei mit Butter, Brod [un]d Wein verzehrt, was vom Koch (einem Sohn v[on] Hauptner) sehr gut zubereitet war. Dann machten wir zu Esel die Runde über d[as] Plateau, besahen das bunte Merhet Grab, wo ein eindringlicher Engländer v[on] Leps[ius] hinausgewiesen wurde, gingen um die 2te Pyr[amide] den Weg vor der dritten hinab zur Sphinx, ... wo wir von d[er] halben Gesellsch[aft] Abschied nahmen, die nach Cairo zurückkehrte, so dass wir noch aus dem Prinzen, Reclam [un]d den 2 Dienern des Prinzen bestanden, die wir dann ohne Aufenthalt nach Saccara aufbrachen, wo wir bei großer Hitze etwa um 2 Uhr anlangten. Die einzelnen Glieder der Gesellschaft wurden dem Prinzen vorgestellt [un]d in unsrem Eßzelte ward Wein [un]d Wasser genommen, e[ine] Pfeife geraucht, [un]d der Prinz war außerordentlich freundlich [un]d liebenswürdig im Gespräch; es kam mir romanhaft vor, mit einem Prinzen so eng [un]d familiär an einer Tafel zu sitzen, zu plaudern [un]d zu rauchen; ...«

Bevor sich Albrecht und sein Gefolge auf den Rückweg nach Kairo begaben, bat Charles Reclam den zur Lepsius-Expedition gehörenden Schweizer Maler Johann Jakob Frey, noch »schnell die Figur des Prinzen« für das Skizzenbuch zu zeichnen.[19]

Nach »sechzehnstündiger, durch kurze Ruhepausen kaum unterbrochener Tagefahrt«, so wusste Lepsius zu berichten, kehrten die Preußen sichtlich erschöpft in die Hauptstadt zurück. Einzig der

Die Lakaien Deubner und Scharnack
Aus dem »Album der Orientalischen Reise«

Energie des Prinzen tat die Anstrengung keinen Abbruch – seine »heitere Reiselust« schien eher noch gesteigert.[20] Die persönlichsten Zeichnungen des »Albums der Orientalischen Reise« entstanden alle an jenem 7. April. Unter der Rubrik »Anzug in der Wüste« wird die komplette Reisegesellschaft des Prinzen bei ihrem Ausflug nach Gizeh und Sakkara auf vier Einzelblättern namentlich vorgestellt: Neben Albrecht sind hier ein »Major von Cler«, der erwähnte Dragoman Ibrahim, der Fourier Ströhmer, die beiden »Laquaien« Scharnack und Deubner – Letzterer mit Hund und Gewehr –, ein Koch

»Eintritt in die Wüste« am 17. April 1843
Aus dem »Album der Orientalischen Reise«

mit Namen Schwimmer sowie ein Jäger namens Otto zu sehen – und schließlich ein dunkelhäutiger Junge in orientalischer Tracht, betitelt »Saback El Cher«. Es ist das früheste namentlich gekennzeichnete Bildnis des kleinen August.

An einem der folgenden Tage brach die Gesellschaft nach Osten in Richtung Palästina auf. Als besonders beeindruckend, vielleicht auch erschreckend empfanden die Reisenden den »Eintritt in die [Sinai-]Wüste« bei Abuh-Saker am 17. April; Reclam sah sich hier sogar zu einem gottesfürchtigen Gedicht veranlasst.

Mit einer großen Zahl einheimischer Helfer wurde eine Kamelkarawane ausgerüstet, die mit dem Prinzen an der Spitze über Suez und Gaza zog, wo sie einen »Ruhetag« einlegten und »Samson's Grab« bewunderten. Über Ramlah ging es weiter nach Jerusalem. Wenn keine komfortable Unterkunft aufzufinden war, errichteten sie ihr Zeltlager am Rand der besuchten Städte. Auf den Bildern, die diesen Abschnitt der Reise dokumentieren, sind die einzelnen Mitglieder der am 7. April 1843 vorgestellten Entourage des Prinzen leicht auszumachen. Beim Biwak »auf einem alten Begräbnisplatze« nahe der Stadt Chan Junish, im heutigen Gaza-Streifen, am 24. April ist selbst der kleine Hund des Dieners Deubner wieder zu sehen. Der Fourier Ströhmer kümmert sich wie stets um Albrechts leibliches Wohl, während der Jäger Otto für frisches Geflügel auf der Tafel sorgt. Der kleine August Albrecht Sabac el Cher hält sich meist in der Nähe des Prinzen auf. Das neunte und jüngste Mitglied der Reisegruppe war mit Tätigkeiten in dessen Umfeld betraut. Im Zeltlager

Rast bei Chan Junish im heutigen Gaza-Streifen:
August Albrecht Sabac el Cher, dem Prinzen zu Füßen,
ist mit dem Stopfen der Pfeife beschäftigt.
Aus dem »Album der Orientalischen Reise«

Blick auf Jerusalem
Aus dem »Album der Orientalischen Reise«

von Chan Junish sieht man ihn beispielsweise zu Albrechts Füßen am Boden sitzen und mit dem Stopfen der Pfeife beschäftigt. Bei dem sitzenden, Papier und Zeichenstift haltenden Mann handelt es sich wohl um Charles Reclam.

Neben Abu Simbel, dem Tempel von Kalabscha und den Tempelanlagen von Philae wurde der Ankunft und dem Aufenthalt in Jerusalem der meiste Platz im Skizzenbuch gewidmet. Die wichtigsten Sehenswürdigkeiten der Stadt wie der Felsendom und die Grabeskirche wurden ausführlich beschrieben und skizziert. Danach ging es vorbei an den Ruinen von Jericho ans Tote Meer, durch das Jordantal und nach Jaffa, wo die Reisegesellschaft im Hause des preußischen Gesandten übernachtete. Allenthalben passierten sie auf ihrem Weg biblische Stätten. Sorgfältig wurde vermerkt, wo »Johannes den Heiland taufte«, wo Jonas sich einschiffte, »bevor ihn der Walfisch verschlang«, oder Noah die Arche baute – doch auch ein Quäntchen

Selbstironie blitzte bei der Würdigung dieser Orte auf: »Keine Kritik, ihr Herren Gelehrten; wer nach Palästina zieht, muß vor allem gläubigen Herzens sein!« Am 11. Mai traf die Reisegesellschaft in Haifa ein; von dort ging es gleich weiter nach Nazareth. Tags darauf erstiegen die Preußen den Berg Tabor und gelangten am Nachmittag in die kleine Stadt Tiberias am See Genezareth, die bei einem Erdbeben im Jahre 1836 zu einem großen Teil zerstört worden war.

Über Kanaa – hier wurde die Stelle besichtigt, »wo Christus bei der Hochzeit Wasser in Wein verwandelte« – reisten sie weiter nach Beirut, auf das sie von der Terrasse des preußischen Generalkonsuls in Syrien, Louis von Wildenbruch, einen ausgezeichneten Blick hatten, den Reclam ebenfalls mit dem Zeichenstift festhielt. Als Mitglied des Königshauses wurde für Albrecht, der bis dahin auf eigenen Wunsch hin weitgehend unerkannt gereist war, hier ein erklecklicher Aufwand betrieben; so hatte die Frau des Generalkonsuls, Ernestine von Wildenbruch, am 30. April 1843 an eine Freundin geschrieben: »Ich musste diesen Brief wegen vieler häuslicher Beschäftigungen liegen lassen, die Prinz Albrechts Besuch mir verursacht. Du kannst denken, daß es kein Spaß ist in hiesigen Häusern und Verhältnissen, einen Prinzen doch einigermaßen seinen heimatlichen Gewohnheiten gemäß aufzunehmen. Ich gebe ihm unser Schlafzimmer, mein Kabinett zum Schreiben und unseren Salon zum Empfangen. Unseren offenen Diwan ließen wir überdecken, um dort zu essen, denn unser jetziges Eßzimmer ist so klein, daß wir nicht mehr als acht Personen darin platzieren können. Wir werden indes in einem Bedientenzimmer unten schlafen …« Alle »grosbonnets de Beirut« seien ob der Ankunft des Prinzen in heller Aufregung: Selbst der alte Pascha habe ihn »durchaus logieren« wollen. »Das wäre ein rechtes Gaudium gewesen für Prinz Albrecht, so ohne Tisch und Stuhl, auf der Erde zu essen und zu schlafen …«

Nach dem Besuch, am 30. Mai, notierte sie spürbar erleichtert: »Er war der freundlichste, nachsichtigste, leichtest zu befriedigende Gast seines Standes, den ich je gesehen, und ich vergaß die gehabten Mühen über die Freude, lauter vergnügte befriedigte Gesichter um mich zu sehen.« Die Reisegruppe hatte von Beirut aus wohl noch einen Abstecher in die syrische Hauptstadt unternommen, denn weiter unten heißt es im Brief: »Wäre ich wohl gewesen, hätte ich die Reise nach Damaskus mitgemacht. Sie soll sehr unterhaltsam gewesen sein. Der Prinz hatte das Inkognito abgelegt, welches man der etwas zum Steinewerfen geneigten Bevölkerung wegen zweckmäßiger gefunden hatte. So wurde er denn mit altorientalischer Pracht empfangen. Das himmlische, über alle Beschreibung schön gelegene und poetische Damaskus soll ordentlich pompös gewesen sein, belebt durch eine neugierige jubelnde Menge; der Zug selbst vom Pascha begleitet, von Militär eskortiert, während von den Forts die Kanonen donnerten.«[21]

Nach diesem glamourösen Finale traten der Prinz und seine Entourage die Rückreise an: Über die Dardanellen, wo die ganze Gesellschaft »an der freundlichen Küste ein erquickendes Bad« nahm, erreichten sie, nach obligatorischer Quarantäne bei Konstantinopel, im Sommer wieder Europa. Nach Stationen in Athen und Wien trafen sie im August 1843 schließlich in Berlin ein. Sein Heimatland sollte der kleine August Albrecht Sabac el Cher niemals wiedersehen.

2. Kapitel

Vom Diener des Prinzen zum Obersten Silberverwalter: Eine Karriere bei Hof

Was erwartete den kleinen nubischen Jungen im kalten hohen Norden in den Schlössern der Hohenzollern, fernab von alldem, was ihm bislang vertraut gewesen war? Die Anfänge müssen schockierend gewesen sein, denn er kam in eine andere Welt, geprägt von Strenge und Nüchternheit und unbedingter Disziplin.

Bei seiner Ankunft in der preußischen Hauptstadt wurde August von einem Arzt gründlich untersucht und auf das Alter von sieben Jahren geschätzt. Ein entsprechender Vermerk, unterzeichnet mit »Elise Sabac«, findet sich im vorderen Einbanddeckel einer Bibel, die der Junge wohl von einem Lehrer drei Jahre später »zum Geburtstag« erhielt; sie ist noch heute im Familienbesitz. Im Albrecht-Palais, dem prachtvollen Domizil des Prinzen in der Wilhelmstraße 102 bis 104, wurde August vermutlich bei den anderen Pagen und Dienern im Dachgeschoss einquartiert.[1] Hier, mitten im historischen Zentrum Berlins, im unmittelbaren Umfeld des Hofes, wuchs er auf und wurde in Sprache und Religion seiner neuen Heimat unterwiesen.

Die Schule sollte in ihm »die Keime höherer menschlicher und wissenschaftlicher Bildung zur Entwicklung bringen«, wie ein Journalist der *Neuen Preußischen Zeitung* das Ziel einer Erziehung in Preußen damals prägnant formulierte – und zwar anlässlich eines Berichtes über neun Schüler aus Kairo, die im August 1853 mit dem »günstigsten Erfolg« zur Ausbildung nach Berlin gesandt worden waren, um, so stünde zu hoffen, einmal »kräftige Repräsentanten, wohlgefällige Verbreiter Deutscher Cultur, ja Preußischer Zucht im Oriente« zu werden.[2] Wie sie überstand auch August das eiserne Regiment preußischer Lehrer, was sogar den Zeitgenossen einigen Respekt abrang. Schließlich seien die »enormen Schwierigkeiten« zu berücksichtigen, die die jungen Leute, die bisher andere Lebensumstände, »andere Sprachen, Klima und Umgangsformen gewohnt waren, zu überwinden hatten«.[3] Ob man ihn anfeindete oder bestaunte, ob man sein Aussehen thematisierte, ist nicht überliefert. Das Klima im preußischen Staat der vierziger und fünfziger Jahre war mehr von Neugier auf das »Fremde« geprägt als von den deutlich ablehnenden Tönen, die bald darauf laut werden sollten.[4] Noch wurde im »Spree-Athen« Weltläufigkeit gepflegt, indem man den »Anderen« annahm.

Dass dennoch eine unterschiedliche Wertung von »schwarz« und »weiß« in den Köpfen längst existierte, zeigt auch eine Geschichte aus dem »Struwwelpeter«, jenem legendären Kinderbuch, das Generationen von kleinen Lesern auf teils recht drastische Weise belehren und unterhalten sollte. Es erschien erstmals 1845, genau zu der Zeit, als der kleine August lesen und schreiben lernte. Die Moritat von den drei Knaben, die sich über den »kohlpechrabenschwarzen Mohren« lustig machen, bis der »große Nikolas« sie in sein Tintenfass taucht, so dass sie am Ende »noch viel schwärzer als das Mohrenkind« sind, wird auch seine Lektüre gewesen sein. So tolerant sie auf den ersten Blick erscheint, so fragwürdig sind doch die unterschwellige Botschaft – »Was kann denn dieser Mohr dafür, daß er so weiß nicht ist wie ihr?« – und die Moral von der Geschicht: Ja »hätten sie nicht so gelacht, hätt' Nikolas sie nicht schwarz gemacht.« Schwarzsein als Strafe also? Das als pädagogisch wertvoll betrachtete Bilderbuch spiegelt die Facetten der damals geltenden Normen, die eine dunkle Hautfarbe als etwas Minderwertiges definierten, dem es gleichwohl, wie sich aufgeklärte Geister wünschten, Toleranz entgegenzubringen galt.

Worin immer die Startschwierigkeiten bestanden haben mögen: August fügte sich ein und wurde, zumindest der Sprache und Bildung nach, ein Preuße, wenn auch noch lange nicht auf dem Papier. Und er scheint seine Sache gut gemacht zu haben: Die erwähnte Familienbibel trägt eine Widmung an den »aufmerksamen Schüler Sabac al chel«.

»Was kann denn dieser Mohr dafür, daß er so weiß nicht ist wie ihr?«
Der »Struwwelpeter« als Spiegel geltender Normen

Anderen Kindern aus Afrika, die als »Mitbringsel« nach Europa kamen, gelang die Anpassung längst nicht so gut. Manche wehrten sich mit aller Kraft gegen Sitten und Gebräuche des fremden Landes. Da war etwa der stolze »Neger Selim«, der im Gefolge der napoleonischen Truppen 1806/07 aus Ägypten nach Berlin gekommen war: Immer wieder lief er weg, genauso oft wurde er wieder eingefangen und musste so lange Schläge ertragen, bis er sich in sein Schicksal fügte.[5] Gabre Máriam, der abessinische Junge, den Lepsius von seiner Expedition mitgebracht hatte, sollte, wie Elisabeth Lepsius, die Ehefrau des Gelehrten, in ihren Memoiren berichtete, »auf Kosten des Königs erzogen« werden, um später in Afrika als Missionar zu wirken. Doch der »schwarze boy«, der im Hause des Ägyptologen als Attraktion vorgeführt wurde, kam in Preußen nicht zurecht und wurde schließlich mit diplomatischer Hilfe zurück in sein Land expediert: »Konsul Weber ... wird Gabre Mariam mitnehmen, da er gar nicht mehr pariert. Er soll nun nach seiner Heimath zurück ... Mir ist ein Stein vom Herzen genommen.«[6]

Einige gingen an ihrem Heimweh buchstäblich zugrunde oder starben an einer europäischen Krankheit. Die von Fürst Pückler »erworbene« Ajiamé oder »Machbuba«, wie er sie später nannte, die der über vierzig Jahre Ältere zu seiner Geliebten gemacht und, als Mamelucken verkleidet, auf seine Reisen mitgenommen hatte, erlag im Oktober 1840, wenige Wochen nach ihrer Ankunft in Deutschland, der Auszehrung – einer »exotische[n] Pflanze [gleich], die auf andern Boden, in ein anderes Klima versetzt worden«, wie der Pückler-Biograph August Jäger schon in jenen Tagen schrieb.[7]

Mit sechzehn Jahren wurde August ganz offiziell ein Christ, das belegt seine Taufurkunde vom April 1852. Die Zeremonie – protestantisch, wie es sich für ein Mitglied der Hofes gehörte – fand in kleinem Kreise im Albrecht-Palais statt; vermerkt ist sie im Taufregister der traditionsreichen Jerusalemkirche, die sich nur wenige Schritte

Das Prinz-Albrecht-Palais in Berlin, um 1837

entfernt an der Kochstraße befand.[8] Das älteste Gotteshaus der Friedrichstadt, das in Teilen aus dem 15. Jahrhundert stammte, hatte Schinkel erst wenige Jahre zuvor, 1838, um- und ausgebaut.

Aus dem Kirchenbuch, das im Archiv der nach dem Zweiten Weltkrieg gesprengten Kirche erhalten geblieben ist, erfahren wir auch, dass sein Geburtsort Kordofan gewesen sein soll. Dabei handelt es sich um eine Provinz im heutigen Sudan, den arabische Geographen seit dem Mittelalter als »Bilad as-Sudan«, als »Land der Schwarzen« bezeichneten. Mehmed Ali hatte Kordofan durch seinen dritten Sohn Ismail 1821/22 dem ägyptischen Staatsgebiet einverleibt. Der Sohn Augusts sollte viele Jahre später in die Familienchronik über die Herkunft des Vaters notieren, er sei »als Kind (Waise) am damaligen Hofe des Vizekönigs von Egypten als entfernter Verwandter erzogen [worden], wo ihn ... Prinz Albrecht (Bruder Kaiser Wilhelms I.) auf seinen Reisen kennen lernte und von Kairo mit nach Europa resp.

Berlin zur Erziehung nahm«.[9] Dies ist übrigens der einzige Hinweis auf eine Audienz am Hofe Mehmed Alis.

Eine nur mündlich weitergegebene Geschichte über die Eltern August Albrecht Sabac el Chers wirft allerdings einige Fragen auf. Dort heißt es, sein Vater sei ein »Beduinen-Scheich in Nubien, um den heutigen 2. Nil-Katarakt … und Herrscher über Heerestruppen, 70 ›Kampfkamele‹ und weitere 200 Kampfpferde plus Logistik« gewesen, ein »Groß-Scheich«, der in einem »Wüstenkrieg«, den er gegen die Truppen von Ägypten führte, umgekommen sein soll. Von seinen vier Frauen habe sich die ihm liebste, einem alten Brauch entsprechend, beim Tod ihres Mannes das Leben genommen. Der Sohn aus dieser Verbindung – der spätere kleine August – sei »von den Siegern mitgenommen und in der königl.-ägypt. Kadetten-Schule in Kairo ausgebildet« worden. Bei einem deutschen Staatsbesuch habe dieser »nette kleine Mohr«, wie dessen Urenkel mehr als anderthalb Jahrhunderte später erzählte, besonderes Aufsehen erregt – »und so kam er als ›Geschenk‹ nach Berlin«.

Die im Taufeintrag als Geburtsort genannte Provinz Kordofan liegt jedoch mehr als neunhundert Kilometer südlich des 2. Nil-Kataraktes. Und es gibt eine weitere Unstimmigkeit. Wenn der Knabe, als er in der Zitadelle von Kairo 1843 dem Prinzen zum »Geschenk« gemacht wurde, ungefähr sieben Jahre alt war, hätte der geschilderte »Wüstenkrieg« des Beduinenscheichs zwischen 1836 und 1843 stattgefunden haben müssen. Da Mehmed Ali bei der Begegnung mit Albrecht aber schon seit mehr als zwanzig Jahren im Besitz Kordofans war, kann es sich mithin nicht um Kämpfe im Zusammenhang mit der Eroberung dieser Provinz gehandelt haben. In den dreißiger Jahren hatte der Vizekönig bekanntlich versucht, seinen Machtbereich über die arabische Halbinsel auszudehnen, um sich von seinem Oberherrn, dem Sultan in Konstantinopel, endgültig loszusagen. Mit der Schlacht bei Nisib begann am 24. Juni 1839 der Krieg zwischen dem Großherrn und seinem Vasallen, der bis zum Friedensschluss am 13. Juli 1841 dauerte. Die Kämpfe fanden ausschließlich außerhalb Afrikas statt. Innerhalb Ägyptens war es zwar hin und wieder zu Aufständen gekommen, mit der mündlich weitergegebenen Familiengeschichte der Sabac el Chers sind diese bislang aber nicht in Übereinstimmung zu bringen. Wie viel von dem Bericht über die Eltern des kleinen August wirklich zutrifft, ist also nicht zu klären. Zu bemerken ist allerdings, dass die Legenden über die Herkunft vieler verschleppter Kinder auffallend ähnlich waren: Auch Gabre Máriam und Fürst Pücklers Machbuba behaupteten, alten Fürstengeschlechtern zu entstammen.

In dem kurzen Taufeintrag der Jerusalemgemeinde aus dem Jahre 1852 finden sich auch Angaben zur näheren Umgebung des Jungen. Als Taufpaten werden der Hofrat und Hofstaatssekretär Ströhmer sowie ein »Fräulein Berta Ströhmer« genannt. Ströhmer, das wissen wir aus Reclams Skizzenbuch, hieß der für Verpflegung und Unterkunft verantwortliche Fourier des Prinzen Albrecht während der Orientreise. Auch in späteren Kirchenbucheintragungen taucht dieser Name immer wieder im Zusammenhang mit der Familie Sabac el Cher auf, was auf eine enge Verbindung über viele Jahre hinweg schließen lässt. Vermutlich wurde der kleine August schon in Ägypten in die Obhut Ströhmers gegeben. Im Berliner Adressbuch von 1843 ist er als »Ströhmer A., Prinzl. Hof-Fourier« eingetragen. 1850 findet man »Ströhmer A.« bereits als »Hofstaats-Sekretär Sr. K. H. d. Prinzen Albrecht« in der Wilhelmstraße 102. Im Adressbuch von 1867 ist er »Geh. Hofrath« und »Hofstaats-Sekretär« im Haushalt des preußischen Prinzen.[10] Ströhmer ist ein seltener Name – in den Adressbüchern taucht er nur im Zusammenhang mit der erwähnten Familie auf. Bei dem Hof-Fourier des Prinzen Albrecht könnte es sich um den am 26. November 1803 in Osterburg in der Altmark geborenen August Ferdinand Ströhmer handeln, von dem leider kaum mehr bekannt ist, als dass aus einer 1827 geschlossenen Ehe mindestens drei Kinder hervorgingen. Eines seiner dreizehn Geschwister, der 1817 geborene Friedrich Wilhelm Ströhmer, wurde Patenkind des preußischen Königs Friedrich Wilhelm III.[11] Es war sicherlich kein Zufall, dass der kleine nubische Junge und der korpulente Hof-Fourier denselben Vornamen trugen. Möglicherweise hat Ströhmer sich auch in den folgenden Jahren um den kleinen August gekümmert, der in ihm vielleicht eine Art Ziehvater sah.

Als dritter Taufzeuge wird der Kammerdiener Adolph Otto genannt. In den Dienstplänen des Albrecht-Palais ist ein Lakai gleichen Namens jahrelang aufgeführt. Ob es sich um den auf der Orientreise namentlich vorgestellten Jäger Otto handelte, ist nicht mehr feststellbar.

Bereits im Jahr vor seiner Taufe hatte das Leben des fünfzehnjährigen August einen wichtigen Einschnitt erfahren: Als »Sabac el chel« tritt er am 28. Mai 1851 in den Dienstbüchern des Albrecht-Palais erstmals in Erscheinung. Einem »Offizianten« namens Deubner unterstellt – vermutlich der im Reiseskizzenbuch abgebildete Diener –, begann er an diesem Tag seine Laufbahn als »Lakai«. Auch am 29., 30. und 31. Mai sowie in den folgenden Monaten hatte er zur Verfügung zu stehen.[12] Seine Kindheit dürfte noch früher zu Ende gewesen sein, denn eine harte Schule musste durchlaufen werden, um beim Bruder des Königs in Stellung gehen zu können. Und bald schon war er nicht mehr nur ein Bediensteter unter vielen – er stieg auf zum persönlichen Diener des Prinzen. Die Grundvoraussetzungen für einen solchen Posten, nämlich ein »gutes Aeußeres, eine gefällige Figur bzw. Größe [zu] haben, gewandt, flink, klug und vor allem höflich« zu sein, erfüllte er wohl ganz von selbst. Darüber, wie sein Tagesablauf von nun an ausgesehen haben mag, gibt ein »Lehrbuch für den herrschaftlichen Diener« Auskunft, das wenig später erschien:

»In der Regel steht ein Diener um 5 1/2 Uhr auf, aber je nach seiner Arbeit auch früher, besonders wenn seine Herrschaft des Mor-

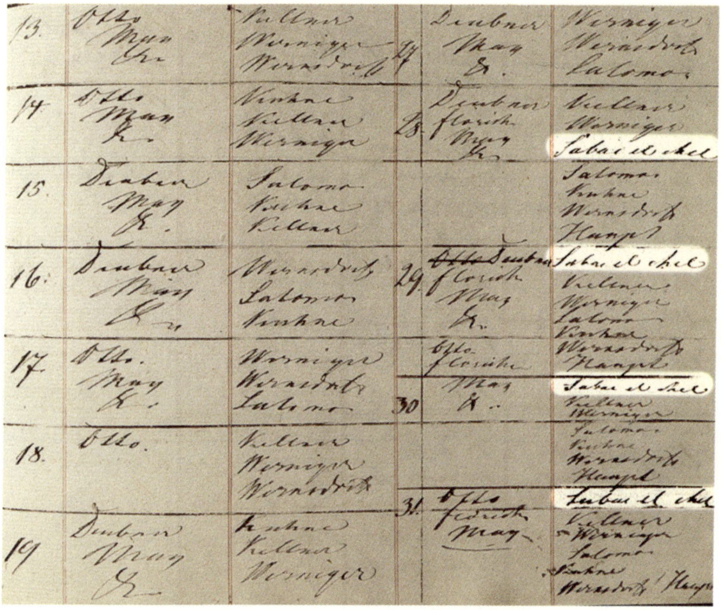

Am 28. Mai 1851 beginnt für August der Ernst des Lebens. Auszug aus dem Dienstbuch des Albrecht-Palais

gens verreisen will. Zuerst hat er sich zu waschen, den Mund auszuspülen und die Zähne zu putzen, dann legt er den Hausanzug an und bringt sein Bett und Zimmer in Ordnung. Nun beginnt seine eigentliche Arbeit, und zwar hat er jeden Morgen die Zimmer zu reinigen, welche ihm von seiner Herrschaft vorgeschrieben sind, in der Regel also das Herren- und Speisezimmer und den Empfangssalon. Dann deckt er den Kaffeetisch; wird er zur persönlichen Bedienung seines Herrn gebraucht, so muß er jetzt denselben wecken und anziehen helfen«, wobei jeder Handgriff beim Reichen der Kleidung strikt vorgegeben war, »worauf er den Kaffee, Kakao oder Tee usw. aufträgt und seiner Herrschaft meldet, daß der Kaffeetisch bereit steht«. Auf das Abräumen, Spülen und Aufräumen des Geschirrs nach dem Frühstück folgten verschiedene Hausarbeiten wie »Stiefelwichsen resp. -lackieren, Fenster-, Spiegel-, Metall- und Lampenputzen« sowie das Reinigen und Auslüften der Kleider, Staubwischen und Aufräumen der »herrschaftlichen Zimmer«. All dies musste spätestens um elf Uhr erledigt sein, denn dann hatte der Diener sich umzuziehen, »ankommenden Visiten« die Tür zu öffnen und für weitere Aufträge sowie Botengänge zur Verfügung zu stehen.

Mittags um zwei musste erneut eingedeckt, serviert, abgedeckt und das Geschirr gesäubert werden, danach stand Silberputzen auf dem Programm. Hatte der Diener alles »an Ort und Stelle« verstaut, »würde er des Herrn Schreibpult und Ankleidezimmer in Ordnung bringen. Sollte der Herr sich Mittags umgezogen haben, so wird er die Kleidung reinigen und sie wieder an ihren Ort hinlegen oder -hängen. Bei Eintritt der Dunkelheit hat er die Lampen anzuzünden und die Fensterladen resp. Vorhänge zu schließen. Dann deckt er den Abendtisch, serviert nach dem Essen denselben wieder ab und nimmt im Schlafzimmer sobald die Zeit dazu gekommen ist, das Bett des Herrn ab und geht um 10 resp. 11 Uhr zu seiner Herrschaft und fragt bescheiden, ob der gnädige Herr oder die gnädige Frau Befehle für ihn haben; ist dies nicht der Fall, so wünscht der Diener der Herrschaft eine gute Nacht, sieht noch einmal den Verschluß der Läden nach, schließt die Haustür, löscht die überflüssigen Lampen aus und begibt sich zur Ruhe.«[13]

Das Ganze, versteht sich, mit gleichbleibender Hingabe und Loyalität. So manche hier angeführte Verrichtung mag angesichts der Vielzahl der im Palais angestellten Lakaien nicht in Augusts Bereich gefallen sein, doch sein Tag war ausgefüllt. Wie ereignisreich aber, wie turbulent und manchmal auch höchst riskant sein zukünftiges Leben als »herrschaftlicher Diener« verlaufen würde, konnte August nicht ahnen, als er sich an die tägliche Routine im Prinzen-Palais gewöhnte.

Dass man gerade ihn für diese Aufgabe auserkor, entsprach einer höfischen Tradition: Wie vielerorts in Europa war es seit dem 17. Jahrhundert auch in deutschen Fürstenhäusern zu einer Mode geworden, sich mit dunkelhäutigen Pagen oder Lakaien zu umgeben, die man, kostbar, farbenprächtig und extravagant gekleidet, stolz als »Kammermohren« präsentierte. Zu einer Zeit, in der jeder Herrscher, der etwas auf sich hielt, eine Menagerie mit Exoten besaß und den Blick begehrlich auf ferne Erdteile lenkte, lockte das »andere« Aussehen der Schwarzafrikaner – überdies war es dazu angetan, die Blässe, das höfische Schönheitsideal, wirkungsvoll in Szene zu setzen.[14]

Einen oder gar mehrere »Mohren« sein eigen zu nennen stand für Reichtum und Macht. Afrikaner, je dunkler, je besser, galten als Statussymbol. Kamen sie schon im Kindesalter an den Fürstenhof, so hielten sie sich zunächst stets im Umfeld der Herrschaften auf: Sie begleiteten sie auf Schritt und Tritt, speisten mit ihnen und schliefen zu ihren Füßen. Halb Page, halb dekoratives Spielzeug wurden sie häufig verwöhnt, bevor man sie später dann »nützlichen« Diensten zuführte. Doch freiwillig kam keiner von ihnen nach Deutschland. Sie wurden vielmehr – meist in jungen Jahren – über Sklavenhändler beschafft.

Auch Brandenburg-Preußen war an diesen Geschäften beteiligt: Um die leeren Schatullen seines Landes zu füllen, das noch immer schwer an den Folgen des Dreißigjährigen Krieges litt, trieb der Große Kurfürst, der seit 1683 mit der Feste Großfriedrichsburg einen Stützpunkt an der Küste des heutigen Ghana besaß, einen schwunghaften Menschenhandel bis nach Amerika. Moralische Bedenken kamen dabei nicht auf, man tat es einfach den europäischen Nachbarn gleich. Rund 30 000 Afrikaner wurden im Laufe weniger Jahre als Sklaven verschleppt und verkauft.[15]

Als »Kammermohren« oder Musiker in der Armee gelangten einige auch nach Preußen. Sklaverei gab es de jure in den deutschen

Drei Prinzen im Felde mit zwei Kammermohren, 1742

Staaten zwar nicht, doch die gewaltsam dorthin verbrachten Menschen waren nicht wirklich frei. Die adligen Herren bestimmten über ihre Unterbringung und Kleidung, die Ausbildung und den Beruf. Solange die »Mohren« in Diensten eines Fürsten standen, wurden sie gut behandelt, doch zu kündigen und ihrer Wege zu ziehen war ihnen nicht ohne Weiteres erlaubt; es kam auch vor, dass sie einfach »weiterverschenkt« wurden. Nicht selten aber erfuhren sie ein Leben lang Protektion – und manche von ihnen brachten es zu beachtlichen Karrieren. In ihrem sozialen Status wie in der Besoldung den anderen Hofbeamten mindestens gleichgestellt, genossen sie, zumindest in höfischen Kreisen, erheblichen Respekt.[16]

Zwar war es mit dem kolonialen Experiment nach nur vierunddreißig Jahren vorbei, als der Soldatenkönig Großfriedrichsburg und zwei weitere Festungen an die Niederländer verkaufte – zum Preis von 72 000 Dukaten und »12 Negerknaben«, wie es im Vertrag bezeichnenderweise heißt. Die Menschen afrikanischer Herkunft aber blieben zumeist in Preußen und kamen, wovon noch die Rede sein wird, in erster Linie beim Militär zum Einsatz.[17]

Von einem nur »halbfreien« Status Augusts als prinzlichem »Kammermohren« konnte im Berlin Friedrich Wilhelms IV. keinerlei Rede mehr sein, doch es kann angenommen werden, dass er, schon bevor man ihn als Diener in die Pflicht nahm, sich meistens im Umfeld des Prinzen bewegte – dafür spricht jedenfalls seine Nähe zum »Hof-Staatssekretär« Ströhmer. Auch bei der Revolution im März 1848, als politische Unzufriedenheit und wachsende soziale Spannungen die aufgebrachte Bevölkerung auf die Barrikaden trieben, blieb August mit Albrecht in Berlin – nicht so dessen Bruder Wilhelm, der vor dem Volkszorn nach England floh und eine Niederwerfung des Aufstands mit Waffengewalt forderte. Eine zur Erinnerung an die Jahre 1848/49 von Friedrich Wilhelm IV. gestiftete »Denkmünze«, die dem prinzlichen Diener später verliehen wurde und sich in seinem Nachlass fand, legt davon Zeugnis ab. Ob es nun Albrecht selbst war, der den Kämpfern, die in der Nacht zum 19. März bis ins Vestibül seines Palais vordrangen, Einhalt gebot, sei dahingestellt, Tatsache ist: Das Schloss blieb unversehrt. Als der König den Forderungen der Revolutionäre anderntags – vorübergehend – nachgab und seine Truppen abziehen ließ, soll auch der Prinz unter denen gewesen sein, die die deutsche Kokarde trugen.[18]

Wie sich Augusts weiterer Werdegang fortan gestaltete, lässt sich an der Biographie des Prinzen ablesen, auch wenn wir direkte Hinweise und Zeugnisse nur höchst selten finden. Domestiken, das verstand sich von selbst, sorgten vor allem für einen reibungslosen Ablauf des Alltags, ansonsten blieben sie weitgehend unsichtbar. Erschwert wird die Rekonstruktion auch deshalb, weil die Quellenlage zu Albrechts Hofhaltung äußerst lückenhaft ist; in der wenigen Korrespondenz werden einzig Menschen von Rang erwähnt. Dennoch lassen sich die gemeinsamen Stationen recht genau nachvollziehen, und es wäre verfehlt, anzunehmen, dass Albrecht dem Schicksal seiner Lakaien keine Beachtung schenkte. Er habe, darin stimmen die wenigen Aussagen zu seiner Persönlichkeit überein, den Menschen in seiner Umgebung immer große Achtung gezollt, ganz gleich welchen Standes sie waren, und sie in der Regel sehr wohlwollend behandelt. Sein manchmal aufbrausendes Wesen verursachte ihm offenbar schwere Gewissensbisse: »Hatte er einem seiner Diener ein hartes Wort gesagt, so wurde dieser am nächsten Tage königlich beschenkt«, hieß es Jahrzehnte später in einem – recht hagiographisch gefärbten – Nachruf.[19]

Erst 1853 bestätigte Friedrich Wilhelm IV. die Scheidung Albrechts von Marianne. Es hatte vier Jahre gedauert, bis er den entsprechenden Beschluss des Berliner Kammergerichts vom 28. März 1849 anzuerkennen bereit war, zähneknirschend und nur unter der Bedingung einer Abänderung des Urteils: Als einziger Scheidungsgrund, so verfügte er wider besseres Wissen, sei der »notorische Ehebruch« Mariannes geltend zu machen. Sein Bemühen, preußischen Bürgern per Gesetz das Scheidungsrecht zu verwehren, wurde durch das Exempel des jüngeren Bruders erschwert. »Während der König und seine frommen Günstlinge mit kirchlichem Eifer die Wohltat der Ehescheidung dem Volke zu entziehen suchten«, schrieb der Publizist Karl August Varnhagen von Ense damals mit spitzer Feder, »hatte dieses die Schadenfreude, in der königlichen Familie selbst eine Ehescheidung angesetzt zu sehen.«[20]

Da Marianne nur ein halbes Jahr nach der Scheidung, am 30. Oktober 1849, einen Sohn zur Welt gebracht hatte, dessen Vater ihr Leibkutscher war, hatte sie das Nachsehen und verlor das Aufenthaltsrecht in Preußen sowie die Vormundschaft für ihre Kinder. Die wohlhabende Prinzessin erwarb Schloss Reinhartshausen am Rhein, das ihrem Kind auch den Familiennamen gab. Nach Anerkennung des Scheidungsurteils konnte Albrecht endlich Rosalie von Rauch heiraten, die junge Frau aus dem Gefolge Mariannes, mit der man ihm schon seit gut einem Jahrzehnt ein Verhältnis nachsagte. Auch hier hatte Friedrich Wilhelm IV. bis zum letzten Moment versucht, das »öffentliche Ärgernis« einer nicht standesgemäßen Heirat zu verhindern: »Sollte [diese] tatsächlich vollzogen werden und ich Kunde davon bekommen, so ist Fräulein von Rauch von den preußischen Grenzen auf immer verbannt.«[21]

Die Ehe wurde schließlich außerhalb Preußens in Sachsen-Meiningen geschlossen. Rosalie erhielt vom regierenden Herzog den Titel einer Gräfin von Hohenau, und das Paar zog in das neu ausgestattete Schloss Albrechtsberg bei Dresden, ein malerisch an den Steilhängen der Elbe gelegenes ehemaliges Ausflugslokal, das Albrecht schon einige Jahre zuvor hatte erwerben und umgestalten lassen. Die Aussicht auf die barocke Silhouette der Stadt reicht an klaren Tagen bis hin zum Elbsandsteingebirge und zu den Erhebungen des Erzgebirges. Schon Napoleon soll sie begeistert haben. Das durch den Schinkelschüler Adolph Lohse geschaffene spätklassizistische Kleinod mit ausgeklügelten Parkanlagen ähnelt auffallend Schloss Belvedere auf dem Pfingstberg in Potsdam, das von Friedrich Wilhelm IV. persönlich entworfen worden war.[22]

Im Dresdner Refugium gebar Rosalie am 25. April 1854 einen Sohn, der zweite kam drei Jahre später zur Welt. Der Preis für die Mesalliance: Die Kinder aus dieser Ehe durften weder den Prinzentitel noch den Namen der Hohenzollern führen, geschweige denn Ansprüche auf den preußischen Thron geltend machen. Gleichwohl soll das Familienleben in Sachsen sehr glücklich gewesen sein, eine Art freundliche Gegenwelt zum starren, militärischen Reglement des Königshofs in Berlin. Im Innern des Schlosses findet sich übrigens

Schloss Albrechtsberg
Stahlstich, nach 1854

eine Reminiszenz an die Reise durch Ägypten: Die Fresken des prächtigen Gartensaals zeigen außer Konstantinopel, Meran und Neapel auch eine exakte Ansicht von Kairo und den Pyramiden – genau so, wie sie von Lepsius und Erbkam in ihren Briefen beschrieben worden war und Reclam sie in seinem Skizzenbuch festgehalten hatte.

Doch immer wieder musste Albrecht Frau und Kinder verlassen: Als jüngster Bruder des Königs und General der Kavallerie hatte er Präsenzpflicht bei Hof in Berlin. In staatspolitischen Fragen stand er meist im Abseits; man traute ihm wohl auch nicht viel zu, doch als ranghoher Militär, wenn auch ohne Gefechtserfahrung, drang er auf seine Chance.[23] Häufig verbrachte er die eine Hälfte des Monats in

Schloss Albrechtsberg und die andere im Albrecht-Palais, musste also ständig zwischen Sachsen und Preußen pendeln. Erleichtert wurde dies durch die seit 1841 bestehende, über Leipzig führende Eisenbahnverbindung zwischen Dresden und Berlin. Schon wenige Jahre später erreichte der Kurierwagen eine Geschwindigkeit von etwa achtzig Kilometern pro Stunde.

Als persönlicher Lakai begleitete August Albrecht Sabac el Cher den Prinzen nicht nur auf diesen dienstlichen Fahrten, sondern auch bei größeren Reisen. Er packte die Koffer, hielt Kleidung und Uniformen instand, trug Sorge für die Verpflegung und bereitete das Nachtlager, gleich ob in Zelt oder Palast. Und er sollte viel von der Welt sehen: Gerne und oft besuchte Albrecht seine älteste Schwester Charlotte, die als Alexandra Fjodorowna an der Seite Nikolaus' I. seit 1825 Zarin des russischen Reiches war. Russland und die Kaiserfamilie sollen Albrecht eine zweite Heimat gewesen sein, so wohl fühlte er sich dort. Auch nach dem Tod Charlottes im November 1860 blieb die herzliche Verbindung bestehen.

Fast zwei Jahre später hatte der passionierte Soldat einen besonderen Grund für die Reise ins Zarenreich: Mit dreiundfünfzig Jahren zog der Prinz, der bis dahin noch immer keine Gelegenheit gehabt hatte, sein militärisches Können in praxi zu beweisen, erstmals in einen Krieg. Seit Jahren schon kämpfte sein Neffe, Zar Alexander II., der wie schon sein 1855 verstorbener Vater den russischen Einfluss im Kaukasus durchzusetzen suchte, gegen das Bergvolk der Tscherkessen. Für seinen ehrgeizigen Onkel arrangierte er nun einen ganz besonderen Feldzug – mit kalkuliertem Risiko.

Am Sonntag, dem 1. September 1862, begann die große Unternehmung: Der Prinz schiffte sich mit seinem Gefolge – zu dem auch Charles Reclam, Hofrat Ströhmer und natürlich August Sabac el Cher mit fünf weiteren Dienern zählten – im ungarischen Pest auf einem Lloyddampfer ein. Einen genauen Bericht über die Reise ver-

Zarin Alexandra Fjodorowna, geb. Charlotte Prinzessin von Preußen
Ölgemälde, nach 1837

danken wir den Erinnerungen eines Majors von Loë, der dem Tross des Prinzen ebenfalls angehörte. Mit einer bunten Gesellschaft – »österreichische Offiziere, armenische Priester in langen schwarzen Kaftans und runden Hüten modernster Fasson, französische Ingenieure, die sich zu Bauanlagen nach der Türkei begaben, englische Touristen, türkische Militärs auf der Fahrt nach Belgrad, um sich dort vor der aufgeregten serbischen Bevölkerung in die Zitadelle einzuschließen, dazu serbische Schweinehändler« – ging es zunächst recht gemächlich die Donau hinab bis zur rumänischen Hafenstadt Galatz, von wo aus man über Land nach Odessa gelangte. Nach einem Ruhetag fuhren sie am 9. September frühmorgens von dort mit drei- und vierspännigen Kutschen durch die südrussische Steppe – eine »wüste Einöde dunkelbrauner Färbung« – bis Stawropol, dem Hauptquartier der im Kaukasus operierenden russischen Truppen. Doch zum Leidwesen des tatendurstigen Prinzen war aus Petersburg, von höchster Stelle also, gerade die Order ergangen, jeden Zusammenstoß mit den Tscherkessen zu vermeiden und unbedingt in der Defensive zu verharren, da die Jahreszeit zum Vorrücken noch nicht gekommen sei. Der günstigste Moment für die Operationen sei die zweite Oktoberhälfte, wenn die entlaubten Bäume dem Feind kaum noch Deckung böten.

Bis zum Beginn des Unternehmens sollten die Preußen sich das Land ansehen. Ihre gut sechswöchige Rundreise, auf der sie von Kosaken eskortiert wurden, führte sie am Schwarzen Meer entlang und in die Mineralbäder des Nordkaukasus. Pjatigorsk »und umliegende Höhen … [wurden] zur Feier der Anwesenheit Seiner Königlichen Hoheit brillant illuminiert«. Die örtlichen Würdenträger empfingen sie an jeder Station. Von Wladikawkas aus, der »Zwingburg des Kaukasus« mit Blick auf die »immens hohen« Berge, »großartiger«, »ergreifender und schauerlicher« als die Schweizer Alpen, kamen sie nach halsbrecherischer Fahrt durchs Gebirge in die georgische Hauptstadt Tiflis, dann nach Baku und über das Gebiet um den Berg Ararat – »nach der Bibel soll auf ihm die Arche Noah hängen geblieben sein« – zurück nach Eriwan. Das Ganze wurde im Eiltempo absolviert: »Es ist zum Verzweifeln, daß auf dieser Reise so gehetzt wird. Von Tagesanbruch bis Sonnenuntergang wird in Karriere gefahren, nirgends Aufenthalt. Würde man irgendwo ein paar Tage ruhig bleiben, so könnten magnifique Jagden gemacht werden«, klagte Loë in seinem Tagebuch.[24] Der Rückweg nach Stawropol gestaltete sich wunschgemäß dramatisch: »In der ersten Nacht bei der Fahrt übers Gebirge verloren wir ein Rad, wurden umgeworfen und mußten alle Augenblicke aussteigen, um den Weg am Rande von 1000 Fuß hohen Abgründen zu suchen. Dabei eine Kälte von 5 Grad. Die zweite Nacht in der Steppe war der Weg zwar gut, aber zwei Tage vorher hatten die Tscherkessen die Post angefallen und beraubt. Wir fuhren die ganze Nacht mit zurückgeschlagenem Verdeck, die Büchse im Arm, rechts und links aufpassend«, wobei der Postillon, der »in dubio betrunken war«, die wiederholte Aufforderung, das Tempo doch zu drosseln, stets dahingehend verstand, er solle rascher fahren, und »wie ein Wütender auf die Pferde« einhieb.[25]

Das unübersichtliche Gelände und die dichte Bewaldung des Kaukasus boten den Bergvölkern gute Möglichkeiten für einen wirkungsvollen Partisanenkrieg gegen die russische Armee, die ihrerseits gegen Land und Bevölkerung mit besonderer Grausamkeit vorging. Langsam rückten ihre Kolonnen vor, verbrannten die tscherkessischen Dörfer, trieben das Vieh weg, verwüsteten die Felder und holzten die Wälder ab, »kurz, das ganze Land wird in ein offenes, allen Truppengattungen zugängliches Terrain verwandelt … Die Russen drängen mit ihrem System und mit überlegenen Feuerwaffen die Tscherkessen Schritt für Schritt gegen die Küste des Schwarzen Meeres. Kommen sie dort an, werden die Völkerschaften ausgerottet sein«, es ist nichts anderes als ein »Vernichtungskrieg Mann gegen Mann«.[26] Für den Prinzen, so scheint es, trotz alledem das lang er-

Auf dem Kutschbock ist August mit rotem Fez zu erkennen.
Aus: »Im Kaukasus«. Illustrationen zur russischen Expedition
des Prinzen Albrecht von 1862

sehnte Abenteuer: »Da war nichts Förmliches, nichts Gemachtes, sondern wahre männliche Lust an der Gefahr, wie am Genuß, Aufgeben des eigensten Wesens an die gleiche Gesinnung und das gleiche Fühlen des andern.«[27]

Und dann war es so weit: Der Feldzug begann. Am 12. November näherten sie sich, von Stawropol kommend, bei vier Grad Kälte dem Gebirge. Albrecht hatte an diesem Tag einen schweren Unfall, bei dem er nicht unerheblich verletzt wurde – seine Pferde scheuten, und der Wagen stürzte eine Böschung hinab. Trotzdem bestand der Prinz darauf, an der Unternehmung teilzunehmen. Welche Verletzungen August, dessen Platz auf dem Kutschbock war, bei diesem Unglück erlitt, ist nicht überliefert; glimpflich wird auch er nicht davongekommen sein. In einem unveröffentlichten Bildband mit Impressionen

Ein Geschenk für den Diener des Prinzen:
die goldene Taschenuhr der Zarin

der Reise, den Albrecht nach seiner Rückkehr zusammenstellte, ist August auf einer Zeichnung zu sehen; das Geschehen war von einem Schlachtenmaler, der sich den Preußen in Tiflis angeschlossen hatte, ausführlich dokumentiert worden. Der dazugehörige Textband, an dem wieder Charles Reclam großen Anteil hatte, ist leider verloren gegangen.[28]

Als der russische Heerführer vom Pferd stürzte und ausfiel, übertrug er Albrecht kurzerhand das Kommando über die Truppen. Unter seinem Befehl eroberten die Soldaten einige – bereits verlassene – Dörfer und erbeuteten größere Herden von Rindern, Ziegen und Schafen, so dass sie nachmittags befriedigt »das gewohnte lustige Leben« im Lager mit Tanz und Gesang genießen konnten. Nachdem es am nächsten Tag doch noch zu Gefechten mit kleineren Trupps feindlicher Reiter gekommen war, die von den russisch-preußischen

Alle Ehrenzeichen der deutschen Einheit – und mehr: die Ordensspange August Sabac el Chers

Waffenbrüdern für sich entschieden wurden, leitete Albrecht den Rückzug ein. Das Unternehmen war damit beendet, und Albrecht wurde mit großem militärischem Zeremoniell verabschiedet.[29] In Moskau berichtete er dem Zaren, seinem Neffen, und wurde mit der höchsten russischen Militärauszeichnung, dem St.-Georgs-Orden, geehrt, wenn auch nur vierter Klasse. August erhielt von der Zarin eine goldene Taschenuhr, die noch heute im Besitz der Familie ist. Über Petersburg und Tilsit kehrte die Reisegesellschaft nach Berlin zurück.

Nur zwei Jahre später nahm August Sabac el Cher an der Seite Albrechts am ersten deutschen Einigungskrieg gegen Dänemark teil – für den Prinzen eine Enttäuschung, da er befehlsgemäß als Beobachter im preußischen Hauptquartier blieb und das Geschehen bei klirrender Kälte, wie im Freilichttheater, zu Pferd aus der Ferne verfolgte, von Ordonnanzen, unter denen sicher auch August war, mit Butterbroten und heißen Getränken versorgt. Schon eher zum Zuge kam er im Preußisch-Österreichischen Krieg von 1866, wo er »im dichten Kampfgetümmel« an der Spitze seines Kavalleriekorps in der Schlacht von Königgrätz focht, wenn er auch, wie die »Allgemeine Deutsche Biographie« nüchtern hinzufügt, »erst am Spätnachmittage« ins Kampfgeschehen eingriff, »als die Schlacht ... bereits entschieden war«.[30] Nicht nur er wurde für seinen Einsatz mit dem »Pour le mérite« belohnt. Auch sein treuer Diener erhielt eine Auszeichnung: Die Ordensspange aus Augusts Besitz mit dem Erinnerungskreuz für »treue Krieger« ist noch heute erhalten.

Trotz des unsteten Lebens im Dienste des Prinzen fand August im folgenden Jahr auch sein privates Glück: Am 25. November 1867 führte er die vierundzwanzigjährige Berlinerin Anna Maria Jung vor den Traualtar der nahe gelegenen Dreifaltigkeitskirche. Dass die Hochzeit des dunkelhäutigen Mannes, der im Geburtsjahr seiner Frau aus Ägypten nach Preußen gekommen war, ausgerechnet in der Mohrenstraße stattfand, ist ein leise ironisches Detail seiner Biographie. Die Straße im heutigen Stadtteil Mitte verdankt ihren Namen einer Ende des 17. Jahrhunderts dort einquartierten Delegation von afrikanischen Repräsentanten aus eben jener Feste Großfriedrichsburg, mit deren Gründung der Große Kurfürst einst sein Kolonialabenteuer begann.[31]

Wann August die Tochter des Kleidermachers Johann Friedrich Jung kennengelernt hatte, wissen wir nicht, ebenso wenig, ob es seitens der Eltern Einwände gegen die Heirat gab. Annas Mutter war eine geborene von Reitzenstein und vielleicht sogar mit dem Premierleutnant Freiherr von Reitzenstein verwandt, der seit dem 30. April 1830 Adjutant bei Prinz Albrecht war.[32] Sicher ist: Als Lakai im Albrecht-Palais war August durchaus eine gute Partie. Außerdem gab es ein nur zu sichtbares Argument, den Schwiegersohn zu

Anna Maria Sabac el Cher, geb. Jung, um 1870

akzeptieren: Die »Jungfrau Anna Jung«, wie es im Kirchenbuch heißt, war im sechsten Monat schwanger. Die Vermählung fand in aller Eile statt – nur dreieinhalb Monate später, am 10. März 1868, wurde den beiden ein kleiner Sohn geboren,[33] den sie am 31. Mai in derselben Kirche, in der sie getraut worden waren, auf den Namen Gustav Albrecht taufen ließen. Paten waren eine Schwester Annas und wieder, wie schon bei August, »Fräulein Berta Strömer«. Ob auch der Namenspatron für den kleinen Gustav in der Familie Ströhmer zu suchen ist, kann nicht mehr festgestellt werden. Bekannt ist nur, dass August Ströhmer einen Bruder mit Namen Gustav Theodor hatte, der zu diesem Zeitpunkt zweiundfünfzig Jahre alt war.[34]

Wie anhand der Berliner Adressbücher nachzuvollziehen ist, wohnte die junge Familie weiterhin im Albrecht-Palais – als Anschrift des »prinzlichen Lakaien« Sabac el Cher ist bis 1873 die Wilhelmstraße 104 verzeichnet, wo für die Dienerschaft unter dem Dach nicht nur einzelne Zimmer, sondern auch Wohnungen zur Verfügung standen.[35] Am 20. Juli 1869 schenkte Anna einer Tochter das Leben, die am 8. August in der Dreifaltigkeitskirche auf den Namen Elise Bertha Charlotte getauft wurde. Waren bei der Taufe ihres Bruders ausschließlich Frauen Taufzeugen, so hatten August und Anna nun drei Herren ausgewählt. Im Kirchenbuch wird als Erster der Registrator Pilzecker genannt, dann der Prinzliche Mundkoch Schwimmer – auch er ist uns bereits aus dem Skizzenbuch der Orientreise bekannt – und schließlich ein Restaurateur namens Schäpper.[36] Wie auch immer man den schwarzen Hofdiener in der Familie Jung aufgenommen haben wird, die Enkelkinder wurden geliebt. Viele wichtige Ereignisse werden in der Familienchronik später unerwähnt bleiben, aber den Tod seiner »lieben Großmutter« Julia Jung im Jahre 1905 wird Gustav tief bewegt notieren.

Ende der sechziger Jahre hielt sich der Prinz vorwiegend in Berlin auf und war nur noch selten bei Rosalie und den Söhnen in Schloss

Elise und Gustav Sabac el Cher,
um 1870

Albrechtsberg. August kam dies entgegen, denn wenn Albrecht nach Sachsen fuhr, bedeutete dies für ihn eine Trennung von seiner jungen Frau und den Kindern.

Bei der kleinen Tochter des Hofgärtners in Albrechtsberg hinterließ er während seiner Besuche stets einen bleibenden Eindruck. Sie erinnerte sich noch im hohen Alter an August, wenn auch mit kleinen Ungenauigkeiten: »Eine für uns Kinder ebenso interessante Erscheinung war der dunkelhäutige Leibdiener des Prinzen. Der Prinz hatte ihn von einem indischen Fürsten erhalten. Bei Tische mußte der Diener in seiner … Tracht aufwarten und zeigte sich dann gern hinterher uns staunenden Kindern. Er war natürlich kein Sklave mehr und überdies der ehrsame Gatte einer Berlinerin.«[37] In der Tat fiel der »ehrsame Gatte« nicht nur durch seine Hautfarbe auf. Das einzige erhaltene Foto von August zeigt ihn orientalisch ausstaffiert, mit Fez und Halsschmuck und in indisch anmutenden Phantasiegewändern. Originalgetreu musste die Tracht nicht sein, wohl aber bunt und exotisch – ähnlich wie bei den früheren fürstlichen »Kammermohren«. Der persönliche Diener des Prinzen, königstreu, preußisch erzogen, allseits geachtet und gesellschaftlich integriert, war äußerlich stets ein »Anderer« geblieben. Ob er sich zuweilen, trotz allen Erfolgs, als »zwischen den Welten« stehend empfand, kann nur gemutmaßt werden.

Dass Assimilation weder die Regel noch immer gewollt war, zeigt das Beispiel Henry Noels, der etwa zur selben Zeit, Ende der sechziger Jahre, durch den Afrikaforscher Gerhard Rohlfs nach Preußen gebracht wurde und als »Mohr von Berlin« eine gewisse Berühmtheit erlangte. Auch er durchlief eine preußische Schulausbildung, und seine Entwicklung wurde bei Hof mit großem Interesse verfolgt. Als »kaiserlicher Vorzeigeneger« war er dem Blick der Öffentlichkeit ausgesetzt. Diesem Druck konnte er auf die Dauer nicht standhalten. Mit nur 22 Jahren wurde er 1878 in eine italienische Heilanstalt eingewiesen, in der er bis zu seinem Lebensende im Jahre 1931 verblieb.

Das einzige erhaltene Foto des prinzlichen Leibdieners: August Albrecht Sabac el Cher in exotischem Kostüm

Im Juli 1870 befand sich Albrecht mit seinem Bruder König Wilhelm I., der die Nachfolge des 1861 verstorbenen Friedrich Wilhelm IV. angetreten hatte, in Bad Ems zur Brunnenkur, als mit der Emser Depesche der Deutsch-Französische Krieg ausgelöst wurde.[38] Erneut begleitete August seinen Prinzen in den Krieg. Vor Metz und Orléans, bei dem Gefecht von Artenay und in der Schlacht bei Loigny fiel Albrecht, der den König vorher »alleruntertähnigst« gebeten hatte, ihn nur nicht wieder dem »Großen Hauptquartier zu attachiren«, durch großen Einsatz und tollkühnen Mut auf, strategischen Weitblick ließ er jedoch schmerzlich vermissen. Der Einundsechzigjährige, der Augenzeugenberichten zufolge bei eisiger Kälte bis zu fünfzehn Stunden lang ununterbrochen im Sattel saß, übernahm sich offenbar, denn zum Jahreswechsel brach er in Maintenon bei Paris zusammen. Als am 18. Januar 1871 – noch vor Ende des Krieges – auf den Tag genau hundertsiebzig Jahre nach der Gründung des Königreichs Preußen im Spiegelsaal von Versailles aus dem preußischen König Wilhelm I. der Deutsche Kaiser wurde, war Albrecht nicht zugegen. Erst im Februar 1871 traf er mit dem Bruder in Versailles

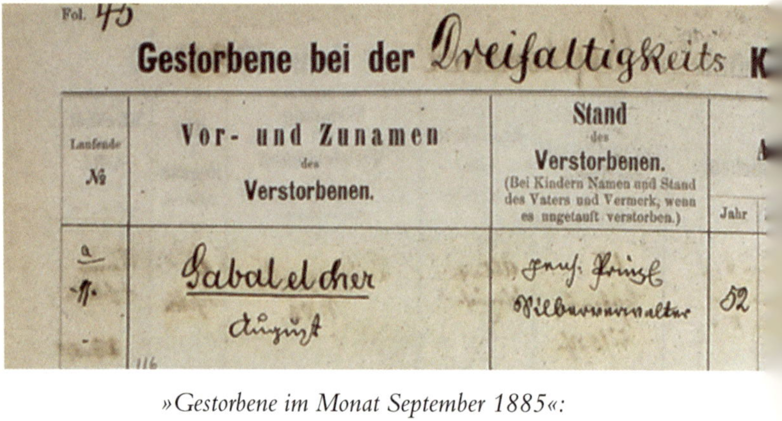
Fol. 45

Gestorbene bei der Dreifaltigkeits K

Laufende №	Vor- und Zunamen des Verstorbenen.	Stand des Verstorbenen. (Bei Kindern Namen und Stand des Vaters und Vermerk, wenn es ungetauft verstorben.)	Jahr
a 11.	Sabac el cher August	Silberverwalter	52

»Gestorbene im Monat September 1885«:
Aus dem Kirchenbuch der Berliner Dreifaltigkeitskirche

zusammen und wurde Zeuge der Friedensratifikation. Am 16. Juni erlitt Prinz Albrecht beim Einzug der siegreichen Truppen in Berlin einen Schlaganfall, von dem er sich nicht mehr erholte. Nur gelegentlich konnte er das Haus noch verlassen. Am 8. September 1872 traf ihn im Park des Albrecht-Palais erneut der Schlag; nun war er vom Hals abwärts gelähmt und konnte nicht mehr sprechen. Erst jetzt, nach beinahe zwanzig Jahren, wurde der Bann für Rosalie aufgehoben, und sie reiste aus Albrechtsberg an. Am 14. Oktober erlag der Prinz seinem Leiden.

Während Preußen zur ersten deutschen Staatsmacht avancierte, während die Deutschen Einigungskriege stattfanden, der Deutsche Bund aufgelöst und das Deutsche Reich gegründet wurde, hatte der »kleine nubische Junge« am Hofe der Hohenzollern eine große Karriere gemacht. Und diese war mit dem Tod des Prinzen keineswegs beendet: Der älteste Sohn des Verstorbenen, ebenfalls Albrecht mit Namen, der nun das Haus des Vaters bewohnte, ernannte August Sabac el Cher im Jahre 1873 zum Silberverwalter im Albrecht-Palais, auch

Pol.

n Monat September Jahr 1885.

…interbliebene.	Tag und Stunde des Todes.	Krankheit, woran er gestorben.	Wohnung des Verstorbenen und Namen des den Todesfall Anmeldenden.	Tag des Begräbnisses.	Kirchhof und Stelle, wohin er begraben ist.
Die Frau und 2 Kinder	21 September Abd 10½ Uhr	Magen-krebs	Bergmannstr. N. 10	24 Septbr	[illegible] 44.K.

dies vermerkte Gustav später in seiner Chronik. Das mit einer solch verantwortungsvollen Stellung verbundene Jahreseinkommen von sechshundert Mark wurde durch verschiedene Gratifikationen sicher erheblich aufgestockt, denn die Familie führte ein von wirtschaftlichen Sorgen freies Leben. Nun konnten die Sabac el Chers sich sogar eine eigene Wohnung leisten. Laut Adressbuch der Stadt Berlin zogen sie noch im selben Jahr in die dritte Etage des Neubaus Baruther Straße 11 im heutigen Kreuzberg. Als prinzlicher Silberverwalter hatte August die Oberaufsicht über sämtliches Silber, Porzellan, Tafelaufsätze und Glas, kurz über alles, »was, außer dem Leinenzeug, zur Tafel gehört«. Er hatte dafür Sorge zu tragen, »daß all diese Gegenstände immer vollkommen rein, und in gutem Stand, erhalten werden«, und über alles, »was etwa schadhaft geworden ist … dem Haushofmeister sogleich schriftlich die Anzeige [zu] machen«, heißt es in der Tätigkeitsbeschreibung aus dem Albrecht-Palais. Er war für das Decken der Tafel verantwortlich, weshalb er sich jeden Tag beim Hof-Fourier nach der Zahl der speisenden Gäste erkundigen musste. Wenn der Tisch gedeckt war, durfte er zum Essen nach Hause gehen, hatte aber vor Beginn der Tafel wieder zur Stelle zu sein. Ihm unterstellt waren die »Silberbedienten« und »Silberwäscherinnen«.[39]

Über die Gründe, weshalb August bereits 1876 in den Ruhestand versetzt wurde, kann nur gemutmaßt werden. Das Adressbuch jenes Jahres weist ihn jedenfalls als »pens. Prinzl. Silberverwalter« aus, wohnhaft in der zweiten Etage der Bergmannstraße 10 in der Tempelhofer Vorstadt, wie dieser Teil des heutigen Kreuzberg damals hieß. Sein früher Tod im Jahre 1885 legt nahe, dass sein Ausscheiden gesundheitlich bedingt war. Das Kirchenbuch der Dreifaltigkeitsgemeinde nennt als Todesursache Magenkrebs.

Die Altersangabe im Sterberegister macht deutlich, wie vage die Rekonstruktion seiner ersten Lebensjahre zwangsläufig war, denn sie deckt sich nicht mit dem Taufeintrag aus dem Jahre 1852: Mit »52 Jahren und 5 Monaten« sei er am 21. September, »abends 10 1/2 Uhr«

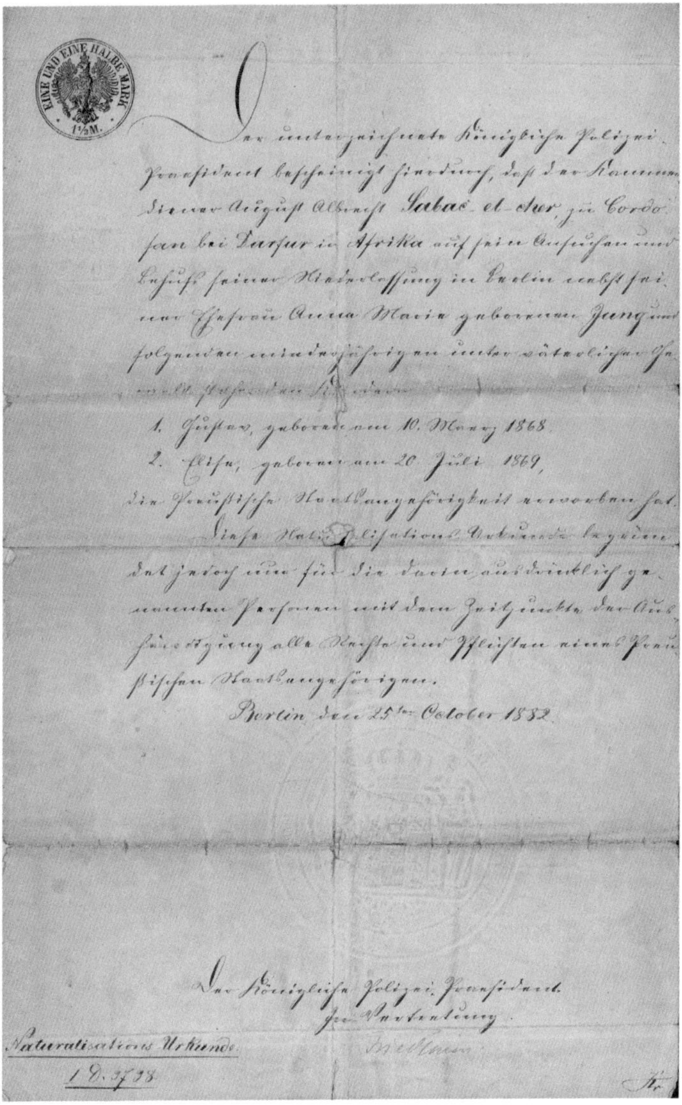

EINE UND EINE HALBE MARK
1½M.

Der unterzeichnete Königliche Polizei-Präsident bescheinigt hierdurch, daß der Kammerdiener August Albrecht Sabac el Cher zu Cordofan bei Darfur in Afrika auf sein Ansuchen und behufs seiner Niederlassung in Berlin nebst seiner Ehefrau Anna Maria geborenen Jung und folgenden minderjährigen unter väterlicher Gewalt stehenden Kindern:

1. Gustav, geboren am 10. März 1868.
2. Elise, geboren am 20. Juli 1869,

die Preußische Staatsangehörigkeit erworben hat.

Diese Naturalisations-Urkunde begründet jedoch nur für die darin ausdrücklich genannten Personen mit dem Zeitpunkte der Aushändigung alle Rechte und Pflichten eines Preußischen Staatsangehörigen.

Berlin den 25ten October 1882.

Der Königliche Polizei-Präsident.
In Vertretung

Naturalisations Urkunde.
I D. 3798

Naturalisationsurkunde für August Albrecht Sabac el Cher und seine Kinder vom 25. Oktober 1882 verstorben – demnach wäre er bei seiner Ankunft in Berlin nicht sieben, sondern zehn Jahre alt gewesen. Drei Tage später wurde er auf dem Friedhof der Gemeinde bestattet.[40] Sein Grab existiert heute nicht mehr. Anna, gerade erst zweiundvierzig Jahre alt und nach noch nicht achtzehn Jahren Ehe verwitwet, sollte für den Rest ihres langen Lebens unverheiratet bleiben.

Die überfällige Staatsbürgerschaft für sich und seine Kinder hatte August, der alle deutschen Einigungskriege direkt miterlebt hatte und für seine Verdienste um das preußische Königshaus mit einer Vielzahl von Ehrenzeichen längst hoch dekoriert war,[41] erst kurz vor seinem Tod erhalten: Die Naturalisationsurkunde »mit allen Rechten und Pflichten«, vom königlichen Polizeipräsidenten unterzeichnet und adressiert »An den Kammerdiener Herrn August Sabac el Cher wohlgeboren«, ist auf den 25. Oktober 1882 datiert.

3. Kapitel

Ein Star im Deutschen Reich: Gustav Sabac el Cher

Für die heranwachsenden Kinder, besonders aber für Gustav, nahm die Geborgenheit der Jugendzeit mit dem Tod des Vaters ein Ende. Der Sohn, inzwischen ein junger Mann von siebzehn Jahren, verließ noch im selben Jahr das Elternhaus und ging zum Militär. Zum einen traf er diese Entscheidung wohl, um die Mutter finanziell zu entlasten, zum anderen sicherlich aber auch der guten Chancen wegen, dort seinen Traum zu verwirklichen. Denn längst stand für ihn fest: Er wollte Musiker werden. Schon früh hatte er, zum Stolz seiner Eltern, ein großes Talent gezeigt. Sein Lerneifer war bemerkenswert, sein Ehrgeiz schnell geweckt – bereits im Alter von acht Jahren hatte er Violine gespielt. Als auf dem Lehrplan für die etwa Zehnjährigen im Fach Gesang die Einübung der Tonleiter stand, war der Junge seinen Kameraden um einige Längen voraus: Das Notenlesen beherrschte er da schon im Schlaf – er machte sich seit geraumer Zeit mit Harmonielehre vertraut. Mit vierzehn Jahren verließ er die Schule und wurde »anschließend für vier Jahre zur weiteren Ausbildung Schüler eines Musikinstituts«, wie es in einem später publizierten Artikel über ihn heißt.[1] Um welches Institut es sich handelte, ist heute nicht mehr bekannt. 1885 dann war es endlich so weit: Er trat in die Kapelle des »Füsilier-Regiments Nr. 35 Prinz Heinrich von Preußen« in der Stadt Brandenburg als Militärmusiker ein. Zwar wurde er, wie aus einem Leitfaden jener Jahre hervorgeht, vorschriftsmäßig zunächst an der Waffe geschult, erhielt also eine soldatische Grundausbildung, dann aber konnte er sich voll und ganz auf die Musik konzentrieren. Später zog man ihn allenfalls noch zu Schießübungen heran.

Ähnlich wie August stand auch er mit der Wahl seines Berufes in einer Tradition, die an den Fürstenhöfen des Barock ihren Anfang genommen hatte: Die Mode, sich mit dunkelhäutigen Musikern zu umgeben, datierte dort etwa in dieselbe Zeit wie die der »Kammermohren«. In Mitteleuropa verbreitete sie sich als eine Folge der Türkenkriege, da man begann, sich mit sogenannten Janitscharenkapellen zu schmücken, die zunächst aus osmanischen Kriegsgefangenen bestanden, dann auch aus afrikanischen Sklaven, in Trachten gehüllt, die man für »türkisch« hielt. Orientalisches war en vogue, ein Element fürstlicher Prachtentfaltung, und diese dehnte sich immer häufiger auch auf die Streitkräfte aus. Die »edlen Wilden«, denen man große Musikalität nachsagte, verliehen, zumeist als Trompeter und Pauker, den Kapellen besonderen Glanz.[2] Die Preußen, so scheint es, waren auf diese »Exoten« ganz besonders erpicht, und bereits der Große Kurfürst verfügte über einen Musikzug von Westafrikanern.

Auch nach dem Verkauf des kolonialen Besitzes im Jahre 1717 wollte Friedrich Wilhelm I., der »Soldatenkönig«, auf seine besonderen Musikanten keinesfalls verzichten: Die »160 bis 170 Stück junge wohlgewachsene Manns-Negers«,[3] die er als Bläser für seine Armee zu erhalten wünschte, blieben ihm zwar verwehrt. Doch allein in Potsdam waren bald darauf an die dreißig dunkelhäutige Heeresmusiker beschäftigt, und die »Kammermohren« aus der kostspieligen Hofhaltung seines Vaters Friedrich I., für ihn ein entbehrlicher Luxus, dienten fortan als Spielleute in seinem Leibregiment: Das fünfzehn Mann starke Querpfeiferkorps bestand ausschließlich aus »Mohren«. Wie bei den »Langen Kerls« legte der König auch bei seiner schwarzen Vorzeigetruppe Wert auf ein stattliches Äußeres. Groß mussten sie sein und, ungeachtet ihrer ethnischen Herkunft, angetan mit »türkischem« Dekor. Die Uniform war die der übrigen Spielleute: »blau, unten gantz weit und rundumb mit Falten …, die Ermel, Aufschläge, Flügel und Fordertheile am Rocke sind mit güldenen Schleifen besetztet, dazwischen silberne gepremet, welche an beiden Enden silberne Frantzen haben«.[4] Einige Besonderheiten hatte ihre Aufmachung aber doch: Um den Hals trugen sie einen silbernen, zwei Finger breiten Ring, dazu Ohrgehänge aus gediegenem Silber. Das Haar blieb ungepudert, auch hatten sie keinen Zopf. Statt des üblichen bunten Hutes trugen sie einen weißen, schrägsitzenden Turban mit schwarzem Federbusch. Die »preußischen Janitscharen« waren weithin bekannt, und ihr »Seltenheitswert«, so dubios dies heute auch anmuten mag, verschaffte ihnen Respekt.

Bis weit ins 19. Jahrhundert hinein sorgten farbige Musikanten im preußischen Militär immer wieder für Aufsehen, der vorerst letzte noch im Jahr 1848.[5] Gustav nahm die alte Tradition wieder auf und füllte gleichsam eine Lücke. Für einige Jahre war er bekanntlich der einzige »Mohr« in der Armee. Mit einem Unterschied: Man engagierte ihn zweifelsohne nicht wegen seiner »Exotik«, sondern aufgrund eines herausragenden Talents.

Die orientalische Ausstaffierung war, als er seinen Dienst antrat, längst Geschichte. Das belegen zahlreiche Fotos, denn in den folgenden Jahren ließ er sich regelmäßig in Uniform ablichten. Jeder einzelne Schritt auf seiner Karriereleiter ist dadurch nachzuvollziehen: Bei seinem Eintritt in die Armee war er einfacher Soldat. Ein Bild aus dem Jahre 1887 zeigt ihn als Hilfsmusiker im »Gemeinenrang«. 1889 stieg er zum Unteroffizier auf, seinen Kragen zierte nun eine Tresse. Und schon in dieser Zeit machte er über sein Regiment hinaus weithin von sich reden, sonst hätte ihn Emil Doerstling 1890 im fernen Königsberg sicher nicht porträtiert. Als »etatmäßiges Mitglied des Musikkorps« bekleidete er die Position eines »Hoboisten« – ein Begriff, der sich aus dem französischen *hautboïste* herleitet und ursprünglich den Spieler der Oboe bezeichnete, im 17. Jahrhundert neben dem Fagott das beliebteste und gängigste Blasinstrument. Ihres hellen und durchdringenden Tones wegen teilte man ihr in allen Militärmusikstücken die Melodie zu, weshalb sie das Hauptinstrument der Mu-

Gustav Sabac el Cher als einfacher Soldat in der Stadt Brandenburg, 1885

sikkorps wurde. Nach und nach wurde der Name für alle Infanteriemusiker üblich und blieb in Deutschland auch erhalten, nachdem die Oboe mit Einführung der Klarinette im ausgehenden 18. Jahrhundert an Bedeutung verlor.[6]

Ein weiteres, zwei Tage vor Weihnachten 1894 entstandenes Bild, das Gustav im selben Rang zeigt, wurde im Unterschied zu den beiden anderen nicht von einem Fotografen in der Stadt Brandenburg aufgenommen, sondern in Berlin. Seit dem Vorjahr studierte er an der Königlichen Hochschule für Musik im nahen Charlottenburg, ein weiterer Schritt hin zu seinem Ziel, Musikmeister, also »Stabshoboist« zu werden. Die Messlatte hierzu hing hoch: »Zum Stabshoboisten … kann ernannt werden, wer eine hervorragende musikalische Begabung besitzt, seiner allgemeinen Bildung und seinem militärischen Auftreten nach sich zu einem Militärvorgesetzten eignet und die Hochschule … mit Erfolg besucht hat. Das Kommando auf letzterer dauert 3 Jahre. Die in die Schule Eintretenden müssen mindestens 3 Jahre gedient haben, 25–27 Jahre alt und unverheiratet sein. Sie müssen sich verpflichten für jedes auf der Schule zugebrachte Jahr noch 2 Jahre aktiv zu dienen«, so heißt es in einem Handbuch »zur Belehrung über die deutsche Kriegsmacht«, das 1901 erschien.[7] Die fundierte Spezialausbildung der Musiker in Uniform, damals noch recht neu, verdankte sich einer grundlegenden Reform der Militärmusik – in ihren Wurzeln eine reine Signalmusik, die die Kommandos der Führung in Töne gefasst an die Truppe weitergab – hin zur Kunstmusik seit etwa 1830. Ihr Initiator, Wilhelm Wieprecht mit Namen, ein bekannter Violinist seiner Zeit, blieb übrigens sein Leben lang Zivilist. Dabei schuf er nicht nur zahlreiche Eigenkompositionen sowie Transkriptionen für Militärorchester, sondern auch das Zeremoniell des »Großen Zapfenstreichs«. Von den Musikern wurde von nun an verlangt, auch ein sogenanntes ziviles Instrument zu beherrschen – Streichinstrumente beispielsweise kamen beim Militär nicht zum Einsatz –, und es erschien eine wahre Flut von neuer, anspruchsvoller Literatur. Die Musikmeister wurden als Dirigenten geschult, sie lernten Partituren zu setzen, und man erwartete von ihnen ein breites Spektrum eigener Kompositionen. Ein Absolvent der Charlottenburger Musikhochschule galt als hochqualifiziert und hatte, mit etwas Glück, gute Karrierechancen.

Aus dem geschilderten Kontext heraus erklärt sich, weshalb Gustav auf dem Bild aus Berlin noch immer die Uniform seines Stamm-

Musikstudent in Uniform:
Gustav Sabac el Cher in Berlin, 1894

truppenteils trägt: Er blieb auch während des Studiums Angehöriger der Armee. Für Soldaten, die an eine zivile Einrichtung delegiert worden waren, standen zwar Unterkünfte in Kasernen bereit, Gustav aber wohnte vermutlich bei seiner Mutter Anna. Sie war mittlerweile in eine kleinere Wohnung in der Nostitzstraße 25, dritte Etage, gezogen, nur einen Steinwurf von der Bergmannstraße entfernt. Hier bot sie zeitweise ihre Dienste als Näherin an.

Aus Gustavs Regimentszeit in Brandenburg sind zahlreiche Porträtfotos von Freunden und Kameraden erhalten, leider ist – bis auf die Namen der Unterzeichner – nichts mehr über sie bekannt. Für Gustav waren es schöne, bereichernde Jahre, in denen er nicht nur viel lernte, sondern auch, das belegen die Widmungen auf den einzelnen Bildern, Freundschaften schloss, die ihm viel bedeuteten. Bis an sein Lebensende bewahrte er neben diesen Aufnahmen auch ein großformatiges Foto seines Lehrers, Professor Koßleck, auf, bei dem er an der Musikhochschule sein Hauptfach »Posaune« belegte. Da ein zweites Instrument obligatorisch war, wählte er als Nebenfach die Geige. Hochkarätig war auch hier die Betreuung: Unterrichtet wurde er vom Leiter der Hochschule und Brahms-Freund Joseph Joachim.

Ob er aufgrund seiner Hautfarbe auf Schwierigkeiten stieß, ist nicht überliefert. Neben seiner außergewöhnlichen Gabe, dem Gespür für die Musik, verfügte er allerdings sicherlich über große Zielstrebigkeit, Durchsetzungsvermögen und ein gutes Selbstbewusstsein, denn natürlich wurde sein Äußeres zur Kenntnis genommen, zumal es im Deutschen Reich jener Tage nur wenige Schwarze gab. Doch nach allem, was wir wissen, war er, auch und gerade in der Armee, voll und ganz integriert, mitnichten also schlechter gestellt als die Kameraden. Im Gegenteil – seine Herkunft stellte für ihn, den eingebürgerten Preußen mit Wurzeln in Afrika, eine Art Ritterschlag dar: die Karriere des Vaters bei Hof, seine Kindheit im direkten Umfeld der kaiserlichen Familie, die seinen Werdegang, wie sich zeigen wird, nie aus den Augen verlor. Unter den Angehörigen des preußischen Militärs, die in der Regel erzkonservativ waren, wird man einem solchen Hintergrund mit großer Achtung begegnet sein – was Gustav gegenüber so manchen Bewohnern der sogenannten Schutzgebiete, die Ende des Jahrhunderts zur Ausbildung, als Sprachlehrer für künftige Kolonialherren oder Dienstboten in die deutsche Hauptstadt kamen, erheblich privilegierte.

Kaiser Wilhelm II. beim Besuch einer Völkerschau bei Hagenbeck

Die Zeiten, das sei nicht vergessen, waren keineswegs danach, denn schon längst schrieb man sich weniger »Weltläufigkeit« als »Weltgeltung« auf die Fahnen. Seit Mitte der achtziger Jahre war das Deutsche Reich Kolonialmacht, wenn auch im europäischen Vergleich nur eine mittlere Größe. Nach Bismarcks Entlassung schlug Kaiser Wilhelm II. mit säbelrasselndem Pathos andere Töne an: »Weltpolitik« wollte er nun betreiben, und für den imperialen Wettstreit um kolonialen Besitz musste Deutschland Seemacht werden – die Flottenrüstung begann. Das Interesse am »Exotischen« hatte – wieder einmal – Konjunktur, doch mit dem imperialistischen Streben gingen krude Ideen einher, die in den damals beliebten Völkerschauen ihren bildlichen Ausdruck fanden. Deren intendierter Bildungscharakter ist mit Fug und Recht zu bezweifeln.

Die Idee an sich war nicht neu. Auf Jahrmärkten hatte man dem Voyeurismus durch Ausstellung »wilder Männer« schon früher Genüge getan. Neu war allerdings die Art der Inszenierung, die sich als ebenso massen- wie medienwirksam erwies. Als lebende Exponate präsentierte man dem staunenden Publikum ganze Familienverbände aus den deutschen »Schutzgebieten«. In oft monatelangen Freiluftschauen in Parks und Zoologischen Gärten wurden sie von der Menge begafft, während sie bei Wind und Wetter in möglichst »typischer« Tracht vor »echten« Strohhütten das vermeintliche Leben in »Negerdörfern« zeigten, genuin »primitiv« mit Musik und Tanz und der Vorführung »archaischer« Handwerksformen. Durch öffentliche Vermessung ihrer Körper und »krausen Schädel« boten Veranstalter wie Hagenbeck oder der Berliner Louis Castan zudem die Möglich-

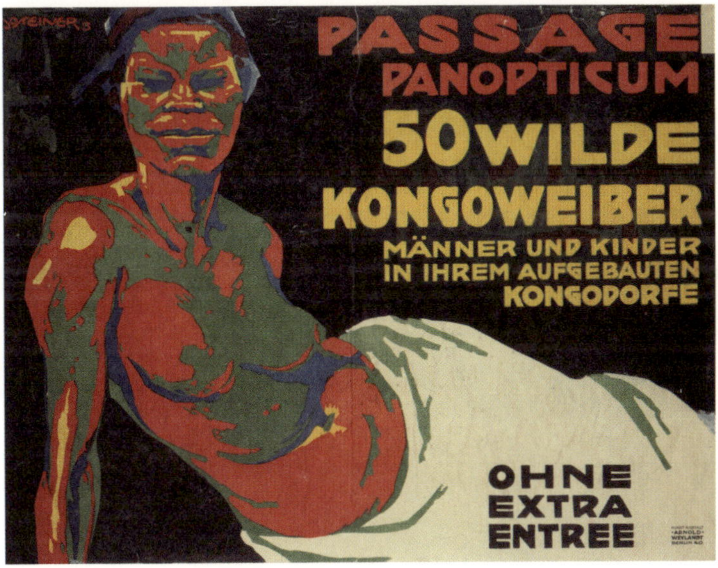

Ausstellung zum Zwecke der Bildung?
Die reißerische Werbung sagt anderes.
Plakatankündigung für den Auftritt von Afrikanerinnen und Afrikanern im Panoptikum, Berlin 1913

keit zu anthropologischen »Studien«. Auf die Zustimmung der Betroffenen wurde kein Wert gelegt: »Verweigert die Messung; dummdreister Bursche, der richtige Hosen-Nigger!«,[8] ließ sich Felix von Luschan, später Direktor des Berliner Völkerkundemuseums, angesichts eines widerspenstigen Darstellers auf der »Deutschen Kolonialausstellung« im Treptower Park 1896 vernehmen. Dass es trotz alledem zu Flirts, erotischen Kontakten, ja vereinzelt sogar zu Ehen zwischen Deutschen und Völkerschauteilnehmern kam, wurde von den Verantwortlichen keineswegs gern gesehen.

Zur Annäherung an das »Fremde« war all dies nicht angetan – und sollte es auch nicht sein. Die barocke Idee der »Wunderkammer« verlor hier ihre Naivität, nur oberflächlich dominierte noch das Interesse am »Pittoresken«. Man bestaunte die »Neger«, doch gleichzeitig ging es den Initiatoren um den Kontrast zwischen »Rückstand« und »Fortschritt«, »niederer« und »hoher« Kultur, missionsbedürftigen Heiden, die es zu »erziehen« galt, und zivilisierten Christen – und damit auch um die Propagierung der kolonialen Idee. Die Faszination oszillierte hier schon mit offen rassistischen Tönen; die fatale Vorstellung einer »Überlegenheit der weißen Rasse«, die wenig später im Völkermord an den Hereros so brutal zum Ausbruch kam, wird bereits überdeutlich.

Das vom Zeitgeist diktierte Gedankengut brachte ein Paradoxon hervor, denn im Deutschen Reich wurde diesbezüglich mit zweierlei Maß gemessen: Einerseits war da das Bild vom »gefährlichen, heidnischen Wilden«, den es auf Distanz zu halten galt, andererseits die Akzeptanz der – wenigen – Schwarzen im Land, die man, wenn man sie kannte, als »vertraute Fremde« ansah.

Auch Gustav und seine Schwester Elise nahmen von diesen Spektakeln Notiz, zumal wenn sie, wie die »Transvaal-Ausstellung« im Jahre 1897, mitten in Berlin auf dem Kurfürstendamm stattfanden. Sie konnten ihnen nicht anders als höchst befremdlich erscheinen. Gerade Elise wird vielleicht mitunter ins Grübeln gekommen sein. Ihr war das Schicksal weniger wohl gesonnen als dem erfolgreichen Bruder: Am 27. Februar 1891 hatte sie in der Wohnung ihrer Mutter ein kleines Mädchen zur Welt gebracht. Es erhielt den Namen Gertrud. Der Vater, ein 1867 geborener Schauspieler namens Willi Bechtel, von der Tochter später nur der »Erzeuger« genannt, hatte sich schon vor der Geburt des Kindes mit einem »deutschen Ensemble«[9] nach Amerika abgesetzt und ward fortan nicht mehr gesehen. In der Geburtsurkunde, unterzeichnet von einer Hebamme namens Hennings, wird das Stigma gleich zweimal genannt: Es handele sich um das Kind der »unverehelichten Sabac el Cher«. Für Elise, damals zweiundzwanzig Jahre alt, waren es harte Jahre. Wie man ihr, der ledigen, dunkelhäutigen Mutter, in einer Zeit begegnete, in der uneheliche Geburten zwar keineswegs eine Seltenheit, doch in bürgerlichen Kreisen ein schwerer Makel waren, über den man, wenn überhaupt, nur im Flüsterton sprach, ist nicht überliefert. Auf Rosen gebettet war ihr Alltag sicherlich nicht, umso weniger, als sie mit keinerlei Alimenten rechnen konnte.

Die junge Frau zeigte übrigens Interesse an Astrologie. Bald nach der Geburt der kleinen Tochter ließ sie ein Horoskop erstellen: Schlagfertig, fröhlich, geistreich, beredt, vor allem aber sehr leidenschaftlich sei das neue Erdenkind, dabei kraftvoll und zuversichtlich. Lässt man allerhand Unsinn beiseite, der dort zudem geschrieben steht, scheint dies, davon wird noch die Rede sein, ihr Wesen recht gut zu beschreiben. Ungeachtet der Schwierigkeiten war Gertrud ein über alles geliebtes Kind, davon zeugt die enge Verbindung der beiden, die stets unverändert blieb. Sie führten ein bescheidenes, zurückgezogenes Leben, das Elise, wie ihre Mutter, mit Näharbeiten bestritt.

Für Gustav ging es hingegen weiterhin steil bergauf, denn das Studium an der renommierten Institution zahlte sich umgehend aus: Unmittelbar nachdem er seine musikalische Ausbildung erfolgreich

Gertrud Sabac el Cher,
um 1910

beendet hatte – die noch erhaltenen Schülerlisten der Hochschule für Musik nennen den 17. März 1895[10] als Tag der Abschlussprüfung – trug man ihm die Dirigentenstelle beim Ersten Grenadierregiment in Königsberg an, weshalb er noch im selben Jahr von Berlin nach Ostpreußen zog.

Dem dunkelhäutigen Kapellmeister stand eine glanzvolle Laufbahn bevor, und schnell wurde er allenthalben zur bewunderten Attraktion. Ganz Königsberg lief zusammen, wenn er mit seinem Militärorchester zur Wachablösung marschierte, und überall, wo er aufspielte, erging sich die Presse in großem Lob über Gustav Sabac el Cher: »Dies ist der Name des einzigen schwarzen Kapellmeisters, den die deutsche Armee besitzt. … Die Kapelle spielte im Juli d. J. auf der internationalen Kunstausstellung zu Dresden und fand für ihre vortrefflichen Leistungen stets lebhaften Beifall der Zuhörer. Ihr Kapellmeister, ein sehr hübscher Mann, fesselte natürlich das Interesse des Publikums in besonderem Grade.« Und nicht nur dort, wie es weiter heißt, sondern »überall, wo sie concertirt«.[11]

Die Wirkung, die er mit seinem Orchester erzielte, erklärt sich auch aus der Wandlung, die die Militärmusik seit der Reform durchlaufen hatte: Das Repertoire beschränkte sich keineswegs nur auf Märsche und Blasmusik, sondern umfasste beinahe alle gängigen Genres auch aus dem zivilen Bereich. Die Kapellen spielten Tänze ein, brachten Opernmelodien zu Gehör, erstellten Potpourris aus populären Couplets und erfüllten nicht zuletzt eine Art Mittlerfunktion, indem sie aktuelle Kompositionen wie etwa von Wagner und Strauss vor breitem Publikum spielten, und das bis in die tiefste Provinz. Das Grammophon, 1887 erfunden, war noch kaum verbreitet, Schallplatten entsprechend selten, und so waren die schmucken Uniformierten allerorts gern gesehen, denn sie brachten ein wenig weite Welt, Abwechslung und Unterhaltung in den oft recht grauen Alltag. Sie spielten nicht nur auf Militärbällen oder bei offiziellen Anlässen, sondern durchaus auch sonntags auf der Promenade oder in Gartenlokalen vor den Toren der Stadt. Häufig gingen sie auf Tournee und bestritten sogar angesehene Wettbewerbe im Ausland. Militärmusikkorps dienten dem Prestige, sie waren Aushängeschilder der Nation. Es war genau der richtige Zeitpunkt für eine Karriere in diesem Bereich. Und Gustav nutzte die Chance: Er wurde zum Star seiner Zeit.

Besonders beliebt waren der von ihm selbst komponierte Fackeltanz mit einem komplizierten Posaunensolo als glanzvollem Höhe-

Das Schloss zu Königsberg, um 1930

punkt sowie verschiedene Mozart-Ouvertüren, die er für Militärkapellen arrangierte. Wie sehr er auch oder gerade bei den Damen Furore machte, zeigt eine Fotografie aus diesen Jahren, die ihm bei einem Gastspiel in den Niederlanden von einer Verehrerin überreicht wurde. Woher diese Dame kam, wie sie aussah, wie gut die beiden sich kannten, wissen wir nicht. Wir kennen nur ihren Hund: einen kleinen weißen Malteser, damals als Schoßhündchen sehr beliebt und ständiger Begleiter meist weiblicher Besitzer. Auf der Rückseite steht:

»Sabac el Cher, der einzige schwarze Kapellmeister der deutschen Armee«
Neue Illustrirte Zeitung *vom 7. Oktober 1897*

»Dem liebenswürdigen ›schneidigen‹ Kapellmeister Sabac-el-Cher in tiefster Ergebung von Lissi Delina Rotterdam 9. Oct. 1895«. Die i-Punkte sind in Form kleiner Herzen gesetzt.

Auch die Begebenheit, die eine alte Königsbergerin aus der Jugendzeit ihrer Mutter kurz nach 1900 noch Jahrzehnte später zum Besten gab, bestätigt das Bild von Gustav als Frauenschwarm: Bei einem Auftritt seiner Kapelle zu einem festlichen Anlass mit Tanz hatte die junge Frau es auf dem Parkett wenig glücklich getroffen –

Ein Malteserhündchen als Zeichen tiefster Verehrung: Karte von Lissi Delina für den »schneidigen Kapellmeister« Gustav Sabac el Cher vom 9. Oktober 1895

ihr frisch angetrauter Ehemann und Tanzpartner glänzte zwar durch elegantes Aussehen, hatte aber auch zwei linke Füße. Souverän habe Gustav den Taktstock weitergereicht, sei quer durch den Saal auf sie zugeschritten und habe formvollendet gebeten, den Part des Herrn übernehmen zu dürfen. Ein wunderbarer Tänzer sei er gewesen, erinnerte sich die Beglückte zeit ihres Lebens, nur habe sie den Walzer so gar nicht genießen können – vor Ehrfurcht, denn »der Sabac el Cher« war doch schon »so berühmt«.[12]

Letzten Endes aber machte eine jüngere Bewunderin das Rennen um seine Gunst. Kurz vor der Jahrhundertwende lernte Gustav die hübsche Lehrerstochter Gertrud Perling kennen;[13] auch die damals sechzehnjährige Königsbergerin schwärmte sicher für den außerordentlich »hübschen Mann«, der als preußischer Militär und Kapellmeister noch dazu eine gute Partie war. Die Zuneigung beruhte, daran bestand schon bald kein Zweifel, auf Gegenseitigkeit, auch wenn man sich anfangs, zumindest in schriftlicher Form, mit der Verbalisierung noch schwer tat. Die Widmung auf der Rückseite eines Porträtfotos des blutjungen Mädchens vom 1. Juli 1899 ist in einem nur mäßig schwer zu entschlüsselnden Code aus Pünktchen und Strichen verfasst: »Meinem lieben Gustav gewidmet von seiner Gertrud!!!« Sei's drum: Der standesbewusste Soldat, inzwischen schon Anfang dreißig, war Hals über Kopf verliebt und sah wohl auch den Zeitpunkt gekommen, eine Familie zu gründen. Die für ein Mitglied des Militärs erforderliche Heiratsgenehmigung wurde Gustav problemlos erteilt, und auch seitens der Brauteltern gab es wohl keinerlei Einwand.

Im Sommer 1901 begannen die Hochzeitsvorbereitungen. Am 12. August hatte sich Gustav gegen eine Gebühr von »2... Mark« von der Berliner Dreifaltigkeitsgemeinde einen Taufschein ausstellen lassen. Das von einem Küster namens Schönfelder unterzeichnete Dokument befindet sich noch heute im Familienbesitz. Die Trauung fand am 22. Oktober 1901 in der Königlichen Schlosskirche zu Königsberg statt. Sie sorgte sicher für Aufsehen – schließlich heiratete mit dem »Stabshoboisten« eine nicht nur lokale Größe. Das »Preußische Liebesglück«, im Bild mit einer Unbekannten längst vorweggenommen, ward nun endlich Realität. Das wird auch Emil Doerstling nicht entgangen sein. Ob der Maler zu den Gratulanten gehörte, ist leider nicht überliefert.

Zweierlei Wahrnehmung, zweierlei Realitäten: Auch und gerade in diesem Punkt wird die beschriebene Diskrepanz auf absurde Weise deutlich. Während die Kolonialverwaltungen eigenmächtig und auf dem Weg der Verordnung die Rassentrennung vorantrieben und die

Junges Glück: Gertrud Sabac el Cher, geb. Perling, und Gustav um 1901

»Mischehe« schließlich verboten – ohne dass es dafür jemals eine gesetzliche Grundlage gegeben hätte –, waren Eheschließungen zwischen »Schwarz« und »Weiß« in Deutschland (noch) kein Problem. Gleichwohl fanden im Reichstag schon erhitzte Debatten statt über »Bastardisierung«, »Verkafferung« und das, wie man meinte, zweifelhafte Glück »wollhaariger Enkel«. Die Definition von Nation wurde nicht zuletzt durch die völkische Bewegung anhand von rassenanthropologischen Kategorien geführt: »Deutschsein« könne in letzter Konsequenz nur »Weißsein« bedeuten. »Rassenmischung« auf deutschem Boden, so hieß es nur wenig später, gelte es zu verhindern, denn: »Wenn wir gestatten, daß ein Deutscher oder ein Weißer eine Negerin heiraten kann in den Kolonien, so können wir billigerweise auch nicht verhindern, wenn zum Schluß einmal auch ein Neger ein Weiße heiratet.« Wenn aber »der Neger einmal auf den Gedanken kommt, daß die weiße Rasse der seinen gleich gestellt sei, so schwindet der Respekt vor der deutschen Frau«.[14] Die giftige Saat für Rassismus als Staatsdoktrin war bereits gesät, noch aber scheute man davor zurück, ihn per Gesetz zu fixieren, noch bestimmte er nicht das Alltagsleben im Deutschen Reich.

Gustav, Absolvent einer höheren Bürgerschule und eines angesehenen Musikinstituts, wird über derlei Gezischel, wenn es ihm denn zu Ohren kam, nur den Kopf geschüttelt haben. Der stolze Sohn des prinzlichen Silberverwalters stand durch Talent und Erfolg auf der Sonnenseite des Lebens; als fremd empfand er sich nicht – warum auch? Womöglich fühlte er sich gar nicht davon betroffen. Allenfalls profitierte er, zumindest für lange Zeit, von seinem »exotischen« Aussehen.

Er hatte ein gutes Auskommen und nun auch seine Liebe gefunden, und schon bald waren sie zu dritt: Am 30. Juni 1903 kam der erste Sohn zur Welt – er wurde am 5. August in der Schlosskirche auf den Namen Herbert getauft. Als Paten nennt die Familienchronik die Urgroßmutter mütterlicherseits, »Frau Zeisig«, »Frau Perling«, also die Großmutter, den ältesten Bruder Gertruds, »Onkel Bruno« Perling, und einen »Herrn Lehmann« aus Königsberg. Der Sprössling wuchs und gedieh, und stolz zeigte sich Gustav mit Frau und Kind in den Straßen Königsbergs.

Drei Jahre später ereilte die jungen Eltern ein Schicksalsschlag. In knappen Worten legt die Familienchronik Zeugnis ab von einer stillen Tragödie: »am 6. Februar 1906 (Freitag) zu Königsberg/Pr. 11 Uhr abends« wurde ein weiterer Sohn geboren. Doch das Kind war nicht gesund. Direkt darunter, mit Datum vom »21. Februar, Sonnabend 6 Uhr abends«, ist der Tod des Jungen notiert. Durch

Horst Sabac el Cher, etwa 1908

»Oberpfarrer Dr. Heine« war tags zuvor noch die Nottaufe erfolgt. Das Begräbnis des kleinen Rudi fand in aller Stille auf dem Militärkirchhof statt.

Der Schmerz saß tief, besonders bei Gertrud, die mit Herbert in jener Zeit viel allein war, da Gustav mit seinem Orchester oft auf Reisen war. Der Erstgeborene war ihr ein Trost, lenkte sie ab und ließ sie den Kummer für manche Momente vergessen. Gelindert wurde er indessen wohl erst durch ein weiteres Kind: Doch auch als am 11. März 1908 um sieben Uhr abends ein dritter Sohn das Licht der Welt erblickte, war Gustav nicht zugegen; bedauernd vermerkte er später am Rand: »Ich war zur Zeit der Geburt in Berlin zum Termin.« Der jüngste Spross der Familie, der am 15. April wie schon sein großer Bruder feierlich in der Schlosskirche getauft wurde, erhielt den Namen Horst.

Im selben Jahr wurde die Stellung der preußischen Militärmusiker auf allerhöchsten Befehl hin aufgewertet. Die Stabshoboisten zählten jetzt nicht mehr zu den Unteroffizieren, sondern nahmen auf Anordnung des Kaisers einen Rang zwischen diesen und den Offizieren ein, in etwa dem eines Offiziersstellvertreters vergleichbar. In der militärisch geprägten wilhelminischen Ära bedeutete dies einen großen Prestigegewinn. Die Fotoserie, die Gustavs militärischen Aufstieg dokumentiert, wäre nicht komplett ohne ein in dieser Zeit entstandenes Bild, das ihn im Zenit seiner Karriere zeigt – mit Pickelhaube, buschigem Kaiser-Wilhelm-Schnurrbart und Ausgehuniform. Auf der linken Brust prangt unübersehbar eine Große Ordensspange, die mit vier Auszeichnungen bestückt ist: Das Allgemeine Ehrenzeichen steht links als wichtigste Medaille den anderen voran. Daneben die Kaiser-Wilhelm-Erinnerungsmedaille, die sogenannte Zentenarmedaille, die alle, die im Jahre 1897 aktiven Dienst taten, aus Anlass des hundertsten Geburtstages Wilhelms I. erhalten hatten. An dritter Stelle befindet sich das Militär-Verdienstkreuz I. Klasse des Königreichs Bayern, und schließlich folgt die Soldatenmedaille zum russischen St.-Annen-Orden. Unter der Ordensspange ist die Dienstauszeichnung I. Klasse, die sogenannte Goldene Schnalle, für einundzwanzig Dienstjahre befestigt, die ihm 1906 zustand.

Trotz allen Erfolgs quittierte Gustav Sabac el Cher 1909 nach vierundzwanzig Jahren seinen Dienst bei der preußischen Armee. Über die Gründe wurde verschiedentlich spekuliert, doch werden sie kaum gesundheitlicher Natur gewesen sein. Wahrscheinlicher ist, dass er als ziviler Kapellmeister bessere Verdienstmöglichkeiten hatte, denn Offiziersstellvertreter und Offiziere bis zum Dienstgrad Major waren nicht eben gut besoldet. Ein berufliches Risiko bedeutete sein Ausscheiden nicht, schließlich war er als »einziger schwarzer Kapellmeister« nach wie vor weithin bekannt – und er wusste um sein Können. Dementsprechend wurde es jetzt nicht ruhiger um ihn, eher im Gegenteil: Seine Karriere setzte sich im Zivilleben fort, und er über-

Gustav Sabac el Cher auf dem Höhepunkt seiner Karriere
Königsberg, um 1909

nahm Engagements in verschiedenen deutschen Städten. Seine Popularität und sein militärischer Rang kamen ihm dabei genauso zupass wie seine guten Kontakte – die direkte Verbindung zum Haus Hohenzollern war ein Pfund, mit dem er zeit seines Lebens effektvoll zu wuchern wusste: »Sabac-el-Cher, Kgl. Obermusikmeister a. D. welcher als Obermusikmeister des Kgl. Grenadierregiments Kronprinz (Ostpreuss.) die hohe Ehre hatte zu spielen vor: Sr. Majestät Kaiser Wilhelm II. / Sr. Kaiserl. und Königl. Hoheit dem Kronprinzen / Sr. Majestät Kaiser Nikolaus von Russland / weil. Sr. Majestät König Albert von Sachsen / weil. Sr. Königl. Hoheit Prinz Albrecht von Preussen / weil. Sr. Königl. Hoheit Prinzregent Luitpold von Bayern«, heißt es noch in einer Anzeige aus den zwanziger Jahren. Kontakte zum Hochadel zeigten nach wie vor ihre Wirkung und öffneten viele Türen. Auch die Verbindung zum preußischen Militär hielt Gustav stets aufrecht – noch über den Krieg hinaus. Dass die Konfirmation des jüngeren Sohnes am 26. März 1922 in der Berliner Garnisonkirche der 3. Division stattfand, war sicherlich kein Zufall.[15]

Bereits zehn Jahre zuvor war die Familie aus Königsberg zurück in die preußische Hauptstadt gezogen, nunmehr eine moderne Metropole, die mehr als zwei Millionen Einwohner zählte. Bis 1913 wohnten sie in der Berliner Straße 40 in Tempelhof, dann folgte ein kurzes Intermezzo in der Gitschiner Straße 109 im heutigen Stadtbezirk Kreuzberg, für Gustav eine Rückkehr in eine vertraute Umgebung. Diese Wohnung sagte ihnen jedoch anscheinend nicht zu, denn das Adressbuch des Jahres 1914 nennt als Anschrift des »Kgl. Ob. Musikmstr. a. D. Gustav Sabac el Cher« die erste Etage der Jahnstraße 11 in der Tempelhofer Vorstadt, wo Gustav und Gertrud bis Ende der zwanziger Jahre lebten.

Mutter Anna wohnte zu diesem Zeitpunkt schon in der dritten Etage des Hinterhauses der Belle-Alliance-Straße 65, dem heutigen Mehringdamm.[16] Nur noch einmal, 1919, sollte sie umziehen: Willibald-Alexis-Straße 27 lautete ihre letzte Adresse. Die erhaltenen Familienfotos lassen auf einen engen Zusammenhalt schließen; alle wohnten im selben Bezirk, besuchten und halfen einander, begingen gemeinsam Geburts- und Feiertage. Elise, die nie heiratete und finanziell sehr viel weniger gut gestellt war, konnte sich, wurde es einmal eng, sicher auch Gustavs Hilfe gewiss sein. Ihre Tochter Gertrud, inzwischen eine aparte, fröhliche junge Frau von einundzwanzig Jahren, hatte mehr Glück als ihre Mutter, denn sie fand früh die große, unverbrüchliche Liebe: Am 23. März 1912 gab sie dem aus Neustrelitz stammenden, elf Jahre älteren Bankbeamten Karl-Egon Horn in der Berliner Christuskirche das Jawort. Zwischen ihnen bestand, so wird ihre Tochter später berichten, eine tiefe, innige Beziehung, die ein Leben lang halten sollte. Das Horoskop, das Elise einst hatte erstellen lassen, lag in diesem Punkt gründlich daneben: Eine durch den »Einfluß des Mars« bedingte Streitsucht, hatte es damals orakelt, sei »ungünstig für die Ehe«, unverrückbar sei das »Carma« eingestellt »auf gekränkte Liebe« – allerdings auch, und das traf bedingt zu, auf »Erhöhung«, ja »Reichtum«. Reich war der Ehemann vielleicht nicht zu nennen, aber er entstammte einer weitverzweigten, einflussreichen Familie und war selbst wohlbestallt. Gertrud hatte es gut getroffen, denn zu der Gewissheit, den Menschen fürs Leben gefunden zu haben, kam eine Zukunft, die lange Zeit keine Geldsorgen kennen sollte. Das frisch vermählte Paar bezog eine Wohnung in der Viktoriastraße 9 im nahen Tempelhof, und knapp neun Monate nach der Hochzeit, am 8. Dezember, wurde Gertrud von einem Mädchen entbunden, das den Namen Editha erhielt. Anna wurde Urgroßmutter, der kleine Horst mit noch nicht einmal fünf Jahren Onkel – die Nachfahren des »nubischen Jungen« gingen in die vierte Generation. Bei der Taufe, die am Ostersonntag, dem 23. März 1913, in der Tempelhofer Glaubenskirche stattfand und kaum zufällig mit dem ersten Hochzeitstag der jungen Eltern zusammenfiel, kam sicherlich die ganze Familie zusammen.[17]

SABAC-EL-CHER, Kgl. Obermusikmeister a. D.

Freitag, den 1. Mai

ERSTER

**** KONZERT-ABEND ****

von

Musikdirektor **SABAC-EL-CHER,**

welcher als Obermusikmeister des Kgl. Grenadierregiments Kronprinz (Ostpreuss.) die hohe Ehre hatte zu spielen vor:

Sr. Majestät Kaiser Wilhelm II. / Sr. Kaiserl. und Königl. Hoheit dem Kronprinzen / Sr. Majestät Kaiser Nikolaus von Russland / weil. Sr. Majestät König Albert von Sachsen / weil. Sr. Königl. Hoheit Prinz Albrecht von Preussen / weil. Sr. Königl. Hoheit Prinzregent Luitpold von Bayern. /

Lebenslang werbewirksam: Gustavs Verbindung zum Hochadel
Zeitungsausriss aus den 1920er Jahren

Im Vergnügungsetablissement Kroll: Gertrud Sabac el Cher (l.), Karl-Egon Horn und eine Freundin, 1911

Über den Alltag, über fröhliche Anlässe oder Krisen im Hause Sabac el Cher in der Zeit vor dem Ersten Weltkrieg wurde über die Generationen hinweg kaum etwas weitergegeben, und so sind die Kinder- und Jugendjahre der Söhne Herbert und Horst wie auch die ihrer Cousine nur bruchstückhaft rekonstruierbar. Sicher ist: Gustav und Gertrud waren vernarrt in ihre Kinder, davon zeugt eine erstaunliche Fülle von Fotografien, allesamt Studioaufnahmen, die sie in den verschiedenen Phasen ihrer Entwicklung zeigen, wie damals üblich posierend und meist ausstaffiert mit Matrosenanzügen – Bürgerkinder der Kaiserzeit, preußisch durch und durch, eben nur ein klein wenig dunkler als ihre Altersgenossen. Die Jungen verlebten eine sorglose, behütete Kindheit in einem intakten, wohlsituierten Elternhaus und wurden standesgemäß im Geiste der Zeit erzogen: zu Pflichtbewusstsein, Disziplin und sicherlich, wie schon ihr Vater, zu Monarchentreue. Gleichzeitig hatten sie, wie sollte es anders sein, ein ausgeprägt musisches Heim: Die Brüder wuchsen auf mit Musik, waren zweifellos stolz auf den Vater, ließen sich anstecken von seiner Leidenschaft – und erwiesen sich ebenfalls früh als auffallend begabt. Gustav, der ihr Talent schnell erkannte, förderte sie nach Kräften, und bald schon verbrachten sie täglich mehrere Stunden an ihren Instrumenten – Horst hatte das Klavier gewählt, Herbert die Violine.

Um in der Nähe der Kinder und Enkel zu sein, hatten auch Perlings ihre ostpreußische Heimat verlassen und waren nach Buch bei Berlin übersiedelt, wo sie ein Haus mit dem klangvollen Namen Villa Annahorst bezogen. Der behaglichen neuen Existenz im idyllischen Vorort war keine Dauer beschieden: Wenige Monate vor Beginn des Ersten Weltkriegs, die Heirat der jüngsten Tochter stand unmittelbar bevor, starb Oskar Perling ganz plötzlich im Alter von nur vierundfünfzig Jahren. Der Tod des Schwiegervaters traf auch Gustav offenbar tief – das Ereignis gehört zu den wenigen, die er in seiner ansonsten knappen Chronik ausführlich notierte. Die Beisetzung am 7. Februar auf dem Neuen Friedhof in Buch fand, so lesen wir dort,

Cousin und Cousine: Horst und Gertrud Sabac el Cher, um 1911

im Beisein der gesamten Verwandtschaft statt; die angekündigte Hochzeit wurde zwei Wochen später in gedrückter Stimmung begangen. Schwiegermutter Anna Perling gab bald darauf das Haus in Buch wieder auf und zog am 1. Juli 1914 zu ihrem ältesten Sohn Bruno zurück nach Königsberg.

Während Herbert und Horst unbeschwert im Berliner Elternhaus das Notenlesen und Musizieren lernten, während Cousine Gertrud knapp ein Jahr nach der Hochzeit zum ersten Mal Mutter wurde, rüstete sich das Kaiserreich zur Schlacht. Das imperiale Streben nahm längst gefährliche Formen an: Immer trotziger wurde die Rhetorik, immer hochtrabender der Weltmachttraum, dem die Tirpitz'sche Flotte, ein Steckenpferd Wilhelms II., Geltung verschaffen sollte.

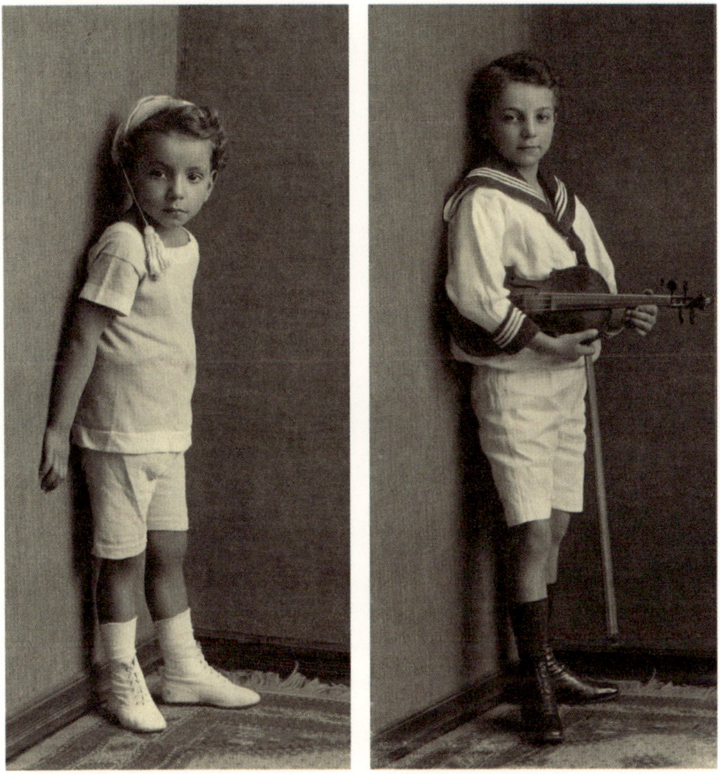

Kinder der Kaiserzeit: Horst und Herbert Sabac el Cher, um 1914

Bündnispolitisch durch eigene Schuld isoliert, sahen die Deutschen sich nur allzu gern eingekreist, und die Ängste vor einer Bedrohung des Reiches wurden kräftig geschürt.

In dieser Stimmung wurde der Kriegsausbruch am 1. August 1914 als erlösend empfunden, ja von vielen begeistert begrüßt. Auch Gertrud Sabac el Cher, das zeigen spätere Belege einer »nationalen« Gesinnung, wird ihn befürwortet haben. Trotzdem war sie sicher erleichtert: Die Söhne waren noch viel zu jung, um eingezogen zu werden – und Gustav, inzwischen sechsundvierzig, für den Wehrdienst ein Jahr zu alt. Am Kriegsverlauf nahm er gleichwohl regen Anteil, umso mehr, als der zwölf Jahre jüngere Mann seiner Nichte Gertrud den Gestellungsbefehl von eben jenem Brandenburger Regiment Nr. 35 »Prinz Heinrich von Preußen« erhielt, in dem Gustav einst seine militärische Laufbahn begonnen hatte.[18] Karl-Egon Horn durchlitt, was ihm, der mehr als die Hälfte seines Lebens in der Armee verbracht hatte, erspart geblieben war: Er erlebte das ganze Grauen des modernen Vernichtungskrieges, der sinnlosen Materialschlacht, des Massensterbens unter Dauerbeschuss in den Schützengräben der Westfront.

Mit schwindendem Kriegsglück wich auch bei Sabac el Chers die anfängliche Euphorie schnell der Ernüchterung. Dass dies, was hier geschah, schon nach wenigen Monaten in nichts mehr dem kurzen, entschlossenen Waffengang glich, den man angetreten hatte, um sich endlich den vermeintlich verdienten »Platz an der Sonne« zu verschaffen, konnte, allen Siegesmeldungen zum Trotz, keinem verborgen bleiben. Ob Gustav die Tragweite dieser Erkenntnis auch wirklich erfassen wollte, steht auf einem anderen Blatt. Wahrscheinlicher ist, dass er, wie so viele seiner Generation, ob des tatsächlichen Geschehens eher die Augen verschloss oder wegzusehen bemüht war. In seiner Vorstellungswelt existierte der Krieg nur aus den Erzählungen seines Vaters – als eine Art Abenteuer, ein großes Spiel in bunten Uniformen, über dem wohl ein Hauch von Pulverdampf und Verwegenheit schwebte, das aber weder hochtechnisierte Bewaffnung noch nackte Todesangst kannte – zumindest nicht da, wo August dem Prinzen heiße Getränke serviert hatte.

Gustavs berufliche Situation war in diesen Jahren nicht leicht, der Krieg machte es schwierig, Engagements zu erhalten. Erneut war er viel unterwegs und reiste von Ort zu Ort, überallhin, wo sich ihm gerade eine gute Möglichkeit bot. Wie Millionen andere musste die

Enge Familienbande: Großmutter Perling, Herbert, Horst und Anna Sabac el Cher, um 1910

Familie sich einschränken und sparen, wie Millionen andere litten sie unter einer Versorgungslage, die sich vor allem in den Städten täglich verschlechterte. Im Hungerwinter 1916/17 waren auch sie gezwungen, sich in die langen Schlangen derjenigen einzureihen, die – nur zu oft vergeblich – stundenlang für die streng rationierten Lebensmittel anstanden; die bald verhassten Steckrüben waren über Monate einziges Grundnahrungsmittel.

Es waren schwere, unendlich mühsame, angstvolle Zeiten, besonders für Gertrud Horn, die um ihren Mann »im Felde« bangte, zumal als sie Ende 1917 wochenlang ohne Nachricht blieb. Nach mehrmaliger Versetzung, nach der Teilnahme an den Stellungskämpfen am Sereth und dem Gefecht bei Chavignon war er, so steht es in seinem

Militärpass, am 8. November »nördlich der Aillette« verwundet und in ein Lazarett überführt worden. Er überlebte und hatte Glück, denn er trug keine bleibenden Schäden davon – im Gegensatz zu unzähligen anderen, Kriegsinvaliden, die Arme und Beine verloren hatten und die man nun immer häufiger auf den Straßen sah. Zutiefst dankbar und froh wird Gertrud gewesen sein, als sie Karl-Egon wiederhergestellt und äußerlich unversehrt in die Arme schließen konnte. Wie es in seinem Inneren aussah, wie er das Erlebte verarbeitet haben mag und zurück in den Alltag fand, können wir nur vermuten.

Beide Familienzweige überstanden Hunger und Krieg, ohne Tote beklagen zu müssen, auch von der Spanischen Grippe, die innerhalb weniger Monate weltweit mehr Opfer forderte als alle Schlachten der letzten vier Jahre zusammen, blieben sie verschont. Am 9. November 1918, als aus dem Großen Hauptquartier im belgischen Spa die Nachricht verbreitet wurde, dass die Truppen ihrem Obersten Kriegsherrn ab sofort den Gehorsam versagten, als Arbeiter und Soldaten sich, dem Kieler Vorbild entsprechend, zu Räten zusammenschlossen, war es auch in der Hauptstadt mit der Ruhe endgültig vorbei. Generalstreik, Massendemonstrationen und Straßenschlachten bildeten den Hintergrund für die Ausrufung der Republik, die an jenem Nachmittag in Berlin gleich zweimal stattfand. Mit großer Erregung notierte Gustav am Abend in sein Familienbuch: »Revolution in Berlin und im ganzen Reiche. Kaiser Wilh. II. u Kronprinz dankten ab. Die Sozialisten kommen ans Staatsruder. Deutschland hat den Krieg verloren.« Es ist die erste von insgesamt nur zwei politischen Anmerkungen in der gesamten Chronik. Tags darauf floh Wilhelm II. per Salonwagen ins niederländische Exil.

Dem Niedergang der alten, festgefügten Ordnung, in der er groß geworden war – und das in gleich zweifacher Hinsicht –, begegnete Gustav mit Skepsis, womöglich sogar mit Furcht vor dem, was kommen sollte. Die Schilderung der Situation, wie sie am folgenden Tag im *Berliner Tageblatt* zu lesen war, entsprach wahrscheinlich auch seiner Einschätzung: »Es gab noch vor einer Woche einen militärischen und zivilen Verwaltungsapparat, der so verzweigt, so ineinander verfädelt, so tief eingewurzelt war, daß er über den Wechsel der Zeiten hinaus seine Herrschaft gesichert zu haben schien. Durch die Straßen von Berlin jagten die grauen Autos der Offiziere, auf den Plätzen standen wie Säulen der Macht die Schutzleute, eine riesige Militärorganisation schien alles zu umfassen, in den Ämtern und Ministerien thronte eine scheinbar unbesiegbare Bürokratie. Gestern früh war, in Berlin wenigstens, das alles noch da. Gestern nachmittag existierte nichts mehr davon.«[19] Eine Stunde Null, doch für Gustav wie für viele Konservative keine Stunde des Aufbruchs, sondern ein Moment von Ortlosigkeit und großer Unsicherheit. Wie wenig Gutes von der Epoche, die hier nun ein Ende fand, in die junge Republik überging, wie fatal sie durch die alten Kräfte immer wieder ins Straucheln geraten und schließlich stürzen würde, sollte sich allzu bald zeigen.

4. Kapitel

Karrieren in der Weimarer Republik

Auf das Kriegsende folgten, wie Gustav befürchtet hatte, turbulente, unruhige Jahre. Sie waren bestimmt von unversöhnlichen Gegensätzen, der politischen Gewalt von rechts und links, Putschversuchen reaktionärer Kräfte und der Angst vor der »roten« Gefahr. Die »deutsche Alleinschuld« am Krieg, wie sie im Friedensvertrag von Versailles festgesetzt worden war und als juristische Grundlage der Reparationsforderungen diente, erbitterte viele Deutsche zutiefst – und gab den Gegnern der Republik von Anfang an genügend Munition, um die »Erfüllungsgehilfen« in der Regierung nach Kräften zu diffamieren. Zu jenen, die Hasstiraden von sich gaben, über die »Kriegsschuldlüge« hetzten und der »Dolchstoßlegende« anhingen, gehörte Gustav wohl kaum. Ein glühender Verfechter der Demokratie war er aber zweifellos auch nicht. Im Krisenjahr 1923 hatte der atemberaubende Taumel einen Höhepunkt erreicht: Die junge Republik stand wirtschaftlich, gesellschaftlich und politisch am Abgrund. Um die regelmäßige Zahlung der Reparationen zu erzwingen, besetzte Frankreich das Ruhrgebiet. Der folgende Generalstreik im industriellen Zentrum des Reiches als »Politik des passiven Widerstands« trieb die seit Kriegsende wachsende Inflation in nie erreichte Höhen.

Mit angehaltenem Atem hatte Gustav seit Ende des Krieges immer wieder den Preisverfall notiert, auch in der Familienchronik spiegelt sich die rasante Geldentwertung, die letztlich die Wirtschaft völlig lahmlegen sollte. »Die Preise steigen immer höher das [Pfund] Butter kostet 30,– Mk«, heißt es dort schon im Mai 1919. Bis zum 24. September 1922 hatte sich der Preis fast verzwanzigfacht auf fünfhundertneunzig Mark. Im Juni 1923 findet sich folgende Auflistung:

»Pfund Butter 22 000,– Mk, Pfund Margarine 19 000,– Mk, Brot 2750,– Mk, Pfund Wurst 16 000,– Mk«, die Gustav mit dem hilflosen Kommentar versah: »Preise steigen fortwährend, die Papierflut schwillt immer mehr an.« Es sollte noch schlimmer kommen. Aus dem Nachlass Karl-Egon Horns ist ein Schreiben erhalten, das die galoppierende Inflation bestens dokumentiert: Der Arzt Paul Sandmann aus Woldegk in Mecklenburg, ein Onkel mütterlicherseits, legt darin gegenüber dem Finanzamt Berlin in seinem Auftrag erfolgte Aktienkäufe in schwindelnder Höhe offen: Für Schecks im Wert von insgesamt über 451 Milliarden Mark hatte der Neffe im Oktober 1923 verschiedene Wertpapiere gekauft. Auf der Rückseite findet sich die Erklärung, »daß die genannten Papiere mein Eigentum sind und von Herrn Horn nur besorgt wurden, weil ich in Berlin kein Bank Conto besitze und ich im anderen Falle durch Zeitverlust an der Geldentwertung viel Kapital eingebüßt hätte«. Was in jener Zeit allen Mühen zum Trotz jedoch unvermeidbar war. Nur wenig später war der Spuk vorbei, als die Reichsbank am 15. November die Rentenmark als Zahlungsmittel herauszugeben begann. Der Wechselkurs: eins zu einer Billion, also tausend Milliarden Mark. Zum Vergleich: Der Kurs lag zuletzt bei 4,2 Billionen Papiermark für einen US-Dollar. Zu den Millionen Deutschen, die fast alles verloren, gehörten, nach dem, was wir wissen, weder Sabac el Chers noch Horns, noch, wie sich zeigen wird, der besagte Arzt Paul Sandmann.

Für beide Familien begann danach eine Zeit der Stabilität. Horns hatten die Krisenjahre mit einigem Glück überstanden, sie waren gesellschaftlich wie familiär bestens eingebunden, Karl-Egon stand in Lohn und Brot, und die Kinder machten ihnen viel Freude – gleichsam als Weihnachtsgeschenk hatte das Paar im ersten Friedensjahr noch einmal Zuwachs bekommen: Töchterchen Ilse, geboren am 20. Dezember 1919, hatte die erste Phase der unruhigen Weimarer Zeit als Kleinkind selig verschlafen. Nun verlebte sie, geliebt und ge-

Familienausflug nach Krummensee bei Königs Wusterhausen: Gustav, Horst, Gertrud (sitzend) und Herbert Sabac el Cher, um 1919

gängelt von der sieben Jahre älteren Schwester, eine rundum glückliche Kindheit. Von ihr wissen wir mehr als von Herbert und Horst, denn sie konnte noch selbst berichten. Die spürbar enge, durch nichts zu erschütternde Bindung zwischen den Eltern – die Mutter, die im Alltag resolut die Zügel in den Händen hielt, lebhaft und fröhlich, zugleich in sich selbst ruhend, der Vater zurückhaltend, sanft und eher still – gab den Kindern Rückhalt und Sicherheit. Auch Großmutter Elise, zierlich, bescheiden, herzlich und liebevoll wie eh und je, war im Hause Horn eine feste Größe.

Die Töchter, beide ausnehmend hübsch, waren charakterlich denkbar verschieden: Editha, inzwischen ein junges Mädchen, hatte schon

Ilse und Editha Horn,
Anfang der 1920er Jahre

als Kind einen ausgeprägten Hang zur komischen Selbstinszenierung gezeigt – und das würde ein Leben lang so bleiben. Nach eigener Auskunft »Klassenclown der Untertertia« mit einem Übermaß an Energie, demonstrierte sie, temperamentvoll und selbstbewusst, im Familienkreis ihr mimisches Können.[1] Gertrud beobachtete dies mit Belustigung und auch mit einigem Staunen. Ilse dagegen, klein und schmal, hatte eher das Wesen ihres Vaters geerbt: Feinnervig und schüchtern, hielt sie sich lieber im Hintergrund und mied den großen Auftritt. Lange Zeit sah sie sich wohl auch im Schatten der älteren Schwester. Doch trotz aller Unterschiede war das Verhältnis eng. Außerhalb der Familie suchte sie mehr mit Gleichgesinnten Kontakt, allzu forsches Gebaren jagte ihr Angst ein, drängte sie in die Defensive. Zu Hause hingegen blühte sie auf, fühlte sich angenommen und unbeschwert. Die geräumige Wohnung in Tempelhof, gutbürgerlich-gepflegt, mit schönen Möbeln, einem großen Aquarium und einer erlesenen botanischen Sammlung, beeindruckte die Freundinnen, die Ilse einlud, sehr. Eine von ihnen, Traute Barm, die mit ihr seit 1926 die Schule am nahe gelegenen Attilaplatz besuchte, erinnerte sich später besonders an eine Auswahl kostbarer Waffen, die im Herrenzimmer ausgestellt waren. Das auffallende Aussehen von Mutter und Großmutter, ihr »brünetter Teint«, faszinierte das Mädchen sehr, als »abschreckend«, wie die konservative Presse der Zeit es glauben machen wollte, empfand sie dies keineswegs, eher als einen besonderen Vorzug. Im Übrigen ließen Gertruds Charme und ihre natürliche Freundlichkeit Scheu gar nicht erst entstehen. Es war ein gastfreundliches, offenes Haus – Geburtstage wurden stets gebührend gefeiert, und, das würde den aus und ein gehenden Kindern immer im Gedächtnis bleiben, es gab keinerlei »verbotene Zonen«, keines der Zimmer war je für sie verschlossen.[2] Auch Gertrud Horn war, wie Gustav und seine Söhne, musikalisch: Nach ihren häufigen Opern- und Konzertbesuchen besorgte sie nicht selten die Partituren der jeweiligen Stücke, um sie zu Hause auf dem Flügel einzustudieren. Noch im hohen Alter erinnerte Ilse ihr erstes Lebensjahrzehnt als traumhaft schöne Zeit, behütet, geborgen und lange völlig sorglos.

Auch Sabac el Chers ging es gut: Gustav war nach dem Krieg gefragt wie ehedem. Und er erkannte seine Chancen, er blieb am Puls der Zeit: Nachdem der Rundfunk im Oktober 1923 aus dem Dachraum des Voxhauses am Potsdamer Platz in Berlin erstmals auf Sendung gegangen war, machte auch er sich das neue Massenmedium zunutze und spielte mit dem Symphonischen Blasorchester »Groß-Berlin« fürs Radio, dessen Hörerzahlen schon nach kurzer Zeit in die Hunderttausende gingen. Wenn, wie am Montag, dem 24. Mai 1926, unter seiner Leitung das Frühkonzert mit Stücken von Wagner und Schubert gesendet wurde, bedeutete das für alte Berliner noch immer ein großes Ereignis.[3] Musikalisch war er sich treu geblieben: Er

Nr. 21 vom 23. Mai 1926 — Die Funkstunde — Seite 537

Vortragsfolgen Montag 24. Mai

6,30-8 vm. **Frühkonzert des Symphonischen Blas-Orchesters „Groß-Berlin"**
Dirigent: Obermusikmeister a. D. Sabac-el-Cher
1. Die Welt ist so schön, Marsch .... G. Sonntag
2. Ouvertüre im italienischen Stile .... Fr. Schubert
3. Schwedisches Hochzeits-Idyll ...... A. Södermann
4. Fortajada, Walzer ... C. Morena
5. Marsch der Landsknechte und Trinklied aus dem 15. Jahrhundert
6. Fantasie aus der Oper „Lohengrin" .. R. Wagner
7. So jung kommen wir nicht mehr zusammen, a. d. Revue „Welle 505" .... W. Kollo
8. Der Möllendorfer, Armeemarsch

9 vm. **Morgenfeier**
1. Die heiligen Feste des Sommers:
a) Christus fährt in Freudenschall. Jo Triumphe (17. Jahrh.)
b) Wunderschön Prächtige, Marienlied (Barockzeit)
c) Schweb' hernieder, heiliger Geist, Pfingstsequenz (13. Jahrh.)
d) Ein Edelbaum gewachsen ist, altes Lied
e) Maria Mater Gratiae, mittelalterliches Lied
Augusta-Hartmann-Rauter (Gesang)
Am Bechstein-Flügel: Georg Stolzenberg

Das Symphonische Blasorchester „Groß-Berlin"
(Dirigent: Obermusikmeister a. D. Sabac-el Cher)
phot. Transocean, Berlin

2. a) Arie .... Bach
b) Andante .... Mozart
c) Sonate op. 12 Beethoven
Prof. Gabriele Wietrowetz (Violine). — Am Bechsteinflügel: Hans Bork
3. a) Pfingstsequenz ... Papst Innozenz III. (13. Jahrh.)
b) Mythische Lebenskunst, Sprüche von Seuse, Tauler und Mechthild von Magdeburg
c) Pfingstmontag ... Annette von Droste-Hülshoff
d) Veni Creator Spiritus ... Franz Werfel
e) Aus „Hymnen an die Kirche" ... Gertrud Le Fort
Käte Graber (Rezitation)

11,30-12,50 m. **Konzert des Mandolinen-Clubs „Sonate" 1907**
Dirigent: Carl Henze
1. Flora (Blumensprache) ... E. Sartori
2. Indischer Brautzug ... L. Siede
3. Am Mühlengrund (Originalkomposition) . C. Henze
4. Aufzug der Stadtwache ... L. Jessel
5. Ein Traum, Walzer (Originalkomposition) . C. Henze
6. Lied ohne Worte ... P. Tschaikowsky
7. Fantasie a. d. Oper „Carmen" .... G. Bizet
8. Heil Europa, Marsch .... O. Teike

2,20 nm. Major a. D. v. Rudolphi: „Der wissenschaftliche und erzieherische Wert des Briefmarken-Sammelns"
3 nm. Regierungsrat Dr. Zacher: „Tierische Schädlinge an Lebensmitteln"
5 nm. **Rezitationen**
1. Der Elsbär Sülzental .... A. Glaßbrenner
2. Hanne Nütes Abschied .... Fritz Reuter
3. Im Zoo .... J. Metz
4. Als ich gen Italien fuar .... H. H. Schmitz

8,30 nm. **Orchester-Konzert**
Unter Mitwirkung von Elise von Catopol (Sopran) und Hans Batteux (Tenor)
Dirigent: Bruno Seidler-Winkler
1. Ouvertüre zu der Oper „Susannens Geheimnis" .... Wolf-Ferrari
2. Durch die Wälder, durch die Auen, aus der Oper

Am Puls der Zeit: Gustav als Dirigent für den Rundfunk

spielte in erster Linie für Zuhörer seiner Generation. Die Potpourris aus Operettenliedern, leichten klassischen Stücken und Märschen waren nach wie vor sehr beliebt.

In seinem Publikum spiegelte sich jedoch auch die düstere Seite der Republik, die der militaristisch-revanchistischen Kreise, die die junge Demokratie als aufgezwungen empfanden und die Niederlage im Ersten Weltkrieg nicht hatten verwinden können. Die Schlacht war verloren, Deutschland als Kolonialmacht Geschichte, das unselige Fremdenbild aber, hervorgebracht in den vergangenen Jahrzehnten durch Propaganda und pseudowissenschaftliche Untersuchungen, hatte die Zeit überdauert. Nun wurde es virulent – und bald sollten nicht mehr nur die fernen Bewohner der einstigen Kolonien gemeint sein.

Eine gute Gesellschaft? Zu Gustavs Publikum gehörten auch nationalkonservative Kreise.

Charakteristisch ist in diesem Zusammenhang die Reaktion auf den Einsatz dunkelhäutiger Besatzungssoldaten im Rheinland nach Unterzeichnung des Versailler Vertrages: Die Präsenz französischer Streitkräfte aus dem Senegal und Marokko lieferte den Anlass für eine hysterische Hetzkampagne, an der sich fast alle im Reichstag vertretenen Parteien mit Ausnahme der äußersten Linken ausgiebig beteiligten.[4] Die »schwarze Schmach am Rhein« wurde zum Fanal stilisiert, gegen das man Vereine wie den »Deutschen Notbund« oder »Rettet die Ehre«[5] gründen zu müssen glaubte – und es trug nicht zur Beruhigung der Lage bei, dass es eine britische Zeitung war, die bereits 1920 reißerisch von der »farbigen Geißel« sprach, vom »sexuellen Horror am Rhein«, ja dem »Verschwinden junger deutscher Mädchen«.[6] Zu Hitlers Diktum vom »Neger« als »geborenem Halb-

Appell an niedere Instinkte:
Verunglimpfende Spottmedaille auf die am Rhein eingesetzten schwarzen französischen Soldaten, 1920

affen« – er schrieb es nur vier Jahre später während der Landsberger Festungshaft nieder – war es da nicht mehr weit. Einen Tabubruch der schlimmsten Art stellten in dieser Vorstellungswelt die Kinder deutscher Frauen mit schwarzen Soldaten dar – vom späteren Schicksal der »Rheinlandbastarde« wird noch die Rede sein. Das Geschrei beruhigte sich erst ein wenig, als Frankreich um 1925 einen Großteil der Truppen abzog. Dass das Gespenst des Rassismus aus genau der Richtung kam, mit der er sympathisierte, wollte Gustav nicht sehen.

Niemals zuvor – und niemals danach – kam die Spaltung einer deutschen Gesellschaft in zweierlei Wahrnehmung so eklatant zum Ausdruck. Denn während die einen schon laut und vernehmlich das »Herrenmenschentum« proklamierten, nahmen die anderen alles Neue mit offenen Armen, ja begierig auf. Grenzüberschreitend, verrucht, freizügig sollte es sein, mit weit mehr als nur einem »gewissen

Hauch« von Exotik. In den Großstädten boomte das Unterhaltungsgeschäft, täglich eröffneten neue Revuen und Tanzlokale, Varietés und Kabaretts. »Afrikanisches« aus Übersee wurde populär, man begeisterte sich für den schwarzen Jazz eines Duke Ellington, die Revue der »Chocolate Kiddies« und die Tänze der Josephine Baker, man tanzte nächtelang Charleston und demonstrierte so Modernität – ein Akt der Befreiung von den starren, beengenden Normen der wilhelminischen Ära. Berlin war in jener Zeit neben Paris die Vergnügungsmetropole schlechthin. Nicht wenige farbige Künstler wurden Mitte der zwanziger Jahre heiß begehrte Stars.

Auch die Söhne Sabac el Cher, obschon nicht mehr »schwarz« zu nennen, profitierten von der kosmopolitischen Stimmung. Beruflich traten sie – erwartungsgemäß – in die Fußstapfen ihres Vaters. Beide blieben den Instrumenten, die sie von klein auf gelernt hatten, treu: Horst wurde Pianist, Herbert Geiger. Zwischen Oktober 1925 und Juli 1927 studierte Herbert an derselben Hochschule für Musik in Charlottenburg, die schon Gustav besucht hatte.[7] Beide Brüder gründeten bald eigene Kapellen; von Herbert ist eine Autogrammpostkarte erhalten, von Horst ein Bild mit Werbung in eigener Sache: »Sehr geehrter Herr Direktor!«, steht da neben dem Foto, das ihn am Flügel zeigt. »Das Zugkräftigste und Populärste ist und bleibt doch HORST SABAC mit seinem deutschen Attraktions-Orchester.« Ziemlich keck für einen jungen Mann von gerade einmal zwanzig Jahren, aber wohl nicht zu Unrecht.

Die Brüder gastierten auch gemeinsam in verschiedenen deutschen Städten, spielten in Königsberg, Danzig, Stettin und Berlin und mehrmals sogar in Finnland, womit sie das Sabac'sche Familienbudget erheblich aufbessern konnten.[8] Ihr Repertoire umfasste die neuen Moden wie auch klassische Unterhaltung, und in beiden Bereichen boten sie anscheinend höchstes Niveau: Auf Zuruf brachten sie über Stunden beliebige Melodien und Stücke einem begeisterten Publikum zu Gehör. Die Trinkgelder flossen reichlich, und oft genug wur-

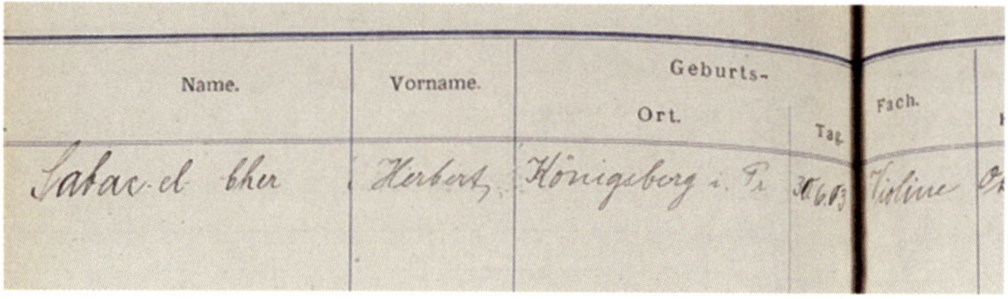

Name.	Vorname.	Geburts- Ort.	Tag	Fach.
Sabac el Cher	Herbert	Königsberg i. Pr.	30.6.13	Violine

Herbert Sabac el Cher in der Schülerliste der Charlottenburger Musikhochschule, 1927

den sie mit Blumensträußen geradezu überhäuft. Von klein auf eng verbunden in ihrer Begeisterung für die Musik, ergänzten sie sich auf der Bühne perfekt.

In wohlhabenderen Kreisen engagierte man sie mitunter auch für kleine private Konzerte. Bei einem solchen Anlass lernte Herbert etwa im Jahr 1927 im Hause eines Papierfabrikanten eine junge, außergewöhnlich hübsche Frau namens Elfriede Hollstein kennen.[9] Sie war zwanzig Jahre alt und bereits Chefsekretärin des damals im Aufbau befindlichen Titania-Palasts in Berlin-Steglitz, der dank seiner groß angelegten Film- und Musikdarbietungen bald legendär werden sollte. Elfriede war tief beeindruckt von Herberts Charme, dem leicht exotischen Aussehen und seiner, wie sie später erzählte, phantasievollen Konversation. In einem Kreis kunst- und kulturinteressierter junger Leute begannen sie sich öfters zu treffen. Nicht auszuschließen, dass sich nach einiger Zeit durch ihre Vermittlung auch ein Engagement im Titania-Palast ergab. Aus der Freundschaft, die die beiden verband, wurde bald tiefe Zuneigung, es war sogar von Verlobung die Rede. Elfriede zumindest war im siebten Himmel und glaubte sich am Ziel ihrer Träume.

Dann aber kam die große Ernüchterung: Als sie 1928 ein Kind von ihm erwartete, begann Herbert plötzlich zu zaudern, riet ihr, die Schwangerschaft abzubrechen, was sie strikt ablehnte. Schließlich zog

Horst Sabac el Cher am Flügel, Werbefoto, Ende der 1920er Jahre

Horst (am Flügel) und Herbert Sabac el Cher (Geige) mit ihrer Kapelle, Ende der 1920er Jahre

Autogrammpostkarte von Herbert Sabac el Cher,
um 1928

er sich ganz zurück und verließ die im sechsten Monat Schwangere. Am 1. Januar 1929 kam der gemeinsame Sohn zur Welt, er erhielt den Namen Siegfried. Elfriede, tief enttäuscht über den Verrat, brach für lange Zeit den Kontakt zum Vater des Kindes ab. Was ihn zu diesem Schritt bewog, ob er, wie sie später glaubte, tatsächlich seine eben erst beginnende Karriere durch die frühe Gründung einer Familie gefährdet sah, können wir nur vermuten. Sein weiterer Lebensweg legt eher den Schluss nahe, dass er sich seiner Gefühle wohl nicht ganz sicher war. Doch wie man es dreht und wendet, wie schlecht sein Gewissen auch war: Ein Ruhmesblatt war dieses Kapitel nicht. Wie kurz vor der Jahrhundertwende Gustavs Schwester Elise war Elfriede mit nur zweiundzwanzig Jahren alleinerziehende Mutter – und das war auch Ende der zwanziger Jahre kein erstrebenswerter Status.

War es um die Mitte des Jahrzehnts kurzzeitig zur Mode geworden, »andersfarbig« zu sein, so wurde es mit Beginn der Wirtschaftskrise selbst im Unterhaltungsgeschäft für Schwarze zunehmend schwierig. Das rauschende Fest neigte sich dem Ende zu, und schon wurden aus der konservativen Ecke wieder gallige Töne laut, selbst in der Musikkritik: Nachdem sie »im Weltkriege … den Glauben an die Göttergleichheit der Weißen verloren« hätten, erlebten »die Schwarzen auch noch den Sieg ihrer Musik!«, polemisierte die *Zeitschrift für Musik* bereits 1929, dabei handle es sich doch noch nicht einmal um »abendländische« Kunst. »Die ganze Welt dreht sich nach ihrem Takt – müssen sie da nicht übermütig werden?«[10] Die Grundhaltung – auch behördlicherseits – gegenüber Menschen afrikanischer Herkunft war stets dieselbe geblieben: Eine wirkliche Integration war niemals angestrebt, und außerhalb des Amüsierbetriebs gab es wenig Karrierechancen. Von Einbürgerung wie zu Augusts Zeiten konnte schon lang keine Rede mehr sein. Viele ehemalige »Untertanen« aus den Kolonien, in Berlin waren es vielleicht einige Hundert, die für wenige Jahre ein bescheidenes Auskommen gehabt hatten und nun erwerbslos wurden, standen vor dem Nichts – als »Staatenlose«, so der Stempel in ihrem Ausweis, hatten sie keinerlei Anspruch auf Unterstützung. Gelang es ihnen trotz aller Widrigkeiten, eine Anstellung zu finden, so konnte es durchaus geschehen, dass nationalistische Kreise gegen das »mangelnde Rassegefühl« des Betriebes zu Felde zogen. Die Tatsache der Gründung einer »Liga zur Verteidigung der Negerrasse« im Jahre 1929 durch in Berlin lebende Afrikaner spricht für sich.[11]

Gustav, dem ehemaligen Offizier mit deutscher Staatsbürgerschaft, werden derlei Probleme so fern gewesen sein wie den meisten seiner Mitbürger. Doch die schlechte Wirtschaftslage machte auch ihm zu schaffen. In diesen Jahren, der »Königl. Obermusikmeister a. D.« hatte inzwischen das reife Alter von sechzig Jahren erreicht, begannen Gustav und Ehefrau Gertrud über eine Veränderung nachzudenken. Das ständige Nomadendasein, das Leben auf Abruf wurde ihm langsam zu viel, für Musiker ohne festes Engagement wurde es zudem nicht leichter. Er wollte zur Ruhe kommen, sesshaft werden, und auch sie war das dauernde Alleinsein sicherlich endgültig leid. Es galt, nach einer – möglichst einträglichen – Alternative zu suchen. Was lag da näher, als sich Gustavs Bekanntheit zunutze zu machen, gerade indem er am Ort blieb?

Die zündende Idee hatte wohl Gertrud: Als neues wirtschaftliches Standbein planten sie fernab dem Trubel der Großstadt eine Gastwirtschaft im Umland – ein durchaus vielversprechendes Projekt, denn die Hauptstädter machten, wann immer es möglich war, Landpartien ins Grüne. In Senzig, einer Gemeinde östlich von Königs Wusterhausen bei Berlin, kauften sie Ende der zwanziger Jahre ein kleines Anwesen direkt am Krimnicksee. Noch bis in die neunziger Jahre stand in der Lindenstraße 17 das Gebäude, in dem sie das Landhaus-Café mit dem Namen »Sabac-el-Cher« etablierten.[12] »Angenehmer Familienaufenthalt, Anlegestelle, Schöne Aussicht, Gepfl. Biere, guten Kaffee u. Kuchen« – die Werbeanzeigen versprachen

Ein neues Standbein: Das Café Sabac el Cher in Senzig, Anzeige um 1930

deutsche Gemütlichkeit wie aus dem Bilderbuch, und die Rechnung ging auf: Berliner wie Senziger strömten bald in Scharen herbei, und die zupackende Gertrud leitete das kleine Familienunternehmen, das sich bald als höchst lukrativ erwies, mit Geschick und großem Einsatz. Noch heute erinnern sich alte Senziger daran, dass dort besonders »sonntags allerhand Betrieb« war.[13] Und das lag selbstredend auch an Gustav, denn man genoss nicht nur bei Kaffee und Kuchen die idyllische Landschaft am See. Wenn er zum Tanztee aufspielte, waren alle Tische besetzt. Als Horst, zunächst noch Student in Königsberg,[14] darüber hinaus bekanntlich oft mit seinem Bruder auf Reisen, im Jahr nach der Eröffnung zu seinen Eltern stieß, musizierte auch er im Café – und wurde, wie einst sein Vater, bald zum Frauenschwarm. Der attraktive junge Mann, der im Gegensatz zu seinem wohl etwas hellhäutigeren Bruder ein wenig »fremdländischer« aussah, zog viele Blicke auf sich: Eine Zeitzeugin, damals ein Schulmädchen, schwärmte noch nach Jahrzehnten: »Ein Bild für die Götter«

Idyll auf dem Lande: Gertrud, Herbert, Horst und Gustav Sabac el Cher in Senzig, Anfang der 1930er Jahre

sei er gewesen, »groß gewachsen und schlank mit einem wohlgeformten Kopf und sehr fein« in seinem weißen Anzug.

Vater und Sohn, die beide mehrere Instrumente beherrschten – im Keller des Hauses stand sogar eine Pauke bereit –, spielten oft und gern auch gemeinsam. Bei besonderen Anlässen gab es sogar Theateraufführungen. Die Innenausstattung des Cafés soll sehr gediegen gewesen sein, ein »feines Lokal für bessere Leute mit Clubsesseln aus Leder«. Die Wohnung der Familie, die aus Stube, Schlafzimmer, Küche und Bad bestand, lag im ersten Stock des Hauses, direkt über dem Café.[15] Gertrud, die »fein und gebildet« war, wie sich Herta Kellermann, das ehemalige Hausmädchen der Sabac el Chers, später erinnerte, pflegte ein gutes Verhältnis zu ihren Angestellten; mit der damals Sechzehnjährigen habe sie nach getaner Arbeit zur Belohnung schon mal einen Schnaps getrunken. Für Sabac el Chers war es eine arbeitsreiche, aber sehr gute Zeit; sie konnten – trotz Weltwirtschaftskrise, die Deutschland so besonders hart traf – positiv in die Zukunft blicken.

Ein weiterer Teil der Senziger Wirklichkeit: Gustav und Gertrud waren erklärte Anhänger des »Stahlhelms« – und das Lokal erwiesenermaßen ein Treffpunkt der Organisation.[16] Bis zum Aufstieg der NSDAP mit ihrer Sturmabteilung (SA) war der »Stahlhelm, Bund der Frontsoldaten« die bei weitem größte und einflussreichste rechtsgerichtete paramilitärische Vereinigung im Deutschland der Zwischenkriegszeit. Nach außen hin der Traditionspflege verpflichtet, stand er de facto an der Spitze der antidemokratischen, antiparlamentarischen und antisemitischen Opposition der Weimarer Republik, ein Sammelbecken konservativer und militaristischer Strömungen aus allen Teilen des Reichs. Offiziell überparteilich, propagierten die Mitglieder seit 1929 ganz offen die Errichtung der Diktatur. Ob Gustav, der ehemalige Offizier »Seiner Majestät«, der selbst nie an der Front gewesen war, sich denselben radikalen Zielen verpflichtet fühlte, bleibt dahingestellt. Möglich ist auch, dass er sich in den neuen, allzu bewegten Zeiten im Kreise der Veteranen schlicht aufgehoben fühlte und die Treffen vor allem zum Anlass nahm, mit »alten Kameraden« in Erinnerungen an die (Vor-)Kriegszeit zu schwelgen,[17] schließlich wird er seine »militärische Identität« nach so langem Dienst in der Armee nicht einfach abgestreift haben. Auch Gertrud Sabac el Cher zeigte sich nationalistisch: Sie stand dem Frauenbund des »Stahlhelms« nahe, war möglicherweise selbst Aktivistin und dafür bekannt, in ihrer Küche hin und wieder Kochwettbewerbe für Mitglieder auszurichten. Der Verein vermittelte nach außen das Bild, vor allem wohltätigen Zielen verpflichtet zu sein.

Das Jahr 1930 brachte zunächst ein trauriges Ereignis: Am 14. Juni notierte Gustav mit zitternder Hand den Tod seiner geliebten Mutter Anna »infolge eines Schlaganfalles« im achtundachtzigsten Lebensjahr.[18] Um fast fünfundvierzig Jahre hatte sie den Ehemann überlebt und ein biblisches Alter erreicht, die Trauer aber war groß. Bis zuletzt war Anna für die gesamte Familie eine Institution gewesen, auch noch hochbetagt hatte sie mit Kindern umzugehen gewusst – ihre Urenkelin Ilse Horn schwärmte ihr Leben lang für das »Omchen Ur«, wie sie sie liebevoll nannten. Für alle, aber gerade für Gustav, verschwand mit ihr ein weiterer Teil der »guten« vergangenen Zeit, als noch verlässliche Werte galten. Die Stammmutter der Familie Sabac el Cher wurde am 17. Juni in Berlin-Mariendorf auf dem Heilig-Kreuz-Kirchhof in der Eisenacher Straße bestattet; die Grabstelle ist heute leer, der Stein nicht mehr vorhanden.[19]

Die Hochzeit ihres ältesten Enkelsohnes Herbert, die weitab von Berlin im fernen Rheinland stattfand, erlebte sie nicht mehr: Am 15. Dezember 1930, ein halbes Jahr nach ihrem Tod, gab er der sechsundzwanzigjährigen Bonnerin Agnes Neininger auf dem Standesamt ihrer Heimatstadt das Jawort. Eine kirchliche Trauung gab es anscheinend nicht; das mag an den unterschiedlichen Konfessionen der beiden gelegen haben – Agnes war katholisch, Herbert, als »echter Sabac el Cher«, traditionsgemäß evangelisch –, aber wohl auch daran, dass die Braut eine geschiedene junge Mutter war.[20] Für den eher in sich gekehrten, versonnenen Musiker, der sich noch zwei Jahre zuvor einer Eheschließung und einem Kind entschieden verweigert hatte, muss die Umstellung beträchtlich gewesen sein, denn aus dem bisherigen Leben als Junggeselle wurde nun eines zu viert: Aus einer früheren Verbindung brachte Agnes die dreijährige Melitta und den siebenjährigen Günther mit in die Ehe. Doch die Kinder waren keineswegs nur »Anhängsel« der geliebten Frau, die Herbert notgedrungen in Kauf nahm – er heiratete sehr bewusst in eine Familie ein, der er von Herzen zugetan war.[21] Er hatte in Agnes seinen Lebensmenschen gefunden.

Als Elfriede Hollstein im folgenden Jahr beim ersten Treffen mit

Er heiratete eine Familie: Herbert und Agnes Sabac el Cher mit Melitta und Günther in den Sommerferien, Anfang der 1930er Jahre

Herbert seit Siegfrieds Geburt davon erfuhr, traf es sie bis ins Mark. Ihr Leben lang sollte sie die Enttäuschung nicht verwinden. Sie stellte nach dieser Begegnung den Kontakt für immer ein – es war für Herbert das einzige Mal, dass er seinen Sohn Siegfried traf. Erst viel später, 1937, heiratete Elfriede den Spandauer Bezirksschornsteinfegermeister Friedrich Wilhelm Höschel, der zum Vormund des Jungen wurde.[22] Zwei Jahre darauf kam ein kleines Mädchen namens Helfriede zur Welt. Trotz der Eheschließung, trotz des weiteren Kindes: Herbert Sabac el Cher war, so vertraute sie ihrer Tochter noch nach

Jahrzehnten an, die große Liebe ihres Lebens gewesen, mit der sie »eine sanfte Feindschaft« verband.[23]

Auch Herberts Bruder Horst verliebte sich Anfang der dreißiger Jahre, und das nicht etwa auf Tournee in der Fremde, sondern, ganz bodenständig, im elterlichen Café, in die ein Jahr ältere Liesbeth Curt. Auch ihr war der interessante »Mann am Klavier« sofort aufgefallen. Die jüngste Tochter eines Senziger Landwirts, selbstbewusst, unkonventionell, patent und unabhängig, wusste, was sie wollte, und auch Horst wird nicht lange gezögert haben. Die ökonomischen Talfahrten des vergangenen Jahrzehnts hatten Curts, eine angesehene Familie am Ort, unbeschadet überstanden: Vater Friedrich hatte klug investiert, und durch einige Grundstücksgeschäfte war der Wohlstand gefestigt worden. Als Horst nach kurzer Zeit um die Hand seiner Tochter bat, stimmte er sofort zu – eine vielleicht nicht ganz selbstverständliche Entscheidung in einer Zeit, in der die fremdenfeindlichen Töne immer lauter wurden. Das Verhältnis zwischen beiden Familien war freundschaftlich und sollte es auch bleiben, das belegen zumindest Aufnahmen von gemeinsam begangenen Festen. Am 19. Dezember 1931 heiratete das Paar in der evangelischen Kreuzkirche von Königs Wusterhausen. Selbst wenn es in der folgenden Zeit nicht immer rosig lief, Horst hatte keine finanziellen Sorgen mehr. Nach der Hochzeit zog das junge Paar zunächst zu Gustav und Gertrud, wenig später baute Liesbeths Vater ihnen ein eigenes Haus in Senzig, in der Heidestraße 51.[24]

Karl-Egon und Gertrud Horn hingegen gerieten mit Beginn der dreißiger Jahre – erstmals in ihrer Ehe – in wirtschaftliche Schwierigkeiten. Nach sechsundzwanzig Jahren verlor der Familienvater 1930 seine gut bezahlte Stellung als Chefbuchhalter, weil sein Arbeitgeber, das traditionsreiche Berliner Bankhaus F. W. Krause, nach dem Schwarzen Freitag an der New Yorker Börse Konkurs anmelden musste. Ein schwerer Schlag für den Fünfzigjährigen, der, wie seine

Liesbeth und Horst Sabac el Cher,
um 1935

Zeugnisse belegen, jahrzehntelang gewissenhaft gearbeitet hatte und dessen Tüchtigkeit und Kompetenz, »große Redlichkeit« und »selten anzutreffende Pflichttreue« schon seit seiner Lehrzeit in den höchsten Tönen gelobt worden waren.[25] Zweifellos hatte er sich in einer Lebensanstellung gewähnt, nun stand er »infolge Liquidation unseres Hauses«, so das Entlassungsschreiben, wie Millionen andere buchstäblich auf der Straße – innerhalb weniger Monate hatte sich die Zahl der Arbeitslosen im Deutschen Reich fast verfünffacht. Er übernahm vorübergehende Vakanzen, ergriff jede Chance und wurde »aufgrund der Wirtschaftslage« doch immer wieder entlassen. Dennoch: Existenziell bedrohlich war die Situation allein im ersten Jahr, danach bedeutete sie »nur« noch psychisch eine Belastung. Nach dem ersten großen Schock kam 1931 die Rettung in Form einer stattlichen Erbschaft in Höhe von mehreren Tausend Mark – Erblasser war eben jener Onkel Paul Sandmann aus Woldegk, für den Karl-Egon in der Hochzeit der Inflation die Wertpapiere gekauft hatte. Zwar war er bereits im August 1928 verstorben, aber die Regelung des Nachlasses, in erster Linie der Verkauf eines großen Landguts, hatte sich hingezogen – in diesem Falle zum Glück.[26] Horns blieben auch in schweren Zeiten durchaus privilegiert, der gutbürgerliche Lebensstil wurde weitgehend aufrechterhalten. Die Sorgen, die die Stellungslosigkeit und die Zeitläufte mit sich brachten, hielten sie von den Kindern, zumindest von der kleinen, damals knapp elfjährigen Ilse, vermutlich weitgehend fern; alles schien noch den gewohnten Gang zu gehen.

Der wirtschaftliche Niedergang, die sich verschärfende soziale Not, politischer Extremismus von rechts und links, der mangelnde Konsens im Bürgertum und eine instabile Regierung, die nur mit Minderheitskabinetten und Notverordnungen zu agieren imstande war, brachen der jungen Republik nach nur vierzehn Jahren endgültig das Genick. Als im Januar 1933 die Nationalsozialisten die Macht übernahmen, errichteten sie das eigentliche Regierungsviertel des Terrorregimes auf dem sogenannten Prinz-Albrecht-Gelände an der Berliner Wilhelmstraße. In Gustavs und Elises Geburtshaus, dem Prinz-Albrecht-Palais, hielt im folgenden Jahr mit dem Sicherheitsdienst der SS unter Reinhard Heydrich die oberste NS-Überwachungsbehörde Einzug, später als Teil des Reichssicherheitshauptamts die Schaltzentrale der staatlich gelenkten Vernichtungsmaschinerie.

Hitler war bereits an der Macht, die Errichtung des totalitären Staates befand sich in vollem Gange, da wendete sich für Karl-Egon beruflich wieder das Blatt: Aus einer Vertretung als »aussertariflicher kaufmännischer Hilfsarbeiter« bei der Reichsbank wurde im Herbst 1933 eine Festanstellung in der verantwortungsvollen Position eines Leiters der »Konversionskasse für deutsche Auslandsschulden«, in der er später mit etwa vierhundert Mark alles andere als schlecht verdiente.[27] Der Eintritt in den traditionell völkisch-antisemitischen »Deutschen Handlungsgehilfen-Verband«, der nun als Teil der Deut-

Freundschaftlich verbunden: Horst Sabac el Cher und Karl-Egon Horn an der Ostsee, Anfang der 1930er Jahre

schen Arbeitsfront »alle Schaffenden zum gemeinsamen Einsatz am Aufbau des Dritten Reiches vereinigt[e]« und seine Mitglieder dazu verpflichtete, »die Erfüllung des nationalen Sozialismus mit härtestem Einsatz vorwärtszutreiben«, wird für einen Angestellten der Reichsbank wohl verpflichtend gewesen sein. Karl-Egon Horn ging die Bestätigung am 13. September 1933 zu. Dass er Hitlers Machtergreifung überschwänglich begrüßt hätte, ist jedenfalls nicht bekannt. Die Einschwörung auf braunen Korpsgeist im Begrüßungsschreiben des Verbands wird daher kaum Begeisterung in ihm ausgelöst haben: »Deshalb wird auch Ihnen und der Gesamtheit die Mitgliedschaft erst dann vollen Segen bringen, wenn Sie sich vom Geiste des Nationalsozialismus in der Tiefe Ihres Herzens erfassen lassen und an allen Standesaufgaben tätig mitwirken« – wozu selbstredend auch der regelmäßige Besuch der »Ortsgruppen-Versammlungen« gehörte.[28]

Ganz anders als fünfzehn Jahre zuvor nach Ende des Ersten Weltkriegs scheinen sich Sabac el Chers von der neuen Regierung zumindest anfangs einiges versprochen zu haben. Das Ende der »Wirren der Republik« und die vermeintliche Rückkehr zur alten Ordnung, zum militärischen Drill, zum Marschieren in Reih und Glied ließ sie wohl wie viele andere glauben, dass sich mit der Machtübernahme der Braunhemden vieles zum Besseren wenden würde. Dass Gustav und Gertrud das Geschehen keineswegs mit Sorge verfolgten, ist nicht weiter verwunderlich, denkt man an die Treffen des »Stahlhelms« in ihrem eigenen Café. Das bestätigt auch die Familienchronik. Am Tag der Machtübernahme vermerkte Gustav mit Bleistift: »30. Januar 1933 kommen die Nationalsozialisten an das Ruder. Führer: Adolf Hitler. Das Reich wird einig und eins. Für Deutschland beginnt der Aufstieg.«[29] Nach der erwähnten ersten Bemerkung zum Kriegsende 1918 ist dies der andere von insgesamt nur zwei politischen Kommentaren aus Gustavs Feder. Unter »Aufstieg« wurde erst später in anderer Handschrift mit Kugelschreiber ergänzt: »u. Abstieg«.

Der ließ nicht lang auf sich warten: Schon im ersten Jahr des NS-Regimes wehte zumindest Gustav ein anderer Wind ins Gesicht, denn das gesellschaftliche Klima hatte sich drastisch gewandelt: Die Ausgrenzung von Minderheiten, allen voran von Juden, wurde Schlag auf Schlag betrieben, regimekritische oder »rassisch« missliebige Künstler, Intellektuelle und Wissenschaftler mussten in den folgenden Jahren das Land in Scharen verlassen – und mit dem brodelnden, glitzernden, ein wenig verruchten Nachtleben in Berlin war es endgültig vorbei. Mit ihm starben auch die Weltoffenheit, die selbstverständliche Normalität im alltäglichen Miteinander – und damit auch die Erkenntnis, dass fremder Einfluss, wie immer man ihn definiert, nichts als bereichern kann.

Der ganze giftige Hass, der bis dahin in der Regel im Alltag wenig Niederschlag gefunden hatte, nun wurde er mit aller Macht an die

Martialischer Aufmarsch des neuen Regimes:
SS-Männer auf dem Weg vom Brandenburger Tor zum Lustgarten, 1933

Oberfläche gespült und bahnte sich ungehindert seinen Weg. Offen rassistische Töne wurden zur staatstragenden Ideologie und richteten sich auch und gerade gegen dunkelhäutige Menschen in Deutschland. Das Gespenst einer »schwarzen Bedrohung« begann wieder aufzuleben, jetzt konnte man öffentlich und ohne Scheu von drohender »Vernegerung« sprechen, von »Mischlingsproblematik« und »minderwertigen Elementen«. Der Boden war bereitet, die allgemeine Stimmung schlug um. Segregation statt Integration stand auf den Fahnen des neuen Regimes, anstelle von Neugier und Toleranz machte dumpfe Borniertheit sich breit.

Bereits vier Monate nach Machtantritt der Nationalsozialisten mussten Sabac el Chers ihr Ausflugslokal schließen. Die jahrelang gut gehende Wirtschaft machte plötzlich Verlust, das eben noch florierende Unternehmen war mit einem Mal als »Neger-Lokal« ver-

Gustav, Elise, Gertrud und Horst Sabac el Cher zu Weihnachten, Anfang der 1930er Jahre

schrien, und die Gäste blieben aus.[30] Sicher mehrheitlich auch die alten »Kameraden« des »Stahlhelms«. Was Gustav, der überzeugte Nationalist, der so durch und durch »deutsch« dachte, wie die Gesinnungsdogmatiker jener Zeit es sich nur wünschen konnten, angesichts dieser Wendung empfunden haben mag, ist unschwer nachzuvollziehen. Seine jahrzehntelange Popularität zählte plötzlich nicht mehr, innerhalb kürzester Zeit wurde es still um ihn. Der letzte Abschnitt seines Lebens muss bitter gewesen sein, traurig, wohl auch nicht frei von Resignation; man kann es ihm nicht verübeln.

Es war wohl Gertrud, die zum Aufbruch drängte und entschied, zurück in die Großstadt zu gehen. In der Oranienburger Straße 39 nahe dem Hackeschen Markt eröffnete bald darauf erneut ein Kaffeehaus mit Namen »Sabac«, doch die Zeiten waren nicht mehr danach. Auch dieses Lokal musste seine Türen nach wenigen Monaten schließen.

Mit sechsundsechzig Jahren starb Gustav Sabac el Cher am 4. Oktober 1934. Dass man ihn noch immer gleichsam als Teil des Hohenzollern'schen Hausstands sah, zeigt ein Beileidstelegramm, datiert auf den 11. Oktober, das Ehefrau Gertrud aus Haus Doorn in den Niederlanden erreichte. »Im Allerhoechsten Auftrage« kondolierte hier der Hofmarschall Wilhelms II.: »Seine Majestaet der Kaiser und Koenig haben mit aufrichtiger Teilnahme die Meldung von dem Heimgange Ihres Gatten, des allzeit bewaehrten Obermusikmeisters des 1. Grenadier-Regiments ›Kronprinz‹, entgegengenommen und sprechen Ihnen und allen Mittrauernden Sein herzlichstes Beileid aus.« Ein weiteres, persönlich unterzeichnetes Schreiben traf vom Kronprinzen Wilhelm aus Potsdam ein.[31] Ob Gustav sich wirklich, wie das ehemalige Hausmädchen später erzählte, in seinem letzten Lebensjahr zumeist in Senzig aufhielt und dort ein kleines Zimmer zur Untermiete bei einer Tante seiner Schwiegertochter Liesbeth bewohnte, bis er kurz vor seinem Tod nach Berlin übersiedelte, ist nicht endgültig zu klären. Zum Schluss war er Herta Kellermanns Berich-

Das vermutlich letzte Foto von Gustav Sabac el Cher, etwa 1934

ten zufolge sehr krank und an den Rollstuhl gefesselt. Beerdigt wurde er in Berlin, und dies unter großen Ehren. Ein langer Trauerzug gab ihm das letzte Geleit. Vom Begräbnis ist ein Foto erhalten: Neben dem Pfarrer, der am offenen Grab noch ein paar Worte spricht, sieht man am aufgebahrten Sarg neben den militärischen Auszeichnungen eine Auswahl verschiedener Kränze. Da ist allen voran ein Kranz von Horst und Liesbeth, »dem lieben Pa in unvergeßlicher Liebe« gewidmet. Besonders für den jüngeren Sohn starb mit Gustav nicht nur das Oberhaupt der Familie, sondern eine zutiefst verehrte, wichtige

Haus Doorn, den 11. Oktober 1934.

Brieftelegramm
Seiner Majestät des Kaisers und Königs.

Seine Majestaet der Kaiser und Koenig haben mit aufrichtiger Teilnahme die Meldung von dem Heimgange Ihres Gatten, des allzeit bewaehrten Obermusikmeisters des 1. Grenadier-Regiments "Kronprinz", entgegengenommen und sprechen Ihnen und allen Mittrauernden Sein herzlichstes Beileid aus.

Im Allerhoechsten Auftrage
Giese
Dienstt. Hofmarschall

Frau Gertrud Sabac-el-Cher
Oranienburgerstrasse 39
B e r l i n N 24

Beileidstelegramm Kaiser Wilhelms II. aus dem niederländischen Exil zum Tod Gustav Sabac el Chers

Autorität. Auch die Schultheiss-Brauerei hatte des prominenten Kunden gedacht. Ins Auge fällt aber vor allem ein Kranz mit Hakenkreuzschleife von den »Kameradinnen der ›Stahlhelm-Frauenbund-Ortsgruppe Humboldt‹«, wohl eine Geste auch gegenüber Gertrud. Ob Gustav das Symbol des Unrechtsstaates zu dieser Zeit noch genauso genehm gewesen wäre wie im Januar 1933? Und wann hätte wohl seine Ehefrau ihre Meinung geändert? Dauerhaft wegzusehen wäre in Anbetracht ihrer Familiengeschichte kaum möglich gewesen. Die perfiden Feindseligkeiten gegen »anders« aussehende Men-

Am Grab ein Kranz mit Hakenkreuzschleife:
Beerdigung von Gustav Sabac el Cher mit Pfarrer Werner,
Friedhof am Baumschulenweg, 9. Oktober 1934

schen, die sich zu häufen begannen, blieben ihr, die wohl damals schon todkrank war, vermutlich am Ende verborgen. Nur ein halbes Jahr später, am 27. April 1935, starb sie, erst zweiundfünfzigjährig, an einem Tumor.[32] Bis zum Schluss hatte Gustavs Schwester Elise zu ihren treusten Besuchern gehört, der Kontakt war nie abgebrochen. Gertrud Sabac el Cher wurde in Berlin an der Seite ihres Mannes beigesetzt; erst später ließen die Söhne ihre Eltern nach Senzig überführen. Das Grab dort existiert noch heute.

Letztlich starb Gustav, allen späten Erfolgen zum Trotz, als Angehöriger einer anderen Zeit. Er wurde nicht alt, doch ob es ihm, dessen Hautfarbe dem »arischen« Ideal nicht entsprach, im weiteren Verlauf des »Dritten Reiches« gut ergangen wäre, ist mehr als zweifelhaft. Anlässlich seines Todes erinnerte man sich noch einmal seiner Verdienste. Zwei belobigende Nachrufe auf Gustav Sabac el Cher sind erhalten: Sie zeugen von der Akzeptanz, die er in der Gesellschaft des Kaiserreichs und der Weimarer Zeit genoss, ein letztes Mal zollte man dem »Mohrenkapellmeister«, der sich, hervorragend ausgebildet, »ganz dem Dienst als Musiker und später als Musikmeister und Kapellmeister bei der alten Armee gewidmet« habe, höchste Anerkennung und uneingeschränkten Respekt. Als »Inhaber einer großen Zahl hoher und höchster Orden« sei er durch »Konzertreisen in ganz Deutschland bekannt« geworden. »Viele Berliner erinnern sich noch dieses Mannes, wenn er in der schönen Uniform … mit seiner Kapelle auftrat.«[33]

5. Kapitel
Schicksalsjahre

Als man Gustav und Gertrud zu Grabe trug und am Horizont des Hitlerreiches längst dunkle Wolken dräuten, stand Großnichte Editha Horn, ehrgeizig, jung und hübsch, am Anfang einer vielversprechenden Laufbahn. Nachdem sie sich schon »etliche Jährchen« auf Schul- und Laienaufführungen »ausgetobt« hatte,[1] machte sie nun Ernst und wurde Schauspielerin. Die besorgten Eltern hatten ihren Wunsch anfangs mit gemischten Gefühlen betrachtet, dann aber nachgegeben, allerdings nicht ohne sie zuvor auf eine Handelsschule zu schicken, auf dass sie zunächst einmal etwas »Anständiges« lerne.[2] Danach gab es kein Halten mehr – sie verwirklichte ihren Traum. Gut ausgebildet bei Heinz Dietrich Kenter, Schauspieler und Regisseur mit einigem Renommee, erhielt sie nach der Abschlussprüfung im September 1934 ihr erstes Engagement.[3]

Stolz dokumentierte sie von Anfang an die Stationen ihrer Karriere: Sie archivierte Kritiken, legte Fotoalben an, führte Buch über ihre Rollen. Nach einer Saison bei Curt Goetz am Schiffbauerdamm wechselte sie 1935 zum Rose-Theater in der Großen Frankfurter Straße, der heutigen Karl-Marx-Allee im Stadtteil Friedrichshain. Die im Zweiten Weltkrieg zerstörte Bühne war für ihr gemischtes Programm aus Volksstück und Operette weit über die Grenzen der deutschen Hauptstadt bekannt. »Der erste Schritt oder endlich eine Rolle! … mit RM 100,– Gage (oh Freude!)«, schrieb sie in großen Lettern auf das Titelblatt des ersten Albums von insgesamt drei erhaltenen – alle stammen aus der Zeit vor 1945. Mit leichter Muse verdiente sie sich zunächst hier, dann mit einem Sommerengagement in Bad Salzungen erste Sporen – als Dependance des Meininger Landestheaters keine ganz schlechte Adresse für eine Anfängerin. Lustspiele wie »Christa, ich erwarte Dich!« boten biedere Unterhaltung, die, wie es in einer Kritik hieß, »die gesunde Gesinnung und Gesittung der Gegenwart in sich birgt«, doch hochmoralisch ging es zum Glück nicht immer zu. Insgesamt elf kleine Rollen spielte sie in diesen Wochen; als Zofe, als Kinderfrau, als Dame der Gesellschaft oder auch als vierzehnjährige »Jöhre« von der Hintertreppe machte das »Küken unseres Kurtheaters«, das »das Zwerchfell aufs äußerste reizte«, im Kurort von sich reden und bewies seine Vielseitigkeit. Nun, so Editha in einem Interview am Ende der Saison, habe sich selbst ihr »elterliches Paar … mit Vergnügen davon überzeugen lassen, daß es auch am Theater ›anständige Menschen‹ gibt«.

Neben all der Arbeit, auch das zeigen die Bilder, hatte sie eine Menge Spaß. Aus Programmheften schnitt sie Porträts der Kollegen aus und erstellte Collagen, sie fotografierte selbst und ließ sich gern fotografieren: im Freundeskreis, beim Tanz im Kurhaus, in Lokalen, beim Baden am See. Zu sehen ist eine stets strahlende, unbeschwerte, sportliche junge Frau – auch in ihrem Lebenslauf gab sie noch lange nach dem Krieg neben Schwimmen stets Praxis in Fechten und Segeln, Paddeln und Stepptanz an. Die Bezahlung war anfangs nicht üppig, doch das Vagabundenleben sagte ihr zu. Auch wenn das ewige Wohnen zur Untermiete sicher nicht ganz ideal war, sie nahm es mit Humor – und sie integrierte sich leicht. »Das war mein Privatleben! Pfarrers-Kinder mit Brigitte Biehl« ist später im Album zu lesen, von »Guste«, der »Schlummermutter«, fiel der Abschied sichtlich schwer, und den Zettel, auf dem eine Gastfamilie ihr »Von Herzen toi! toi! toi!« wünschte, bewahrte sie ihr ganzes Leben auf. Es war eine glückliche, ungetrübte Zeit, die ihr allen Anlass gab, hoffnungsvoll in die Zukunft zu blicken.

Bemerkenswert, denn das konnten viele nicht mehr in jenem Sommer 1935: Als die Nationalsozialisten auf dem »Reichsparteitag der Freiheit« am 15. September die Nürnberger Gesetze verkündeten,

Die Jungschauspielerin:
Editha Horn, um 1935

Editha (Mitte) in einer Probenpause, Mitte der 1930er Jahre

wurde legalisiert, was längst schon Alltag war: die Ächtung fremd aussehender und »nicht arischer« Mitbürger und ihre unerbittliche Ausgrenzung aus der deutschen Öffentlichkeit. Die »Rasse« entschied über Gedeih und Verderb. In erster Linie betraf dies die Deutschen jüdischer Abstammung. Durch das »Reichsbürgergesetz« zu »Staatsangehörigen« ohne jedes politische Recht deklassiert, verbot ihnen das »Gesetz zum Schutz des deutschen Blutes und der deutschen Ehre« nicht nur die Eheschließung, sondern auch den Geschlechtsverkehr mit nicht jüdischen Deutschen, schließlich gelte es, »die deutsche Nation für alle Zukunft zu sichern«. Zuwiderhandlungen wurden fortan als »Rassenschande« verfolgt. Die Anwendung dieser Gesetze auf Schwarze, auf »schwarze Mischlinge« zumal, war in keiner Bestimmung geregelt.[4] Doch die hysterische Furcht vor einer »Schädigung des Volkskörpers« durch »artfremden Bluteinschlag« richtete sich auch gegen sie.

Ob Editha aufmerkte, als sie davon erfuhr? Sicherlich dachte sie oft an ihre Familie, die Eltern und die Großmutter, an ihre glückliche Jugendzeit, der sie einen so guten Start ins Leben verdankte – doch war sie sich in diesem Moment der Verletzlichkeit ihrer Angehörigen ob der Hautfarbe wirklich bewusst? Sie war viel beschäftigt, oft unterwegs und erlebte deren Alltag nicht mehr, und für trübe Gedanken war in ihrem Leben kein Platz. Für die »Bühnen- und Filmprüfung« im Herbst 1934 hatte auch sie Geburts- und Taufscheine ihrer Vorfahren beibringen müssen – entsprechende Schreiben »zwecks Feststellung der arischen Abkunft« sind für Februar desselben Jahres belegt.[5] Beunruhigung rief das offenbar nicht hervor, es gehörte schon damals zur Routine und wurde nicht hinterfragt; das Fehlen eines »arischen« Urgroßelternteils erwies sich bei ihr genauso wenig als Karrierehindernis wie bei ihrem Onkel Herbert, der sogar einen »nicht arischen« Großvater hatte. Sowohl in die »Reichsfachschaft Film« als auch in die »Reichstheaterkammer« nahm man sie anstandslos auf.[6] Dass sie eine Anhängerin des NS-Regimes war, ist eher nicht zu vermuten, die Zeichen der Zeit aber wollte sie nicht sehen. Wie so viele arrangierte sie sich; ein politischer Mensch war sie nicht. Inwieweit die Feindbilder, die man hier schürte, auch ihre Wurzeln betrafen und welche Gefahr sich damit verband, war ihr wohl nicht klar.

In wirrer Verquickung paranoider Hassphantasien galt »der Neger« seit Hitlers »Mein Kampf« als zwar inferiorer, doch »natürlicher Verbündeter« »des Juden« und damit gleichsam als sein »Instrument« zur Vernichtung der »weißen Rasse«.[7] »Noch wissen wir nicht sehr viel über die Wirkung der Rassenmischung«, hatte der prominente Mediziner und Anthropologe Eugen Fischer, der als »Rassenexperte« in der NS-Zeit eine große Karriere machte, bereits 1913 geschrieben. »Aber das wissen wir ganz sicher: Ausnahmslos jedes europäische

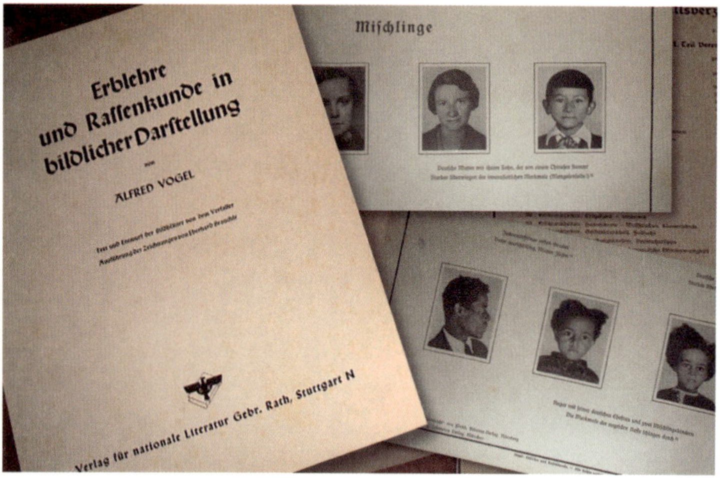

Die »Rassenzugehörigkeit« entscheidet über Gedeih und Verderb: »Rassentafel für den Unterricht«, 1938

Volk … das Blut minderwertiger Rassen aufgenommen hat – und daß Neger, Hottentotten und viele andere minderwertig sind, können nur Schwärmer leugnen –, hat diese Aufnahme minderwertiger Elemente durch geistigen, kulturellen Niedergang gebüßt.«[8]

Wer, im Sinne der Ideologie, zur »niederen Rasse« gehörte, entschied allein die Willkür der Behörden. Fragwürdiger »Rassenforschung« war nun Tür und Tor geöffnet, denn »Negerblut«, so hieß es 1936 in einem Runderlass, wirke derart stark, dass es noch bis in die siebte und achte Generation äußerlich in Erscheinung trete,[9] weshalb der »artfremde Bluteinschlag« durch sorgfältige Prüfung im Einzelfall festzustellen sei.[10] Solcherlei »Wissenschaft« ließ Fanatiker jeder Couleur fröhliche Urständ feiern – und legitimierte barbarische Übergriffe gegen die Minderheit. Eine systematische Verfolgung dunkelhäutiger Deutscher hat es nicht gegeben, doch Fälle von Sterilisation und Verschleppung in Lager sowie drakonische Strafen wegen »Rassenschande« bis hin zum Todesurteil sind zuhauf dokumentiert.[11] Wie im Falle der »Rheinlandbastarde« – trotz immer wieder geäußerter Bedenken im Hinblick auf die außenpolitische Wirkung. Nun wurden die Parolen der »schwarzen Schmach am Rhein«, der von der *Ärztlichen Rundschau* schon 1920 gegeißelten »Mulattisierung« und »Syphilitisierung« des Volkes[12] genüsslich hervorgezerrt, und endlich sah man die Stunde gekommen, das »Problem« aus der Welt zu schaffen. Um die »Reinheit« des deutschen Blutes zu sichern, wurde eine unbekannte Zahl der während der Weimarer Republik gezeugten Kinder dunkelhäutiger französischer Soldaten zwischen 1935 und 1937 zwangssterilisiert.[13] Legal war das auch nach den neuen Gesetzen nicht, doch das kümmerte niemanden. Als Gutachter zur Feststellung der »Rassenzugehörigkeit« in der Sonderkommission 3 der Gestapo, die zur »unauffälligen« Sterilisierung der »Rheinlandbastarde« eingerichtet worden war, fungierte übrigens derselbe Eugen Fischer, der den kolonialen Rassismus schon zu Kaisers Zeiten so eifrig verfochten hatte. Die Nürnberger Gesetze betrachtete er als praktische Umsetzung seines Lebenswerks – wofür er Hitler öffentlich gedankt haben soll.

Während die Rassenlehre und -propaganda dunkelhäutige Menschen von der »Volksgemeinschaft« kategorisch ausschloss, forderte die Parteispitze ein Umdenken im Alltag. Der Grund dafür lag im Bestreben der neuen Regierung, den lauter werdenden Forderungen kolonialrevisionistischer Kreise Genüge zu tun und die im Ersten Weltkrieg verlorenen Überseebesitzungen wieder zurückzugewinnen.[14] Zwar stand bei der »Lebensraumpolitik« Osteuropa im Vordergrund, doch auch der »koloniale Gedanke« – er war nie ganz verschwunden – lebte wieder auf. Das später formulierte »Endziel«: ein großes »Mittelafrikanisches Reich« vom Atlantischen bis zum Indischen Ozean, als »Ergänzungsraum« nach der »Neuordnung Europas«.[15] Die – wenigen – noch im Land lebenden Deutschen afrika-

Plakat der NS-Kolonialpropaganda, 1936

nischer Herkunft sah man dabei als mögliche Mittler an, die in Briefen und auf Afrikareisen ein positives Bild des »Reiches« verbreiten könnten.[16]

Ob diese angesichts ihrer Lage willens gewesen wären, das tatsächlich zu tun, sei dahingestellt, denn in der Bevölkerung blieb die strategisch motivierte Abkehr von ideologischen Grundsätzen weitgehend unbemerkt. Die Ablehnung dunkelhäutiger Menschen hatte eine Eigendynamik entwickelt, gegen die kurzfristig entwickelte Planspiele in der Außenpolitik nichts ausrichten konnten. So hatte das Auswärtige Amt bereits im November 1934 festgestellt, »daß die Neger häufig persönlichen Beleidigungen und Zurücksetzungen ausgesetzt sind, vor allem aber, daß mit Rücksicht auf die Stimmung des Publikums kein Unternehmer es wagt, Neger einzustellen. Auf diese Weise ist den Negern praktisch auch im Inland die Möglichkeit eines Verdienstes genommen.« Die so entstehende »Mißstimmung unter den Negern«, so befürchteten die Beamten, könne »höchst unangenehme Rückwirkungen haben«, sollte »die Frage einer Mandatserteilung an Deutschland in Afrika einmal akut werden«.[17]

Beinahe hilflos dokumentierten die Behörden zahlreiche Übergriffe und Fälle von Diskriminierungen. Immer häufiger wurden dunkelhäutige Deutsche von Arbeitskollegen schikaniert oder wegen des drohenden Boykotts von Kunden entlassen.[18] Einige der Betroffenen erhielten vom Auswärtigen Amt monatliche Zuschüsse oder wurden als Lehrer im Seminar für Orientalische Sprachen der Berliner Friedrich-Wilhelm-Universität untergebracht. Gegen tätliche Angriffe oder Beleidigungen im Alltag aber waren Deutsche afrikanischer Herkunft völlig ungeschützt.

Auch an ihrer Einschätzung als »niedere Rasse« durch die Behörden änderte die zeitweilige Inschutznahme nichts – Kontakt, gar »Vermischung« mit »Ariern« galt es unbedingt zu vermeiden. Eine »Lösung« zeichnete sich 1935 ab, als man das immer noch populäre Konzept der »Völkerschau« aufgriff und mit der »Deutschen

Afrika-Schau« alle »in Deutschland lebenden Eingeborenen aus den ehemaligen Kolonien« zu einer fahrenden Bühnentruppe vereinte mit dem Ziel, »die Neger dem Müßiggang zu entziehen« und durch eine bessere Kontrolle »Rassevergehen leichter unterbinden zu können«.[19] Wobei es für die Initiatoren nicht die geringste Rolle spielte, dass die »Eingeborenen« afrikanischen Boden niemals betreten hatten und in Deutschland geboren waren. Die meisten erklärten sich nur aus existenzieller Not zur Teilnahme bereit.

So widersprüchlich die politischen Vorgaben, so wechselvoll auch die Schicksale in den Familien Horn und Sabac el Cher. Editha und Herbert blieben, nach dem, was wir wissen, von Feindseligkeiten verschont, an ihrer »Reichsbürgerschaft« zweifelte niemand, ja mehr noch, sie hatten Erfolg. Für Ilse und Horst, sicher auch für Elise und Gertrud aber waren es schwere, bittere Jahre, in denen nichts mehr war wie zuvor. Obschon nur »zu einem Achtel schwarz« und im Straßenbild allenfalls durch ein eher südländisches Äußeres auffällig, verstand Ilse die Welt nicht mehr, die ihr mit einem Mal auf Schritt und Tritt suggerieren wollte, dass sie »anders« sei als »deutsch«.

Amtliche Zeugnisse von Diskriminierung fanden sich nicht in ihrem Besitz, doch ihr übertriebene Ängstlichkeit gegenüber den nationalsozialistischen Schergen unterstellen zu wollen wäre wohl verfehlt. Wie sehr die »rassische Erfassung« ins Leben eines jeden eingreifen konnte, mag ein Fall aus dem Rheinland zeigen, der 1936 aktenkundig wurde: Bei der Aufstellung seiner »Ahnentafel« habe ein »BDM-Mädel« entdeckt, dass einer seiner »Ururgroßväter, ein Missionar in Südwestafrika, eine Farbige (Hottentottin) geheiratet« habe – es selbst also »1/16 Mischling« sei. Deutlicher könnte nicht werden, in welchem Ausmaß die Indoktrinierung bereits Früchte trug: »Dem Mädel selbst sieht man den fremdrassigen Einschlag zunächst nicht an«, heißt es in der Aktennotiz. »Nur nach Kenntnis der Dinge bemerkt man einen fremdartigen Zug um die Augen und in

Allgegenwärtige Hakenkreuzfahnen: Ilse (l.) und ihre Mutter Gertrud Horn mit einer Freundin in Berlin, Mitte der 1930er Jahre

ihrem Wesen eine gewisse Labilität.« Was den eifernden Verfasser zu der besorgten Nachfrage trieb, ob sich ein Verbleiben im BDM »ausnahmsweise befürworten« lasse. »Eine Ehegenehmigung« könne dagegen »wohl kaum erteilt werden«.[20]

Das war der geistige Hintergrund, vor dem den Nationalsozialisten, die den olympischen Gedanken der Völkerverständigung stets als

»geistige Verirrung« abgetan hatten, in jenem Sommer in Berlin die perfekte Inszenierung der Olympiade gelang. Einen enormen Prestigegewinn hatten sie sich erhofft, und die Rechnung ging voll und ganz auf. Berlin war im Olympiafieber, und für die Dauer der Spiele gab sich »das Reich« weltoffen und freundlich, durch und durch dem Ideal der Gleichheit verpflichtet – als wieder erstarkter, im Grunde aber friedfertiger Partner der Nationen. Das große Täuschungsmanöver war bis ins Detail organisiert: Antisemitische Hetzparolen wurden aus dem Stadtbild entfernt, und auch den Medien waren rassistische Ausfälle in dieser Zeit untersagt. Dass zugleich die in Berlin lebenden Sinti und Roma an den Stadtrand »evakuiert« wurden und das Konzentrationslager Sachsenhausen unweit der Hauptstadt entstand, wollte man nicht sehen. Die Welt, nur zu geneigt, dem schönen Schein Glauben zu schenken, sah über kleine »Unstimmigkeiten« hinweg.

Nur einmal ließ »der Führer«, dem es ein Anliegen war, dass bei den Wettkämpfen die »natürliche Überlegenheit« der weißen »Herrenrasse« effektvoll in Szene gesetzt wurde, die Maske fallen. Als immer häufiger »die Falschen« siegten und der dunkelhäutige Läufer Jesse Owens gleich vier Goldmedaillen gewann, wurden plötzlich »rassische Unterschiede« wieder herausgestellt. Da raunten hohe Nazifunktionäre – hinter vorgehaltener Hand zwar, aber sichtlich verärgert – von »Negersportlern« und »Untermenschen«, und Hitler erklärte erzürnt, dass es sich bei den Schwarzen um eine »primitive Rasse« handle, deren Vorfahren aus dem Dschungel stammten. »Athletischer gebaut als die zivilisierten Weißen« und somit »eine nicht zu vergleichende Konkurrenz«, müsse man sie »folglich von den künftigen Spielen und sportlichen Wettbewerben ausschließen«.[21] Dass Hitler dem US-Amerikaner Owens den Handschlag verweigerte, gehört ins Reich der Legende; zutreffend ist, dass es für ihn unvorstellbar war, einem dunkelhäutigen Sportler auf Augenhöhe gegenüberzutreten. Der »Führer«, der anfangs noch jedem Goldmedaillengewinner persönlich gratuliert hatte, verzichtete nun einfach generell darauf, die Sieger in seine Loge zu laden.[22] Allerdings weigerte sich auch Franklin D. Roosevelt, den schwarzen Sportstar im Weißen Haus zu empfangen. Er fürchtete die Reaktion konservativer Kreise im amerikanischen Süden – im Herbst jenes Jahres sollten die Präsidentschaftswahlen stattfinden. Owens merkte später an, nicht Hitler sei es gewesen, der ihn brüskiert habe, sondern Roosevelt.

Ob wohl Sabac el Chers, ob Horns von dem Geschehen genauso beeindruckt waren wie der Rest der Welt?

Staatliche Repression blieb Horst Sabac el Cher allem Anschein nach erspart, doch er litt sehr unter der neuen Zeit, die für ihn mit einem Karriereknick begann. Der leidenschaftliche, einst so lebensfrohe Pianist musste sich ein anderes Auskommen suchen. Ob er vielleicht doch nicht das gleiche Talent besaß wie Gustav und Herbert, ob Liesbeth die treibende Kraft war und auf berufliche Sicherheit drang, ob er, eben noch als »Exot« begehrt, nun plötzlich nicht mehr gefragt war, wird nicht mehr zu klären sein. Schon im Jahr von Hitlers Machtübernahme übte er seinen Beruf jedenfalls nicht mehr aus. Ein Blick in sein Arbeitsbuch stimmt nachdenklich-melancholisch: Unter den »Beschäftigungsarten von längerer Dauer« ist da für den Zeitraum von 1928 bis 1932 »Konzertpianist und Kapellmeister« angegeben, 1933 heißt es dann »Gastwirt« – vermutlich war er im Berliner Kaffeehaus seiner Eltern tätig, dem bekanntlich kein Glück mehr beschieden war. Seit Januar 1935 war er als »kaufmännischer Angestellter« eingetragen. Bis zum 31. März 1940 sollte er in dieser Funktion in einer Filiale der »Berliner Maschinenbau-Actien-Gesellschaft vormals L. Schwartzkopff« in Wildau bei Senzig beschäftigt bleiben. Seine Resignation ist gut nachzuvollziehen: Der Sohn des Königlichen Musikmeisters, der nie daran gezweifelt hatte, dass er seinen Traumberuf lebenslang würde ausüben können, haderte mit seinem Schicksal und fand sich in seiner neuen Rolle nur sehr schwer zurecht.

Horst Sabac el Cher in der Uniform des »Stahlhelms«, etwa 1935

Er zog sich zurück, begann die Menschen zu meiden, war zunehmend in sich gekehrt – und gehörte, wie man ihm vielerorts zeigte, auch nicht mehr richtig dazu. Ada Meininghaus, eine Freundin aus jener Zeit, erzählte noch nach Jahrzehnten, dass es für ihn in den dreißiger Jahren keineswegs selbstverständlich war, sich frei in der Öffentlichkeit zu bewegen. Einmal, sie saßen in einem Café und hatten ein Bier bestellt, sei die Bedienung nach kurzer Zeit zurück an den Tisch gekommen und habe, ohne ein weiteres Wort, ein Pappschild dort aufgestellt. »Juden hier nicht erwünscht«, stand da in schwarzer Fraktur. Ein anderes Schild hatte sie nicht, doch die Botschaft war unmissverständlich.[23]

So gut es ging, versuchte er, den Alltag auszublenden. Frappierend ist, dass man ihn nun immer häufiger in der Uniform des »Stahlhelms« sah – vielleicht eine Art Trotzreaktion im Gedenken an seinen Vater, um herauszustellen, dass er ein »ganz gewöhnlicher Deutscher« war. Auch für Liesbeth war dies keine leichte Zeit. Sie begannen sich auseinanderzuleben, in der Ehe kriselte es, für die lebhafte junge Frau war die gedrückte Stimmung zu Hause mitunter schwer zu ertragen. Sie nahm Fahrstunden, machte, in Senzig Mitte der dreißiger Jahre sicher nicht alltäglich, ihren Führerschein, begann des Öfteren ihrer eigenen Wege zu gehen – und kehrte nach allen Missstimmigkeiten

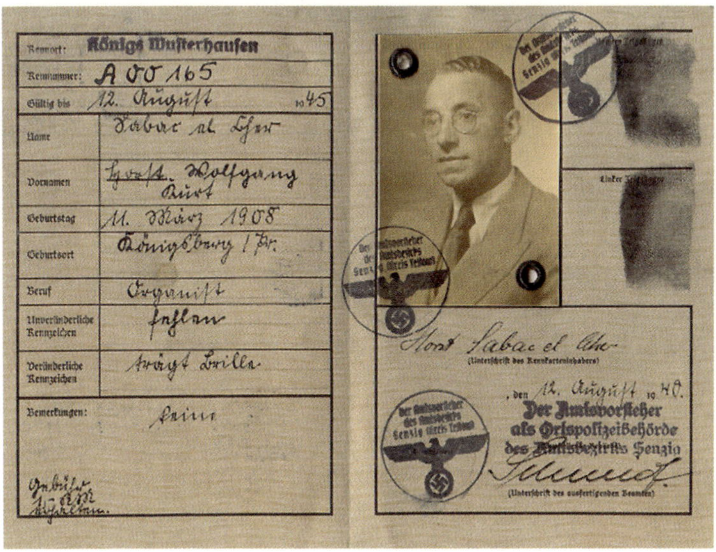

Kennort: Königs Wusterhausen
Kennummer: A 00165
Gültig bis 12. August 1945
Name: Sabac el Cher
Vornamen: Horst Wolfgang Kurt
Geburtstag: 11. März 1908
Geburtsort: Königsberg i/Pr.
Beruf: Organist
Unveränderliche Kennzeichen: fehlen
Veränderliche Kennzeichen: trägt Brille
Bemerkungen: keine

Horst Sabac el Cher
(Unterschrift des Kennkarteninhabers)

, den 12. August 1940.
Der Amtsvorsteher als Ortspolizeibehörde des Amtsbezirks Senzig
(Unterschrift des ausfertigenden Beamten)

Kennkarte Horst Sabac el Chers von 1940

doch immer zu Horst zurück. »Dickköpfe« seien sie beide gewesen, wird er ihr später schreiben, die sich »ganz gehörig« aneinander »rieben und stießen«. »... die Gegensätze zogen sich an und stießen sich ab, wer hätte im dritten Jahr noch die Hand für uns beide ins Feuer gelegt?«[24] Doch dann fand das Paar Zuflucht in einem inbrünstigen Glauben und trat der Brüdergemeinde bei; Horsts Tätigkeit als Organist ab 1. April 1940 wird Teil seines kirchlichen Engagements gewesen sein,[25] bei dem er eine Ernsthaftigkeit an den Tag zu legen schien, die angesichts des augenzwinkernden Schalks, den er doch nach wie vor besaß, befremdet. Die wenigen erhaltenen Briefe noch aus späterer Zeit sind überreich an Bibelzitaten.

Der Kontakt zwischen den Familienzweigen wurde seltener in diesen Jahren; die Bewältigung des Alltags war oft schwer genug, und längst schon waren sie nicht mehr Nachbarn wie zu Großmutter Annas Zeiten. Gertrud, Ilse und Karl-Egon Horn waren umgezogen und lebten – noch immer in Tempelhof – inzwischen in der Berliner Straße 160, Horst und Liesbeth wohnten in Senzig, und während Editha nur zeitweise durchs Land tourte, blieb Herbert Sabac el Cher der Hauptstadt auf Dauer fern: Von Bonn war er mit Agnes und den Kindern 1936 nach Köln übersiedelt, wo sie zuerst in der Händelstraße 33 nahe dem Rudolfplatz, wenig später dann in der Roonstraße 36 ein neues Zuhause fanden. Nach wie vor sorgte er mit wechselnden Engagements für den Lebensunterhalt der Familie.[26] Ein gemeinsames Kind kündigte sich erst im neunten Ehejahr an – und wie einst sein Vater ließ auch Herbert beruflich bedingt seine schwangere Frau viel allein. Sie scheint es, mangels Alternative, mit Fassung getragen zu haben; die einzige Karte aus ihrer Feder, die sich noch im Besitz der Familie befindet, stammt aus der Zeit kurz vor der Geburt. Sie offenbart die Vertrautheit ihrer Beziehung. »Lieber Matzel!«, schrieb Agnes Sabac el Cher am 1. Mai 1939 an den »Kapellmeister Herbert Sabac-el-Cher« nach Freiburg, »... jetzt bekom-

Herbert Sabac el Cher,
Ende der 1930er Jahre

men wir eben ein Maikätzchen. Ich trudle immer noch so rum und habe es doch, aber mit P. Mantel, auf 148 Pfd. gebracht. Es wird nun nicht mehr lange dauern, aber 8 Tage rechne ich doch noch. – Heute ist hier Hochbetrieb … alles singt und jodelt!! Sonst kann ich Dir ja nichts besonderes schreiben, erwarte morgen (Dienstag) bestimmt Post von Dir. Grüße alle Verwandte … recht herzlich, Dir aber einen langen Kuß von Deinem Frauchen«. Die erwartete Woche ließ der Sohn nicht mehr auf sich warten: Nur zwei Tage später, am Mittwoch, dem 3. Mai 1939, wurde der kleine Axel geboren – es sei jetzt ja auch »höchste Zeit«, befand Halbbruder Günther.[27] Die Taufe wurde am 9. Mai in der evangelischen Kirchgemeinde in Köln-Lindenthal begangen; Paten waren »Großmutter Neininger« sowie ein »Dr. Waldemar Pieper«.[28]

Dass die Verbindung zwischen den Brüdern nicht abbrach, davon zeugen auch die Glückwünsche der »beiden ›Kleenen‹ Horst und Liesbeth« vom 11. Mai zur Ankunft des »Söhnlein Gold«: »In der Hoffnung, daß vor allem Agnes alles gut überstanden hat (Herbert wird sich wohl ein paar Mollen zur Stärkung hinter die Binde gegossen haben – oder war es Sekt?), gratulieren wir aus freudigem Herzen und hoffen, so Gott will, Euch bald von Angesicht zu Angesicht zu sehen.« Das Bibelzitat aus der Apostelgeschichte »Glaube an den Herrn Jesus Christus …«, das den Brief beschließt, werden die Verwandten in Köln, denen religiöse Inbrunst fremd war, wohl nicht mit der gewünschten Ergriffenheit zur Kenntnis genommen haben.[29]

In der Familienchronik – von den NS-Behörden ausgehändigt, wies diese in einer, bestimmt nie gelesenen, Einführung auf die Bedeutung einer »Bewahrung, Pflege und fortwährende[n] Ausgestaltung der guten Erbteile« hin – notierte Mutter Agnes neben den obligatorischen Angaben zu Geburt und Taufe stolz allerlei kleine Bemerkungen über die Fortschritte ihres Jüngsten: »mit 10 Monaten, 10 Tagen laufen und 8 Zähne« oder »15 Monate, alle elektr. Schalter richtig bedient, Eisen, Radio, Licht, Staubsauger eingeschaltet, darum ›Stöppselmajor‹ genannt«. Nun, da Günther und Melitta schon so groß waren, machte ihr das Nesthäkchen ganz besondere Freude. Eine hinreißende Mutter sei sie gewesen, wird Axel später berichten, die vorlas und sang und eine Vielzahl märchenhafter Geschichten zu erzählen wusste. Doch wir greifen vor, denn da, wo Axels Erinnerung einsetzt, befand sich Deutschland schon mitten im Zweiten Weltkrieg.

Editha als Miss Mabel an der Seite von Karl Schönböck, neckisch »Schampi« genannt, in Oscar Wildes »Ein idealer Gatte« am Stadttheater Bonn, Winter 1936/37

Als flämisches Landmädchen in »Der Etappenhase«, einem »Lustspiel aus der Kriegszeit«, am Stadttheater Bonn, März 1937

Gleich am 10. Mai hatte zur Geburt des kleinen Cousins auch Editha gratuliert – augenzwinkernd, fröhlich, humorig, von den alltäglichen Feindseligkeiten, die auch ihr Umfeld betrafen, anscheinend wenig berührt. Die »allerherzlichsten Wünsche für das Gedeihen Eures Kindes« übermittelte sie im Namen der Horns – »(und dann ist es auch noch ein Junge!)«.[30]

Nicht eine Saison war sie bisher ohne Engagement geblieben: Im Winter 1935/36 hatte sie erneut am Rose-Theater gespielt, im folgenden Sommer noch einmal in Meiningen, 1936/37 dann am Stadttheater Bonn. Im Rheinland hatte es ihr augenscheinlich besonders gut gefallen: »Nä nä!! Wat et Net All giebt! = Bonner Stadttheater« schrieb sie als Motto über die Fotos aus dieser Zeit. Aus kleinen waren inzwischen »mittlere« Rollen geworden, und sie erhielt gute

Als Franziska in »Minna von Barnhelm« am Stadttheater Bonn, Februar/März 1937

Editha beim rheinischen Karneval, Februar 1937

Kritiken: »Unstreitig« habe sie inzwischen »an Bühnensicherheit gewonnen«, bescheinigte ihr der *General-Anzeiger* am 1. März 1937; »Editha Horn gelang es mühelos, das unbeschwerte, ihrer selbst gewisse, zu Singen und Tanzen aufgelegte Mädchen Marie in natürlich wirkenden Worten und Gesten in froher Lebendigkeit vor uns hinzustellen«, schrieb der *Westdeutsche Beobachter* am 10. März über ein Stück mit dem Titel »Etappenhase«, das damals Furore machte.

Sie spielte in Schwank und Lustspiel, in einem Weihnachtsmärchen

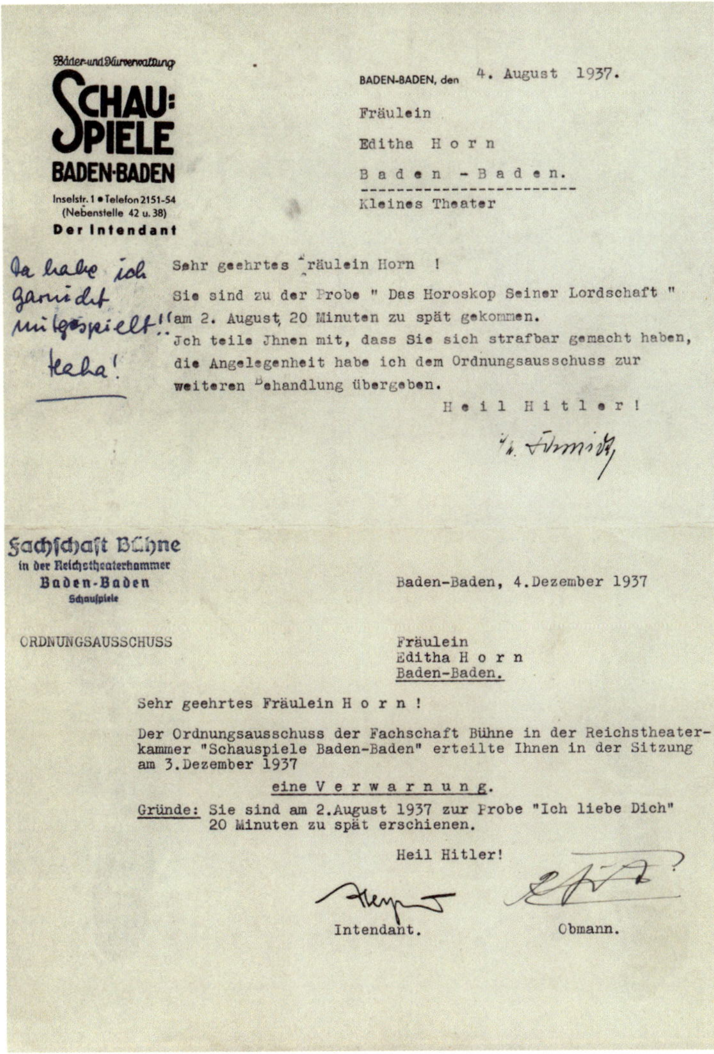

Bäder- und Kurverwaltung
SCHAUSPIELE
BADEN-BADEN
Inselstr. 1 • Telefon 2151-54
(Nebenstelle 42 u. 38)
Der Intendant

BADEN-BADEN, den 4. August 1937.

Fräulein
Editha H o r n
B a d e n - B a d e n.
Kleines Theater

Da habe ich garnicht mitgespielt!! haha!

Sehr geehrtes Fräulein Horn !

Sie sind zu der Probe " Das Horoskop Seiner Lordschaft " am 2. August, 20 Minuten zu spät gekommen.
Jch teile Jhnen mit, dass Sie sich strafbar gemacht haben, die Angelegenheit habe ich dem Ordnungsausschuss zur weiteren Behandlung übergeben.

H e i l H i t l e r !

Fachschaft Bühne
in der Reichstheaterkammer
Baden-Baden
Schauspiele

ORDNUNGSAUSSCHUSS

Baden-Baden, 4.Dezember 1937

Fräulein
Editha H o r n
Baden-Baden.

Sehr geehrtes Fräulein H o r n !

Der Ordnungsausschuss der Fachschaft Bühne in der Reichstheaterkammer "Schauspiele Baden-Baden" erteilte Ihnen in der Sitzung am 3.Dezember 1937

eine V e r w a r n u n g.

Gründe: Sie sind am 2.August 1937 zur Probe "Ich liebe Dich" 20 Minuten zu spät erschienen.

Heil Hitler!

Intendant. Obmann.

*Wiederholt wegen Verspätung verwarnt –
einmal zumindest zu Unrecht …*

für Kinder, aber mitunter standen auch Lessing, Schiller und Kleist auf dem Programm. Völlig unbefangen ging sie an diese Rollen heran – als man ihr die Kammerzofe im »Käthchen von Heilbronn« antrug, reagierte sie ratlos: »Rosalie? Die Rolle kenne ich nicht, Herr Intendant!«, notierte sie später mit einigem Schmunzeln unter ein Probenfoto. Das ernste Fach war in diesen Jahren weniger ihre Sache. Temperamentvoll sollte es sein, frech und vor allem schnell – dann fühlte sich die Berlinerin in ihrem Element, und die Bonner dankten es ihr: »Wer mit so rechten Zille-Farben einen Berliner Rangen zu zeichnen und darzustellen weiß wie Frl. Horn im vergangenen bunten Abend, der kann eben nur aus Berlin sein!«, hatte es in der *Mittelrheinischen Landeszeitung* schon kurz nach ihrer Ankunft geheißen. Nach ausgiebig gefeiertem Karneval war die Zeit in Bonn auch schon wieder vorbei: »Wie wir erfahren, ist Frl. Editha Horn als jugendliche Salondame an das Städtische Schauspielhaus in Baden-Baden verpflichtet worden«, meldete der *Westdeutsche Beobachter* am 13. Mai.

Ab 16. Juli 1937 stand sie dort unter Vertrag. Ihre Gage war deutlich gestiegen – nun verdiente sie 275 Mark, ganze hundert Mark mehr als am Rhein.[31] Sie arbeitete unermüdlich, ging hart mit sich ins Gericht und nahm sich auch kritische Stimmen zu Herzen: Ein »starker Spielwille, ein Drang, das Tempo mitzutun und selbst dazu beizutragen« müsse anerkannt werden, doch sei dies vielleicht »gerade die Ursache dafür, daß sie manchmal zu burschikos, zu sehr in die Situation hereinplatzend auftritt. … Arbeiten muß sie in erster Linie an ihrer Sprache, die in diesem Stück nicht zu sehr herausfiel, aber in Werken mit einer Fülle feiner Zwischentöne störender hervortreten könnte«, und auch an der »Flüssigkeit der Bewegung« hapere es noch.[32] Insgesamt aber nahm man sie auch hier mit großem Wohlwollen auf und attestierte der »routinierten Evastochter« eine »Begabung für falsche Töne, die im Theater besonders gut und richtig sitzen müssen«.[33]

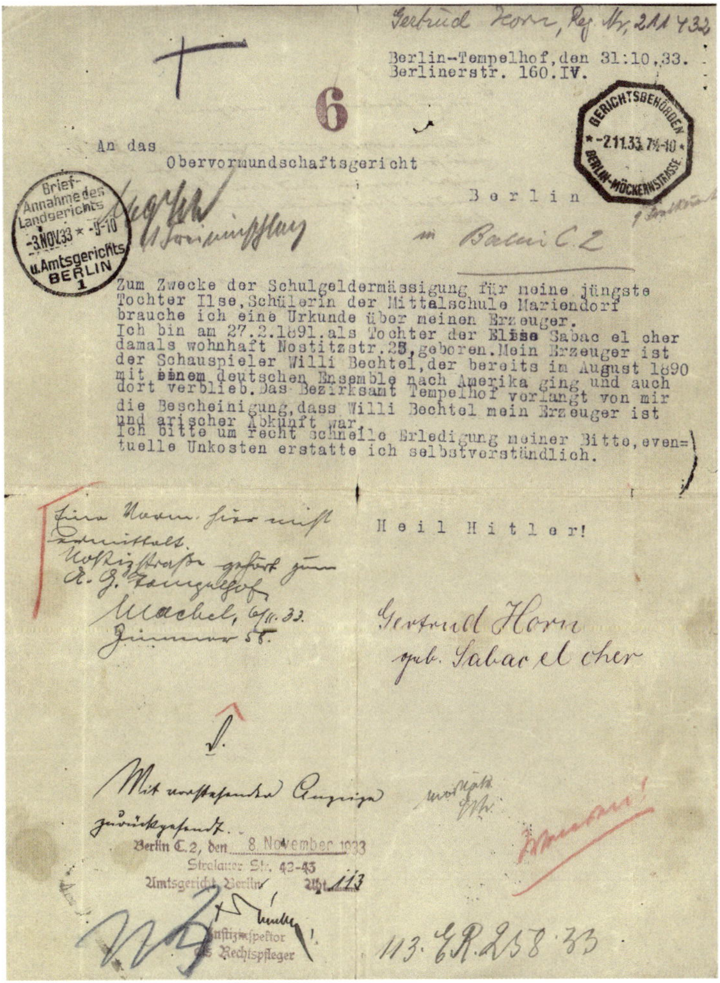

Gertrud Horn, Reg. Nr. 211432

Berlin-Tempelhof, den 31:10.33.
Berlinerstr. 160. IV.

6

GERICHTSBEHÖRDEN
-2.11.33. 7½-10
BERLIN-MÖCKERNSTRASSE

An das
Obervormundschaftsgericht
Berlin

in Berlin C. 2

Brief-Annahme des Landgerichts u. Amtsgerichts BERLIN 1
-3.NOV.33 - 9-10

Zum Zwecke der Schulgeldermässigung für meine jüngste Tochter Ilse, Schülerin der Mittelschule Mariendorf brauche ich eine Urkunde über meinen Erzeuger.
Ich bin am 27.2.1891. als Tochter der Elise Sabac el cher damals wohnhaft Nostitzstr. 25, geboren. Mein Erzeuger ist der Schauspieler Willi Bechtel, der bereits im August 1890 mit einem deutschen Ensemble nach Amerika ging und auch dort verblieb. Das Bezirksamt Tempelhof verlangt von mir die Bescheinigung, dass Willi Bechtel mein Erzeuger ist und arischer Abkunft war.
Ich bitte um recht schnelle Erledigung meiner Bitte, eventuelle Unkosten erstatte ich selbstverständlich.

Heil Hitler!

Gertrud Horn
geb. Sabac el cher

Berlin C. 2, den 8. November 1933
Stralauer Str. 42-43
Amtsgericht Berlin Abt. 113
Justizinspektor als Rechtspfleger

113. GR. 258. 33

Antrag Gertrud Horns auf Bescheinigung der »arischen Abstammung« ihres »Erzeugers« Willi Bechtel zwecks Schulgeldermäßigung für Tochter Ilse, 31. Oktober 1933

Doch sie vertrug das Klima nicht – erstaunlich für eine junge Frau von gerade einmal sechsundzwanzig Jahren, die keinesfalls wehleidig war. »Ich bin seit August wieder in Berlin«, heißt es weiter im bereits zitierten Brief zu Axels Geburt. »Wurde in Baden-Baden durch die feuchte Hitze am Herzen so klapperig, daß ich ein zweites Jahr ausschlagen mußte. Ich habe dann noch bis Weihnachten herumgekrebst und konnte erst ab Januar wieder richtig der Arbeit ›nachjagen‹.« Da sie nach Baden-Baden kein »anderes Provinzengagement« habe finden können, sei sie nun am Berliner Staatstheater gelandet. Und maulte, inzwischen verwöhnt, über unbedeutende Rollen: »Nicht ausgesprochen befriedigend, nach dem ich in B-B. 15 große Rollen gespielt habe. Ua. Nur nicht den Mut verlieren! Eines Tages werden ja auch wieder Norddeutsche gefragt sein (und nicht nur Wiener) und dann trete ich wieder an …« Dass sie mit dreiundzwanzig Jahren einmal eine »50-jährige, behäbige Wienerin« hatte spielen müssen, hatte sie nicht vergessen.[34] »Von uns«, heißt es dann noch, »ist nichts Besonderes zu sagen. Ilse ist … mit ihrem Beruf sehr zufrieden. Sie ist ein niedliches Wurm geworden und weint nur über ihre ›Kleine‹ (s. Größe).«

Ob die Schwester wirklich »zufrieden« war und über nichts anderes »weinte«? »Das Wurm« – Ilse ärgerte sich noch nach Jahrzehnten über diese Bezeichnung – sah das reichlich anders. Die Sorglosigkeit, mit der Editha durchs Leben ging, das sie in vollen Zügen genoss, und dies, nach dem, was wir wissen, die ganze Kriegszeit hindurch, war ihr nicht gegeben. Vorzeitig hatte sie, nach eigener Auskunft zumindest, die Schule verlassen müssen. Im Jahre 1936 war ihre schulische Laufbahn mit der mittleren Reife beendet. Ihre Zeugnisse zeigen: Schlechte Noten hatte sie nicht, und ausnahmslos wurden ihr »reger Eifer« und »gutes Verständnis« gelobt.[35] Ob man ihr die Möglichkeit des Abiturs am Ende wirklich verwehrte, ist nicht zu belegen; Tatsache ist, dass ihr die Pöbeleien, die man ihr auf der Straße nachrief, bald schwer zu schaffen machten. Bei aller Schüchternheit im Grunde ein fröhliches Naturell, war sie dem verbreiteten Rassenwahn, der so viele zur Zielscheibe machte, die man für »fremdartig« hielt, immer weniger gewachsen – vielleicht auch oder gerade, weil dies in besonderem Maße die geliebte Mutter betraf.

Hochsensibel, alles andere als robust, beobachtete Ilse das, was um sie herum geschah, mit der Zeit immer genauer und entwickelte einen geradezu physischen Abscheu gegen das »völkische« Geschrei, die Massenaufmärsche und die Hasspropaganda, die sie bis in den Schlaf verfolgte. Sie fand keinen Weg, sich abzuschotten, sich ein dickeres Fell zuzulegen, die alltäglichen Angriffe zumindest insofern auszublenden, als sie nicht ihr direktes Umfeld betrafen. Wie sie die Reichspogromnacht erlebte, wie das Verschwinden jüdischer Freunde, darüber sprach sie nie, doch ist zu erahnen, wie sehr ihr die Barbarisierung des Alltags zugesetzt haben wird. Sie aß nicht mehr, verlor an Gewicht, litt zunehmend an Depressionen und ließ nur an sich heran, wem sie unbedingt vertraute.

Nach Kriegsende sollte sie in einem Lebenslauf für eine Bewerbung schreiben: »Mein einer Urgrossvater war Araber. Aus diesem Grunde habe ich ein etwas exotisches Aussehen, was den Nazis Veranlassung gab, mich sehr zu schikanieren. Nicht nur beim Einholen auf der Strasse wurde ich angepöbelt, sondern auch behördlicherseits. Das Rassenpolitische Amt belästigte mich und meine Familie dauernd, der dort amtierende Dr. Wetzel erklärte u. a., nach dem siegreichen Kriegsende müssten wir nach dem Kaukasus auswandern, um nicht das Straßenbild durch unser dunkles Aussehen zu verschandeln.« Das Diktum von »Schwarzen« als »kaukasischer Rasse« war damals weit verbreitet. Um welches Amt genau es sich handelte, was man dort von ihr wollte, ob die Vorladung noch in der Schulzeit erfolgte oder wegen einer geplanten Verlobung, ist nicht mehr nachvollziehbar. Doch die Erinnerung an die Schikane peinigte Ilse ein Leben lang.

Kurze Momente des Glücks – Ilse Horn während eines Kuraufenthalts an der Ostsee, Sommer 1940

Nach der mittleren Reife hatte sie zunächst eine Haushaltsschule besucht, dann wurde sie Stenotypistin.[36] Dauernd kränklich, schnell überreizt, fiel sie an ihrem Arbeitsplatz schon frühzeitig immer wieder aus. Bereits für das Jahr 1940 ist ein Kuraufenthalt im Ostseebad Kolberg belegt, weitere sollten folgen. Die Fotos, die hier entstanden, zeigen freilich auch eine andere Ilse: fröhlich, ausgelassen, voller Lebensfreude – und unübersehbar umschwärmt. Offenkundig wurde sie von den überwiegend jungen Leuten, die sich ebenfalls hier erholten, sehr freundlich aufgenommen, sie traf Gleichgesinnte, so dass die Sorgen in Berlin, wenigstens für eine Zeit lang, in den Hintergrund rücken konnten, trotz Hakenkreuzfahnen, trotz Parteiabzeichen, die an der Ostsee sicher ebenfalls allgegenwärtig waren.

Auch Ilse fotografierte und klebte die Bilder sorgfältig in Alben. Doch was bei Editha als fröhliches, selbstbewusstes Dokument einer

Erfolgsgeschichte im Eiltempo daherkommt, wirkt bei ihr wohlüberlegt, als kleines, liebevoll kompiliertes Abbild einer »normalen« Jugend – oder einer Idee davon –, so als hätte sie sagen wollen: »Das macht ihr mir nicht kaputt!« »Vier schöne Wochen« ist ein Fotoalbum betitelt, das in dieser Zeit entstand, und es enthält eine Vielzahl von scheinbar unbeschwerten Ferienbildern mit manch launigem Untertitel. Da ist Ilse – niemals allein – bei der »Liegekur« zu sehen, beim »Pingpong«, »vor dem Haus« oder »auf dem Posiersteg«, und auch das Feiern schien nicht zu kurz zu kommen: »Alkohol für kleine Mädchen ist niemals gut – nur gegen Weltschmerz« steht unter einem Foto, das sie, leicht übernächtigt, in größerem Kreise festhält. »Das glückliche Kleeblatt« zeigt sie fröhlich lachend mit drei jungen Männern. Es war, so ist anzunehmen, wie schon in ihrer Kindheit: Fühlte sie sich aufgehoben, fiel jede Scheu von ihr ab. Dass Ilse ihre Fotoalben als Gegenwelt inszenierte, dafür spricht die kleine Sammlung von Anfang der vierziger Jahre mit dem Titel »Meine Verehrer!«. Eine beeindruckende Zahl von jungen Herren ist da – oft scherzhaft von ihr kommentiert oder mit einer Widmung des Porträtierten versehen – im Bild festgehalten, fast alle, das fällt ins Auge, mit blondem Haar, fast alle in Uniform. Da wird die Erfahrung, dass ihr eine Ehe aus »rassischen Gründen« verwehrt blieb, nur um so schmerzlicher gewesen sein. Der Verlobte war wohl Offizier, seine Vorgesetzten verweigerten die »Ehegenehmigung«.[37] Noch während des Krieges hatte Ilse, so erinnerte sich ihre Schulfreundin Traute Barm, einen schweren Zusammenbruch, vermutlich im Zusammenhang mit der geplatzten Hochzeit.

Ihre Schwester Editha hingegen ging – wenn auch nur für kurze Zeit – eine Ehe ein. Dass sie damit nicht in einen sicheren Hafen einlief, sollte sich allzu bald zeigen, doch ob das überhaupt beabsichtigt war, wusste nur sie allein. »1939/41 Gastspiele an verschiedenen Bühnen« steht in ihrem sonst so akribisch gelisteten Lebenslauf. Am Staatstheater Berlin, das hörten wir, wollte es ihr nicht gefallen. Danach ist ein kurzes Intermezzo an der Pommerschen Landesbühne in Stettin belegt, den Fotos nach zu urteilen einer Art Wandertheater. Ob ihr das – im August 1939! – so geheuer war? »Editha fliege! Dein Vater ist im Kriege. Dein Theater liegt im Pommernland, da ist das Spielen oft riskant …«, dichtete sie unter die Bilder. Am 26. Februar 1940 heiratete sie in Stettin den ein Jahr älteren Kollegen Helmut Ernst Wachtel, mit dem sie zu jener Zeit, so zeigt ihr Fotoalbum, zwischen Wien, Brandenburg und Stettin durch die Lande tingelte – ein recht spontaner Entschluss, wie es scheint. Wie die Eltern das aufnahmen, ob sie überhaupt davon wussten, ist nicht mehr nachzuvollziehen. Nur ein einziges Foto von ihm ist erhalten, erwähnt wird er nirgends auch nur mit einem Wort, weder lobend noch tadelnd, schon gar nicht neckisch-schwärmerisch wie so manch anderer Kollege. Eine Marginalie auf dem Papier, eine Marginalie offenbar auch im Leben. Ob er an die Front ging oder einfach nur seiner Wege, wissen wir nicht. Belegt ist nur, dass die Ehe am 6. Mai 1942 in Berlin rechtskräftig geschieden wurde.[38] Erst sehr viel später wurde im Familienbuch der Horns in zittriger Handschrift mit Kugelschreiber notiert: »+ gefallen 1941 in Afrika«. Da spielte Editha längst – wieder ordnungsgemäß angestellt – am Wiesbadener Residenztheater.

Im Herbst nach Ilses Kuraufenthalt traf die Familie ein schwerer Schlag: Am 3. Oktober starb Karl-Egon Horn unerwartet im Alter von nur sechzig Jahren. Mit seinem Tod verloren sie nicht nur den geliebten Ehemann und Vater, sondern auch einen starken Beschützer in dieser Zeit großer Belastung. Dass es mit Gertruds Gesundheit nicht zum Besten stand – sie litt an einem schweren Diabetes –, zeigt der erwähnte Brief der Tochter zu Axels Geburt: »Da meine Mutter wieder wegen Zuckers seit Wochen im Krankenhaus liegt«, hatte Editha »als stellvertretender weiblicher Familienvorstand« die Sendung der Glückwünsche übernommen. Persönliche Zeugnisse oder Briefe von Gertrud oder Elise sind nicht erhalten, aufschlussreich im

Hinblick auf den psychischen Druck, der auch auf Gertrud lastete, ist aber ein behördliches Dokument, das sich im Nachlass der Töchter fand. Nach dem Krieg sollte sie als »Opfer der nationalsozialistischen Verfolgung« am 6. September 1954 einen Antrag auf Entschädigung »wegen Schäden an Körper und Gesundheit« stellen, die sie, wie aus dem Schreiben hervorgeht, »auf die gegen sie gerichteten Verfolgungsmassnahmen zurückführt«. Der Forderung würde stattgegeben werden, denn nach ärztlichem Gutachten hatte sie »in ursächlichem Zusammenhang« mit der Verfolgung durch den NS-Staat – nicht mit der »Zuckerkrankheit«, wie ausdrücklich betont wird – dauerhaft an schweren Herzproblemen und Bluthochdruck zu leiden, was ihr eine Erwerbstätigkeit schon im Krieg weitgehend unmöglich machte.[39] Und diese wäre nach dem Tod Karl-Egons dringend vonnöten gewesen.

Das »Heil Hitler« auf der »Angestellten-Versicherungskarte« ihres verstorbenen Mannes, die sie postwendend per Einschreiben am 4. (!) Oktober von der Reichsbank zurückerhielt,[40] muss ihr wie blanker Hohn erschienen sein, denn eine Rente bekam sie nicht.

Zur Bestattung kamen auch Horst und Liesbeth Sabac el Cher aus Senzig. Es war einer der letzten Besuche bei den Berliner Verwandten: Bereits im April oder Anfang Mai 1940 hatte Horst seinen Gestellungsbefehl zur Wehrmacht erhalten.[41] Nach der Grundausbildung an der Waffe und der Schulung zum Sanitäter war er nun erst einmal wieder zu Hause. Ob Herbert aus dem fernen Köln anreiste, ist nicht bekannt. Es war ein unendlich trauriges, stilles Beisammensein der verbliebenen Familienmitglieder, bei dem sich die meisten wohl angstvoll fragten, wie es nun weitergehen sollte. Während Horst, das wusste Ilse noch am Ende ihres Lebens, für die Trauernden die »Pathétique« von Beethoven spielte,[42] flogen an jenem Abend die Briten erste schwere Luftangriffe auf Berlin. In besonders beklemmender Weise wurde den Versammelten deutlich, dass der Zweite Weltkrieg deutsche Städte keineswegs verschonen würde.

Dass Horst als »wehrwürdig« eingestuft wurde, war trotz aller Hetze nicht verwunderlich – nach dem »Rassenschema« der Nürnberger Gesetze beurteilt, hätte er als »Mischling zweiten Grades« gegolten, und damit wäre ihm theoretisch sogar »ausnahmsweise« ein Aufstieg im Rang möglich gewesen. Mit zweiunddreißig Jahren unterlag er der uneingeschränkten Wehrpflicht.[43] Herbert, bei Kriegsausbruch schon sechsunddreißig, wurde aller Wahrscheinlichkeit nach erst einmal zurückgestellt. Ob ihnen bewusst war, dass Vater Gustav, der verdiente Soldat der kaiserlichen Armee, aufgrund seiner Hautfarbe den »rassischen« Kriterien der Nationalsozialisten wohl nicht genügt hätte? »Die heutigen Gesetze verbieten die Einstellung Fremdblütiger in das deutsche Heer, aber auch früher schon erhob das Rassebewußtsein Widerspruch«, hatte die *Zeitschrift für Heeres- und Uniformkunde* bereits 1936 getönt und sich dabei mit spürbarer Genugtuung auf einen Artikel der *Deutschen Tageszeitung* aus dem Jahre 1909 berufen: »Die allgemeine Wehrpflicht ist eine Ehrenpflicht des deutschen Staatsbürgers; man sollte daher jeden Farbigen vom Heeresdienst in Deutschland befreien oder in die Schutztruppe stecken. Die Einstellung eines schmutzigen Niggers in die Armee ist nicht nur im höchsten Grade bedauerlich und bedenklich, sondern sogar skandalös.«[44] Gustavs Söhne indes waren den Nationalsozialisten offenbar »deutsch« genug, um für Führer, Volk und Vaterland zu kämpfen – und Horst selbst, trotz manch unschöner Erfahrung, wohl preußisch genug, um dies ohne tieferen Zweifel zu tun.

Bei seiner Einberufung war der Krieg schon im vollen Gange: Den polnischen Nachbarn hatten die Deutschen im September 1939 innerhalb weniger Wochen buchstäblich überrannt. Die brutalen, ja sadistischen Ausschreitungen, vor allem gegen jüdische Zivilisten, die Verschleppungen und Morde im Zuge des deutschen Vormarschs waren in der Berichterstattung kein Thema. Für sie reihte sich nur Sieg an Sieg: Auf den Einmarsch in Norwegen und Dänemark folgte im Mai 1940 die Besetzung von Belgien, Luxemburg und den Nie-

Horst Sabac el Cher als Wehrmachtssoldat mit Ehefrau Liesbeth auf der Terrasse in Senzig, Sommer 1940

derlanden. Am 22. Juni kapitulierte die französische Regierung. Im Juli begann die »Luftschlacht um England«, die sich trotz schwerer Verluste bis ins folgende Frühjahr hinzog. Die Vorbereitungen für den »Vernichtungsfeldzug« gegen die Sowjetunion liefen auf Hochtouren, da sah sich die deutsche Führung gezwungen, dem in Bedrängnis geratenen italienischen Bündnispartner auf dem Balkan gegen die britischen Truppen zu Hilfe zu kommen. Schwieriger als die bis zum 17. April 1941 abgeschlossene Besetzung von Jugoslawien erwiesen sich für die Wehrmacht die Kämpfe in Griechenland, die am 6. April 1941 mit heftigen Bombardierungen der stark befestigten Metaxas-Linie im Norden des Landes begannen. Hier kam auch Horst erstmals zum Einsatz:

Als Stabssoldat des Artillerieregiments 150 der 12. Armee, die von Bulgarien aus über die Rhodopen angriff, marschierte er bis Alexandropolis nahe der türkischen Grenze. Ein passionierter Soldat war er sicher nicht, aber, ähnlich wie Gustav und aufgewachsen mit den Idealen der Kaiserzeit, hat er die Pflicht, seinem Land – trotz allem! – zu dienen, vermutlich kaum hinterfragt. Fußmärsche, das sollte er – nicht zu seiner Freude – bald begreifen, standen ihm noch viele bevor: »Von der Bergsteigerei habe ich reichlich die Nase voll, das kannst du wohl glauben«, wird er anderthalb Jahre später an Ehefrau Liesbeth schreiben. »... Zweimal den Balkan, zweimal das Rhodopegebirge, -zig mal das Jailagebirge und nun wieder so eine Globuserhöhung vor uns, nee, ich verzichte darauf, außer unserm Senziger Berg meine Lackstiefelchen nach oben zu richten.«[45] Nach der Einnahme von Saloniki am 9. April wurde seine Einheit zum Küstenschutz am Ägäischen Meer eingeteilt.[46] Als am 21. April sechzehn griechische Divisionen an der Grenze zu Albanien vor der 12. Armee kapitulierten, brach der Widerstand der Griechen zusammen.

Mit griechischen wurden auch britische Soldaten gefangen genommen und unter katastrophalen Bedingungen interniert. Schwarze Kriegsgefangene, die separiert von den übrigen Kameraden untergebracht waren, hatten, der zeitgenössischen Ideologie von »der primitiven Rasse« entsprechend, besonders unter den Deutschen zu leiden. Denn der Traum vom »Mittelafrikanischen Reich« war mit Fortschreiten des Krieges ausgeträumt, die »Schonzeit« der Schwarzen als potentieller Mittler abgelaufen. Längst schürte man wieder die Angst vor den schwarzen »Bestien«, die der Gegner auf Deutsche »loslasse«, und der Einsatz »Farbiger« in den Truppen der Alliierten bot einen willkommenen Anlass, die Mär von der »schwarzen Schmach«

Truppen der Wehrmacht im Südkaukasus, Winter 1942/43

wiederaufleben zu lassen. Auch unter den Militärs verfehlte die Propaganda nicht ihre Wirkung, denn viele, so berichteten überlebende Opfer, gingen – besonders in Frankreich – mit aller Brutalität gegen sie vor: Misshandlungen, Folter und Nahrungsentzug, Verstümmelungen und Massenexekutionen gehörten zum Lageralltag. Mancherorts führte man sogar medizinische Experimente an ihnen durch. Nur wenige sollten die Gefangenschaft überleben.[47] Ob Horst dergleichen zu Ohren kam? Sein Regiment wurde im Mai über Bulgarien nach Rumänien verlegt.

In der Nacht zum 22. Juni 1941 überfiel das Deutsche Reich auf breiter Front zwischen der Ostsee und den Karpaten die Sowjetunion. Für den von Hitler bereits für Mai geplanten Feldzug, der unter dem Tarnnamen »Unternehmen Barbarossa« geführt wurde, standen der Wehrmacht 153 Divisionen in drei Heeresgruppen mit knapp über drei Millionen Soldaten zur Verfügung. Dass hier ein »Vernichtungskrieg« gegen die Bevölkerung stattfand – auch Slawen wurden als »Untermenschen« betrachtet –, drang durchaus bis in die Heimat; schließlich ging es auch um die Eroberung neuen »Lebensraums«. Gegen den ausdrücklichen Rat eines Teils der Generalität suchte Hitler den, wie er meinte, »tödlichen Stoß« gegen die Rote Armee auf den Flügeln auszuführen. Während die Heeresgruppe Süd in Richtung Krim vorstieß, um das Erz- und Industrierevier im Donezbecken sowie die kaukasischen Erdölgebiete in deutsche Hände zu bringen, begann die Heeresgruppe Nord mit der Eroberung der Ostseebasen und der Belagerung von Leningrad, die unter unvorstellbarem Leid und Verlusten in der Bevölkerung neunhundert Tage lang währte; fast eine Million Einwohner würden ihr schließlich zum Opfer fallen. Als Hitler für den 2. Oktober den Angriff auf Moskau befahl, glaubte man im »Reich« den Feldzug schon gewonnen. Für die angesichts der eisigen Temperaturen von bis zu minus fünfunddreißig Grad völlig unzureichend ausgerüsteten deutschen Soldaten endete die Winterschlacht gleichwohl in einer Katastrophe. Geschütze und Panzer froren ein, die Versorgung aus der Luft blieb aus, die Zahl der Toten und Verwundeten ging in die Hunderttausende und die Offensive kam völlig zum Stillstand.

Horst war als Sanitätsunteroffizier dem 4. Artillerieregiment 150 der Heeresgruppe Süd zugeteilt. Auf die Kesselschlacht bei Charkow folgte die große Sommeroffensive zu den kaukasischen Ölfeldern. Nachdem Hitler Anfang September 1942 bereits in der Vorstellung schwelgte, zum Kaspischen Meer vorstoßen zu können, kam der zu weit auseinandergezogene Vorstoß zum Stehen; die Rote Armee gewann allmählich die Oberhand. Der Rückzug der Wehrmacht begann erst im November 1942, als aufgrund einer sowjetischen Großoffensive am Don die Gefahr bestand, von den rückwärtigen Verbindungen abgeschnitten zu werden.[48] Horst Sabac el Cher befand sich mit seinem Regiment zu diesem Zeitpunkt bei Mosdok im Kaukasus.

Nur drei Schriftstücke sind aus dieser Zeit von ihm erhalten, Feldpostbriefe, die er innerhalb von nur wenigen Tagen in jenem Dezember verfasste. Sie alle sind an Liesbeth gerichtet. Es ist anzunehmen, dass er sehr viel häufiger schrieb. Wie es ihm, dem musikalischen Feingeist, im Kriegsgeschehen erging, wie er mit dem tagtäglichen Sterben, als Sanitäter zumal, zurechtkam, darüber brachte er – allein schon wegen der Zensur – nichts zu Papier. Wie so viele versuchte er, Zuversicht und Gelassenheit zu vermitteln, seiner Frau das Gefühl zu geben, alles sei nur halb so schlimm. Und doch lassen die Briefe einige Rückschlüsse zu über sein Innenleben, über seine Sehnsucht nach Nähe, Frieden und Normalität, über sein Bedauern angesichts früherer Fehler. Das Schreiben wird ihm auch Katharsis gewesen sein.

Anlässlich ihres elften Hochzeitstages am 19. Dezember 1942 ließ er die gemeinsam verbrachten Jahre Revue passieren. Die Warnung seiner Mutter vor den kritischen dritten, siebenten und elften Ehejahren hatte sich bewahrheitet. »Wir waren so mit unserem Lebensglück beschäftigt, das heißt jeder mit seinem eigenen, daß wir die Mahnung von Ma in den Wind schlugen. ... Wenn dann auch wieder häusliche Ruhe eintrat, im siebenten Jahr begann der Kampf von neuem und endete – mit dem Eingreifen des Vaters, dem wir mit unseren Sünden Sorge bereitet haben. ... So hätte unsere Ehe elendig Schiffbruch erlitten, wenn Er uns nicht gerufen hätte. ... Darum herzlichen Glückwunsch zum Hochzeitstag, daß wir die Ehe im Bunde mit unserem Heiland schloßen, herzliches Beileid Dir, daß Du dazu berufen warst, mit solch einem unruhigen Geist wie mir Deine Lebensjahre zu verbringen.« Nach allen Krisen, die sie gemeinsam durchstanden und an denen die Ehe zeitweilig fast zerbrach, wird hier eine tiefe Verbundenheit zwischen beiden offenbar.

Voller Sorge hatte Liesbeth ihren Mann wiederholt gefragt, wie er

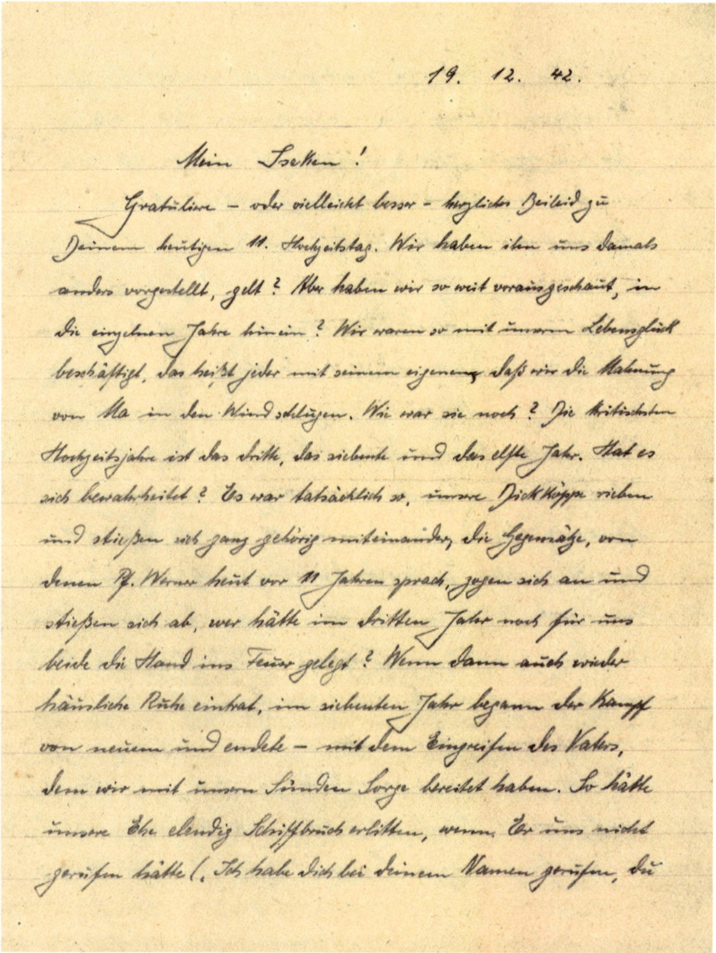

19. 12. 42.

Mein Isetken!

Gratuliere – oder vielleicht besser – herzliches Beileid zu Deinem heutigen 11. Hochzeitstag. Wir haben ihn uns damals anders vorgestellt, gelt? Aber haben wir so weit vorausgeschaut, in die einzelnen Jahre hinein? Wir waren so mit unserem Lebensglück beschäftigt, das heißt jeder mit seinem eigenen, daß wir die Mahnung von Ma in den Wind schlugen. Wie war sie noch? Die kritischsten Hochzeitsjahre ist das dritte, das siebente und das elfte Jahr. Hat es sich bewahrheitet? Es war tatsächlich so, unsere Dickköpfe rieben und stießen sich ganz gehörig miteinander, die Gegensätze, von denen Pf. Werner heut vor 11 Jahren sprach, zogen sich an und stießen sich ab, wer hätte im dritten Jahr noch für uns beide die Hand ins Feuer gelegt? Wenn dann auch wieder häusliche Ruhe eintrat, im siebenten Jahr begann der Kampf von neuem und endete – mit dem Eingreifen des Vaters, dem wir mit unseren Sünden Sorge bereitet haben. So hätte unsere Ehe elendig Schiffbruch erlitten, wenn Er uns nicht gerufen hätte (. Ich habe Dich bei deinem Namen gerufen, du

Eines der letzten Lebenszeichen: Feldpostbrief von Horst an Liesbeth Sabac el Cher vom 19. Dezember 1942

mit dem Erlebten zurechtkomme, und immer wieder wird deutlich, dass er seine Kraft vor allem aus dem Glauben bezog: »Du wunderst Dich, wie ich das alles aushalte, und schiebst es auf das ›Muß‹. Nein, mein Isel, das ›Muß‹ ist nur … ein hartes Wort und Auflehnung gegen Gottes heiligen Willen. ›Er führet mich auf rechter Straße‹ – wie kann ich da schlappmachen?« Nur einmal spielt er, in einem Nebensatz, auf die geistige Leere an: »Es ist so, daß man an der Front richtig verblödet.« Ansonsten überspielt er Mangel und Überdruss, (Kriegs-)Müdigkeit und Furcht zumeist mit Galgenhumor: »Wie ich nun meinen 11. [Hochzeitstag] verbracht habe, will ich dir auch schreiben. Es war bald so wie damals, nur in meinem Kreis.« Nämlich mitten im Krieg an der Front: »Für das Poltern und den Lärm sorgten die russischen Granaten, ein Sturmangriff unserer Infanterie und die dazugehörige Artillerievorbereitung sorgte für die Musik. Des Morgens gab es Kekse aus dem Hochzeitspaket, auch mußte der Friseur mich ein wenig hübschen, indem er mir die Wolle von über einem Monat vom Kopf schnitt, dann gab es das feudale Mittagessen, allerdings nur ein Gang und zwar Graupen. Dafür ist auch Krieg. Der Nachmittag brachte besondere Stimmung, indem Marketenderwaren verteilt wurden, für zwei Mann eine Flasche Schnaps, an die 70 bis 80 Zigaretten, einen Streifen Schokolade und dergleichen Sachen. … Zum Nachmittagskaffee wurde der Morgenkaffee angewärmt und dazu einige Kekse. Auch für Unterhaltung sorgten unsere Mäuse, die in Massen einen Sturm auf oder in unserem Loch inszenierten, und mein Kamerad und ich ein Pistolenschießen veranstalteten. Wenn ich richtig gezählt habe, blieben acht Mäuse im Feuer liegen, eine stattliche Summe innerhalb einer halben Stunde. … Für Beleuchtung ist zur Feier des Tages neben unserer Ölfunzel noch eine Kerze angesteckt worden, sonst würde ich diesen Brief kaum schreiben können. Aber das sind nur Äußerlichkeiten. Du meinst, die Hauptsache fehlt: Du! Nein, dafür sorgt Dein Bild ›Gute Nacht Liebling‹. … Und nun schreibst du mir, wie du unseren Tag verlebtest. …

schlaf gut und träum von mir. Es grüßt und küßt Dich in elfjähriger Liebe …«

Nur drei Tage später, am 22. Dezember, bedankte sich Horst für Post von seiner Frau aus Senzig, eine Karte von seinem Bruder Herbert und ein Paket von seiner Schwiegermutter. Spürbar ungehalten schilderte er seine Schwierigkeiten, das Christfest mit einer Lesung aus dem Evangelium und Weihnachtsliedern auszurichten. Der stellvertretende Kompaniechef hatte beschlossen, nur ein Kirchenlied zuzulassen und den Hauptteil der Feier mit Soldatenliedern zu bestreiten. »Also kein Wort über Christus, kein Lied vom Heiland, Du kannst Dir vorstellen, daß mir alle Felle wegschwammen. Aber eben fiel mir ein, wenn um 5 Uhr die offizielle Feier ist, dann mache ich eben in meinem Bunker um 4 Uhr eine Christfeier. Unser Heiland wird da alle Schwierigkeiten aus dem Weg räumen, daß diese Stunde eine ungestörte sein wird, eine Christandacht wird auf alle Fälle gehalten und wenn nur mein Kamerad dabei ist.« Dem Horst, da jener kein Weihnachtspäckchen von zu Hause erhalten hatte, »einen bunten Teller zurecht« machte.

Sehr nachdenkliche Töne beschließen diese Zeilen: »Es sieht jeder in Senzig auf Dich, wie erträgst *Du* Gottes Hand, wie nimmst *Du* seine Prüfung an! Noch ist er leicht in seinen Fragen, noch findest Du Halt und Verstehen in mir, aber die Prüfungen bleiben nicht so leicht. Er nimmt mich von Dir fort und fragt Dich dann: Liebst Du mich noch? … Das Bild Sehnsucht ist von wunderbar zarten Farben gezeichnet und drückt zugleich Hoffnung und Verzagen aus …« In welch naher Zukunft diese »Prüfung« für Liesbeth tiefstes Leid bedeuten würde, vielleicht ahnte er es in diesem Moment.

In seinem letzten Brief, vom 26. Dezember, schilderte Horst den Weihnachtstag, der »gleich mit Empörung meinerseits« begonnen hatte. »Der Russe, der in unsere Linien eingebrochen war, sollte zurückgeworfen werden.« Es war also ein Angriff geplant. Statt den nun ausgerechnet auf den Heiligen Abend zu legen, hätte man, so habe er

Horst in glücklichen Zeiten: spontane Tour im Bademantel, Anfang der 1930er Jahre

laut und deutlich kundgetan, doch auch gut und gerne noch zwei Tage warten können. Vergeblich: Trotz »dicken Nebels« – »da habt ihr es, sogar der Herr im Himmel ist dagegen. Er läßt nicht 10 Meter weit sehen« – wurden sie morgens um halb fünf geweckt, und nach einer Stunde war alles vorbereitet. »Um 6 Uhr stürmte die Infanterie mit Hurra, der Nebel war mit einem Schlage fort, der Russe so verblüfft, daß er sein Heil in der Flucht oder Gefangenschaft suchte. In wenigen Stunden war das Gelände bereinigt und die Freude groß.« Die ersehnte Andacht kam schließlich doch noch zustande. »Meine Freude darüber war groß.« Berührend das kleine, private Weihnachten an der Front, das Horst still inszenierte: »Ich machte rasch unser kleines Fenstersims zurecht, ich hatte noch vom vorigen Jahr einige Sterne und ein Transparent von einem spielenden Engel, dazu das Transparent von der Geburt Christi, aus Müttlingen Tannengrün und Lichte dahinter gestellt, so konnte ich in meinem Bunker um 3 Uhr die Weihnachtsandacht halten.« Es folgte der offizielle Teil, soldatisch-zackig und nicht ohne Absurdität: »… um 4 Uhr stieg das große Beisammensein mit einer Ansprache des Oberleutnants über ›Deutschland und seine Größe‹. Danach Siegheil auf unseren Führer, anschließend Geschenkeverteilung ohne Weihnachtsmann, da derselbe von einem Sonderauftrag noch nicht zurück war. Ich bekam eine kleine Briefmappe mit diesem Papier, eine Soldbuchtasche, Zahnpasta und Fußpuder.« Immerhin, im Jahr zuvor war derlei nicht möglich gewesen: »Wir aber alle waren froh, daß wir dieses Weihnachtsfest im Bunker feiern durften im Gegensatz zum Vorjahr. Das dürft Ihr alle gewiß sein, dass jeder an die Heimat dachte und mit seinem Haus aufs engste verbunden war. … Ich hoffe, daß Du auch fein gefeiert hast, nicht in der Trübsal, sondern allezeit fröhlich. In dieser Hoffnung grüßt und küßt Dich herzlich Dein lustig piependes Mätzchen. Herzliche Grüße an alle Lieben.«

Nach diesem Brief, abgestempelt am 6. Januar 1943 in Berlin-Charlottenburg, blieb Liesbeth wochenlang mit wachsender Angst ohne Lebenszeichen von Horst. Die Situation »im Osten« wurde zunehmend aussichtslos, Anfang Februar endete mit der Kapitulation der 6. Armee die Schlacht um Stalingrad, nahezu 60 000 deutsche Soldaten waren erfroren, verhungert oder bei den Kämpfen gefallen, 100 000 kamen in Kriegsgefangenschaft und nur sechstausend kehrten später nach Deutschland zurück. Allen Durchhalteparolen zum Trotz bedeutete dies für Hitlerdeutschland die militärische und psychologische Wende im Krieg, da konnte Propagandaminister Goebbels am 18. Februar sein handverlesenes Publikum im Berliner Sportpalast noch so sehr auf den »totalen Krieg« einschwören, »wenn nötig, totaler und radikaler als wir ihn uns heute überhaupt erst vorstellen können«. Etwa um die gleiche Zeit dürfte Liesbeth die niederschmetternde Nachricht von der Dienststelle ihres Mannes erhalten haben, datiert auf den 7. Februar. »Hiermit erfülle ich die schwere

Pflicht, Ihnen mitzuteilen, daß seit dem 7. 1. 43 im Anschluß an eine Gefechtshandlung bei Uruchskaja, nordostwärts [der Stadt] Georgiewsk (Nordkaukasus), Ihr Mann, der San. Uffz. Horst Sabac el Cher, vermißt wird.« Zuletzt habe er »in einem Hause« mehrere schwerverletzte Kameraden versorgt. »Es ist mit großer Sicherheit damit zu rechnen, daß Ihr Mann in feindliche Hände gefallen ist.«[49] Näheres hörte sie nicht. Es begann eine lange Zeit des Hoffens, des Bangens und der Verzweiflung; noch jahrelang sollte Liesbeth auf die Heimkehr ihres Mannes warten. Am Ende jedoch vergeblich.

Ironie des Schicksals: Das Dorf Uruchskaja, in dessen Nähe Horst in sowjetische Gefangenschaft geriet oder zu Tode kam, liegt just in jenem Landstrich, den einst auch sein Großvater August Sabac el Cher mit dem preußischen Prinzen durchquerte. Von Stawropol, dem Hauptquartier der im Kaukasus operierenden zaristischen Truppen, waren sie fast genau achtzig Jahre zuvor über Georgijewsk und Tiflis nach Eriwan und zurück gereist, von dort aus hatte Albrecht im November 1862 den eigens für ihn arrangierten Feldzug gegen die Tscherkessen geführt – den treuen Diener stets an seiner Seite.[50]

Wir wissen nicht, wann und wie Herbert Sabac el Cher vom Schicksal seines Bruders erfuhr. Der Krieg hatte in diesem Winter längst auch Deutschland erreicht. Herbert, der sich auf Drängen seiner Frau inzwischen eine Festanstellung gesucht hatte, war seit dem 1. November 1942 als Orchestermusiker im Fach »Erste Geige« beim Nationaltheater in Mannheim beschäftigt.[51] Die Familie wohnte in der Lützowstraße 7 im Stadtteil Freudenheim, bis sie durch einen Bombenangriff im folgenden Jahr ihre Wohnung verlor – und das sollte nicht das einzige Mal bleiben.[52] Herbert, Agnes, Günther, Melitta und der kleine Axel Sabac el Cher erlebten in Mannheim den ganzen Albtraum des Luftkriegs, der Flächenbombardements, der zermürbenden Nächte im Keller. Bis Kriegsende wurden sie gleich mehrmals obdachlos und waren für Verwandte und Bekannte von auswärts wochenlang nicht zu erreichen.[53] Aus Herberts Personalakte geht hervor, dass er bei den Bombardements zumindest einmal nicht unerheblich verletzt wurde: Am 6. September 1943, so eine Bescheinigung der zuständigen Rettungsstelle, habe er »durch [einen] herabfallenden Balken eine Kopfverletzung erlitten« und sei »bis auf weiteres noch nicht einsetzbar«.[54] In der Nacht hatte der schwerste der insgesamt über hundertfünfzig Luftangriffe auf Mannheim stattgefunden, bei dem die Stadt zum großen Teil in Schutt und Asche gelegt worden war.

Im Gegensatz zu so vielen anderen hatten sie Glück und kamen jedes Mal mit dem Leben davon – viel mehr allerdings blieb ihnen nicht. Während Agnes mit scheinbar unerschöpflicher Energie den kaum mehr existierenden Alltag organisierte, immer Mittel und Wege fand, ein neues Dach über dem Kopf, Lebensmittel, ja sogar Möbel und ein Klavier zu organisieren, bestritt Herbert das Einkommen der Familie nicht nur als Orchestermusiker, sondern auch als zweiter Violinist im Streichquartett des Nationaltheater-Orchesters. In dieser Eigenschaft wurde er, wie sein Sohn Axel später berichtete, von der »NS-Gemeinschaft Kraft durch Freude« mit Fortschreiten des Krieges zur Truppenbetreuung in der Normandie und später auch an der »Heimatfront« eingesetzt – noch war dort Zeit für Entspannung und schöne Künste.[55] Wie Agnes mit der ständigen Abwesenheit ihres Mannes in diesen schweren Zeiten zurechtkam, können wir nur vermuten; die fast erwachsenen Kinder werden ihr sicher eine Hilfe gewesen sein. Die Schwierigkeiten des Alltags zu meistern wurde jedoch zusehends härter. Axel, der »Stöppselmajor«, damals ein pfiffiger kleiner Kerl von gerade einmal vier Jahren, erinnert sich noch lebhaft an seine hübsche, patente Mutter, die nicht einen Moment lang verzagte.

Wie seine Nichte Editha führte auch Herbert, in jenen Jahren zumindest, akribisch Buch über seine Karriere; vielleicht gingen frühere Aufzeichnungen bei den Bombenangriffen verloren. Erhalten

Agnes und Axel Sabac el Cher, etwa 1942

ist ein Oktavheft, in das er ab November 1943 jedes Konzert mit Datum, Veranstaltungsort und gegebenen Stücken eintrug, selbst die Besucherzahlen wurden häufig vermerkt. Wenn es Zeitungskritiken gab, klebte er sie dazu, wenn nicht, notierte er auch dies. Selten gastierten sie länger als einen Tag am selben Ort: Am 29. November 1943 gab das Quartett beispielsweise im badischen Stockach im Hotel Adler-Post um zwanzig Uhr Mozart, Schubert und Dvořák. Einen Tag später spielten sie im Feiersaal der Deutschen Arbeitsfront (DAF) in Überlingen am Bodensee. In der Kritik der *Bodensee-Rundschau* wurden die Künstler als »feinsinnige, temperamentvolle, virtuose Beherrscher ihrer Instrumente« gefeiert. »So kam eine Leistung aus einem Guß zustande und der Dank dafür blieb nicht aus. Der zündende Funke löste einen Sturm der Begeisterung aus … der dreimaligen Hervorruf erheischte und sogar von den so angestrengten liebenswürdigen Künstlern mit einer Repetition des letzten Satzes quittiert wurde. Die Macht deutscher absoluter Musik dieses herrlichen Abends bewies so recht die Erhebung, die Aufwühlung seelischer Werte und Befruchtung aller innerlichen Gaben durch die solide Tonkunst. Erfüllt von Melodien und von Böhmisch-Polka, Rhythmen-beschwingten Fußes, eilte man durch die dunkle Nacht freudigen Herzens nach Hause.«[56]

Am 1. Dezember spielte das Quartett in der Aula der Hindenburgschule in Säckingen, am 13. des Monats im Musiksaal der Oberschule im badischen Schopfheim und einen Tag später im Rathaussaal von Müllheim vor »versunkenen und hingerissen lauschenden Zuhörern … in einer vollkommenen Einheit des Zusammenspiels«.[57] Die Konzertreihe des folgenden Jahres begann am 1. Februar 1944 mit einem Auftritt in Sinsheim, »der imstande [war], den verwöhntesten Ansprüchen gerecht zu werden. Man lernte am Dienstagabend in den Herren Paul Arndt (Violine), Herbert Sabac-el-Cher (Violine), Heinrich Wallenstein (Viola) und Dr. Ludwig Behr (Cello) Musiker kennen, deren gepflegtes und souveränes Spiel ungemein fesselt.«[58] Statt Schubert stand nun neben Mozart und Dvořák noch Beethoven auf dem Programm. Auch die folgenden Konzerte, die Mitte des Monats in Tiengen, Lörrach und Rheinfelden stattfanden, wurden in der Lokalpresse stets überschwänglich besprochen. Fast immer erwähnten die Kritiker die vier Musiker namentlich und würdigten sie ausführlich. Eine Bemerkung zum ungewöhnlichen Namen des zweiten Violinisten fand sich in keiner Besprechung. Die Überlegung oder Veranlassung, ihn vielleicht einzudeutschen, hat es in der Familie niemals gegeben. Dass Herbert seine Herkunft Probleme bereitet hätte, ist nicht überliefert – seine Musikerlaufbahn, in der es auch in den Kriegsjahren keinerlei Brüche gab, legt diesen Schluss nicht nahe. Axel konnte sich später nur vage daran erinnern, dass seine Mutter ihn in Mannheim des Öfteren auch mit Hinweis auf seinen Namen

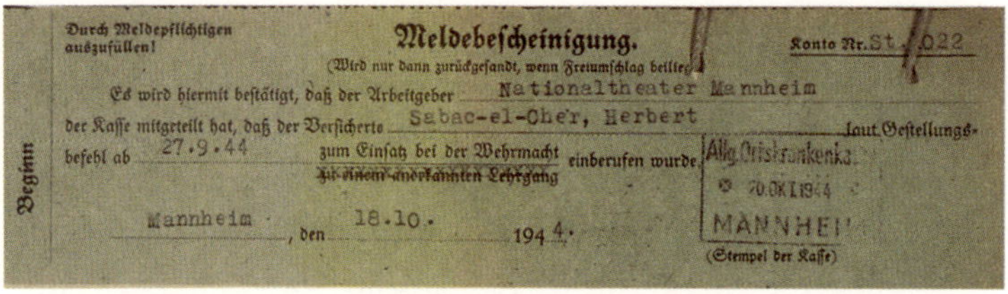

Beginn

Durch Meldepflichtigen auszufüllen!

Meldebescheinigung.

(Wird nur dann zurückgesandt, wenn Freiumschlag beiliegt)

Konto Nr. St. /022

Es wird hiermit bestätigt, daß der Arbeitgeber Nationaltheater Mannheim der Kasse mitgeteilt hat, daß der Versicherte Sabac-el-Cher, Herbert laut Gestellungsbefehl ab 27.9.44 zum Einsatz bei der Wehrmacht ~~zu einem anerkannten Lehrgang~~ einberufen wurde.

Mannheim, den 18.10. 1944.

Allg. Ortskrankenka
20.OKT.1944
MANNHEI

(Stempel der Kasse)

Meldebescheinigung der Allgemeinen Ortskrankenkasse Mannheim über die Einberufung Herbert Sabac el Chers zur Wehrmacht vom 27. September 1944

vor dem Blockwart warnte, dem er nach Möglichkeit aus dem Weg gehen sollte.[59]

Ein in Zeiten des Rassenwahns paradoxes Detail ist indes, dass Siegfried Hollstein, Herberts vorehelicher Sohn, blond, blauäugig, athletisch, im Jahr des Kriegsausbruchs Schüler einer Nationalpolitischen Erziehungsanstalt (Napola) geworden war, einer jener NS-Eliteschulen, die – nach genauer »rassischer« Überprüfung der Kandidaten – eine auf die staatliche Ideologie eingeschworene Führungsschicht heranbilden sollten.[60] In Herberts Nachlass fand sich ein von Agnes verfasstes, an Siegfrieds Mutter Elfriede Höschel in Spandau adressiertes Schreiben mit entsprechenden Unterlagen »zur Nachweisung der arischen Abstammung«. – »Beiliegend Abschriften und eine Aufstellung zur Orientierung. Heil Hitler!«[61]

Nach Gastspielen in Heidelberg, Weinheim und, am 11. Mai, im lothringischen Metz – »wegen Alarm«, so seine Notiz, hatte sich der auf neunzehn Uhr angesetzte Auftritt um zwei Stunden verschoben – vermerkte Herbert am 11. August 1944 in seinem Oktavheft das letzte Konzert des Streichquartetts im Zweiten Weltkrieg.[62] Dann, am 27. September, das »Dritte Reich« mobilisierte bereits seine letzten Reserven, wurde er, wie eine Meldebescheinigung der Allgemeinen Ortskrankenkasse Mannheim belegt, nicht etwa zum

»Volkssturm«, sondern »zum Einsatz bei der Wehrmacht einberufen«.[63] Für den Kriegsdienst war er mit einundvierzig Jahren nur noch bedingt tauglich, weshalb er hinter der Front in einer Kraftfahr-Ersatzabteilung eingesetzt wurde – »garnisonsverwendungsfähig in der Heimat und in den besetzten Gebieten, jedoch nicht im Operationsgebiet«, hieß das im Fachjargon.[64] Zu Herberts großem Glück: Von seinem Stiefsohn Günther ist der trockene Kommentar überliefert, dass, wenn man Herbert zur Wehrmacht einziehe, der Krieg verloren sei. Damit hatte er sicher nicht unrecht: War Horst zum »Dienst an der Waffe« für »Führer und Vaterland« schon nicht eben prädestiniert gewesen, so galt das für den älteren Bruder noch viel mehr. Nachdenklich, in sich gekehrt, vielleicht auch ein wenig versponnen, lebte er in seiner eigenen Welt der Kunst und der Musik. Wie durch ein Wunder überlebte er den Krieg; sein Freund und Kollege Paul Arndt, der Erste Violonist des gefeierten Streichquartetts, fiel schon in den folgenden Wochen.[65]

Während auch Herbert das Kriegsgeschehen noch aus nächster Nähe erleben musste, lesen sich die Eckdaten zu Edithas Karriere selbst in dieser Zeit wie ein großer Ferienspaß. Unter dem Mangel, dem ewigen Fliegeralarm, dem allgegenwärtigen Überdruss, der sich breitzumachen begann, wird auch sie gelitten haben – ihr letztes festes Engagement im Krieg führte sie immerhin ans Theater Unter den Linden und damit ins Zentrum der Hauptstadt, die Anfang 1943 durch britische Flieger die bis dahin schwersten Angriffe aus der Luft erlebte. Im Frühjahr wurde auch Editha zur Truppenbetreuung geschickt, zunächst offenbar an die Ostfront. Im Fotoalbum notierte sie für Juni und Juli 1943 mehrere Auftritte in der Gegend von Stalino, dem heutigen Donezk. Fotos sind nicht erhalten, nur eine nicht ganz geglückte Reimerei wie von einer Klassenfahrt: »… Wir fuhren in der Welt herum / für das liebe Publikum. / In Wiknino-Nekromennoje / schwor Otto mir Liebe und Treue. / Und Eberhard in Stalino /

Vier Frauen, drei Generationen: Editha, Elise, Gertrud und Ilse in der Tempelhofer Wohnung der Horns, Ende der 1930er Jahre

schwor Gleiches wie der in Wiknino. / Als Resultat ist geblieben / die Frage, wen soll ich lieben.« Ihr Charme kam an, kein Wunder. Mehr wissen wir über die »Reise« nicht.

Gleich im September ging es weiter ins besetzte Frankreich »eine Tournee mit vielen Zwischenfällen«, wie sie später im Album vermerkte, doch mit ordnungsgemäßem Vertrag: Am 11. August hatte die Berliner »Gastspielbühne Handwerk« sie für eine »Wehrmachtstournee« mit dem Stück »Der kleine Herr Niemand« verpflichtet, die Tagesgage: »RM 35,– ausschl. Diäten«.[66] Womit Editha in diesen Zeiten nicht schlecht verdiente.

Auf ihren Fotos erscheint die Tournee wie ein einziger großer Urlaub in den schönsten Ferienorten entlang der Atlantikküste: »Toulon, Biarritz, Moliets, Mimizan, Ondres, Bordeaux, Arcachon, Ile d'Oléron, Ile de Ré, Nantes und La Baule« notierte sie als Stationen. Im Januar 1944 dann ein längerer Aufenthalt im bretonischen St. Nazaire, wo sie mit einem Stück namens »Straßenmusik« auftraten. Dann ging die Reise weiter: In ihren Unterlagen findet sich auch ein weiterer Vertrag, den sie mit einer Gastspieldirektion »H. van Hooven« abschloss: Im »Abschnitt Bordeaux bis spanische Grenze« gab sie, wohl mit derselben Truppe, von April bis 15. Juni 1944 ein Stück namens »Liebesbriefe«. »Französischer Frühling in den Pyrenäen. Eine Fülle von herrlichen Bildern: Gletscher, Meer, Sonne, Stürme. Jamais encore, jamais encore. Trés domage!«, notierte Editha so überschwänglich wie falsch ins Album. »Manger, toujours manger«, schwärmte die Luxusentwöhnte in St. Jean-de-Luz.

In keinem der erhaltenen Alben aus dem Besitz der Familie sind so ausführlich vermeintlich unbeschwerte Wochen dokumentiert, mit Landschafts- und Naturbildern und ausgelassenen Kollegen. Dass die alliierte Invasion in der Normandie längst stattgefunden hatte, als die Sechsergruppe aus Berlin noch immer durch Südfrankreich tourte, wird an keiner Stelle erwähnt; doch ist anzunehmen, dass ihre Reise auch deshalb ein Ende fand. Wo und wie Editha die letzten Kriegsmonate erlebte, ist nicht mehr nachvollziehbar; mit den Reiseimpressionen aus Frankreich schließt die Serie der Alben, in denen sie ihre frühe Laufbahn in Wort und Bild festhielt.

Großmutter Elise, Mutter Gertrud und Schwester Ilse Horn harrten, ganz auf sich gestellt, bis zum bitteren Ende in Tempelhof aus. Die Wohnung in der Berliner Straße war der einzige Zufluchtsort, doch keine sichere Bleibe angesichts des Infernos, das die Hauptstadt in den letzten anderthalb Jahren in der Schlacht um Berlin erlebte: der unausgesetzte Fliegeralarm – 68 000 Tonnen Bomben sollten im Laufe des Kriegs auf die Stadt niedergehen –, die ständige Angst, im Keller verschüttet zu werden, das Herumirren in rauchenden Trümmern auf der Suche nach Lebensmitteln, immer gehetzt, immer in Furcht vor dem nächsten Sirenengeheul. Aus der Luft griffen nachts die Briten an, tagsüber die Amerikaner, von Osten näherten sich die gefürchteten sowjetischen Truppen. Ende April 1945 brach die Infrastruktur zusammen. Ganze Stadtviertel waren bis zur Unkenntlichkeit zerbombt, jede dritte Wohnung zerstört. Ob man den dunkelhäutigen Horns den Zutritt zu den Luftschutzbunkern inzwischen verwehrte? Wir wissen es nicht.

Dann, am 2. Mai 1945, war die Apokalypse vorbei. Die sowjetische Flagge wehte längst über dem Reichstag, und die Hauptstadt kapitulierte. »Der Führer« so hatte es noch kurz vor Schluss geheißen, sei »im Kampf um Berlin gefallen«. »Was nach diesem Kampf übrigbleibt, sind ohnehin nur die Minderwertigen, denn die Guten sind gefallen«, hatte Hitler noch im März schwadroniert; an den »germanischen Herrenmenschen« glaubte er wohl selbst nicht mehr. Was blieb vom »Tausendjährigen Reich«, war eine Wüste aus rauchenden Trümmern, ein total zerstörtes Land und die nicht wiedergutzumachende Schuld am Tod von vielen Millionen Menschen.

Mit einem Mal, berichteten Zeitzeugen, sei in Berlin alles still gewesen. Kein Geschützdonner mehr, keine »Stalinorgeln«, kein sinnloser Häuserkampf von Kindern und Greisen gegen den »bolschewistischen Todfeind«. Man hätte aufatmen können und tat es doch nicht recht, nur langsam und zögerlich begannen sich die Menschen auf die Straße zu wagen. Allenfalls stundenweise, erzählte auch Ilse Horn, sei sie aus dem Haus gehuscht auf der Suche nach Nahrungsmitteln – zu groß war die Angst vor den sowjetischen Besatzungssoldaten, über die man sich allenthalben Fürchterliches erzählte.

Alles war endlich vorbei, da starb nur vier Monate nach Kriegsende, am 24. September 1945, Elise Sabac el Cher, die Mutter von Gertrud Horn, das geliebte »Omchen« von Editha und Ilse, im Alter von sechsundsiebzig Jahren in einem Kreuzberger Krankenhaus. Sicher in Angst und noch scheuer als zuvor hatte sie bis kurz vor

Den Aufbruch in eine neue Zeit erlebten sie nicht mehr:
Horst und seine Tante Elise Sabac el Cher

ihrem Tod in der kleinen Wohnung ihrer verstorbenen Mutter Anna in der Willibald-Alexis-Str. 27 gelebt.[67] Das Ende des Unrechtsregimes hatte sie noch erlebt, ein Lebensabend in Ruhe und Freiheit aber war ihr nicht mehr vergönnt. Tochter Gertrud, inzwischen selbst schwer beeinträchtigt – das erwähnte Schreiben des Entschädigungsamtes sollte ihr später eine »Minderung der Erwerbsfähigkeit um 100 v. H.« seit dem 1. April 1945 bescheinigen –, organisierte in aller Eile eine kleine, stille Beerdigung. Bis ins hohe Alter bewahrte Enkelin Ilse die Rechnung des Bestatters auf – mit »Rasen« und »Efeu« wurde die bescheidene Grabstelle nach der Bestattung am 26. September bepflanzt. Wo genau sich Elises letzte Ruhestätte befindet, ist nicht mehr bekannt.

6. Kapitel

Deutsch-deutsche Geschichten: Die Spuren verwehen

Ob Berlin, ob Mannheim oder Senzig: Im Sommer 1945 boten alle Orte, in denen die Nachfahren des »kleinen nubischen Jungen« lebten, ein Bild der Zerstörung. Sogar die Senziger hatten den Krieg am Ende noch hautnah zu spüren bekommen.

So wenig wir über das Leben von Horns und Liesbeth in diesen Monaten wissen, so gut ist der Alltag der Sabac el Chers in Mannheim zu rekonstruieren: Selbst in der größten Not wusste Agnes sich noch zu helfen und bewies, wie Axel später erzählte, nicht nur ein erstaunliches Talent für Schwarzmarktaktivitäten, sondern auch einen Instinkt für gute Geschäftsideen: Die improvisierte Reinigung, in der sie die schmutzigen Hosen der Besatzungssoldaten wusch, hatte bald so großen Zulauf, dass sie kurz danach eine zweite und dritte, dann noch eine vierte aufmachte. Während sie, zupackender denn je, die Familie zusammenhielt und die hungrigen Mäuler stopfte, lebte Herbert auch im Nachkriegsalltag vor allem für seine Kunst. Zum großen Talent kam abermals großes Glück, denn nahtlos setzte sich seine Karriere fort. Die Personalakte des Nationaltheaters, 1942 bei seinem Eintritt in das Orchester angelegt, erzählt auch ein Stück Zeitgeschichte: Die Krankschreibung aufgrund seiner Verletzung beim großen Luftangriff auf Mannheim 1943 kam bereits zur Sprache; aus einem Schreiben von 1954 erfahren wir überdies, dass er »durch Bombenschaden« auch sein Instrument verlor: eine Geige im Wert von 20 000 DM, die adäquat zu ersetzen damals nicht möglich war.[1] Nach dem Krieg dann – sein Arbeitsvertrag mit dem Orchestervorstand wurde 1945 erneuert – spiegelt sich hier der allgegenwärtige Mangel. Am 9. November 1945 bat das Theater in einem Schreiben an das Städtische Wirtschaftsamt um »Ausstellung eines Bezugsscheines für einen Ersatzanzug«, da Herbert Sabac el Cher »seinen schwarzen Anzug, den er im Dienst tragen muß, durch Fliegerangriff verloren« habe.[2] Der Bezugsschein wurde gewährt, der Anzug schnell beschafft, und ab Ende des Jahres 1945, das belegt seine kleine Sammlung von Kritiken, richtete er in neuer Formation Kammermusikabende aus. Mit dem Heinz-Stanske-Quartett spielte er erstmals am 26. Dezember 1945 im Heidelberger Theater, am 30. des Monats vor Personal und Patienten der US-Armee im 57th Field Hospital.[3]

Wie sehr er sich ärgern konnte über nur eingeschränkt gute Kritik, zeigt ein kleines Gedicht, das er über einer ausführlichen Besprechung des erstgenannten Konzerts handschriftlich notierte: »Ein Quartett neu angefangen - / Die Lüfte voller Schlösser hangen. / Drum tut die erste der Kritiken / ganz mächtig an der Leber pieken. / - Voll Wut wird totgeschossen dann / der Mann, der so was schreiben kann. - / Die wütend Wogen glätten sich / und das Quartett schafft fürchterlich!? H. S.« Da hatte sich der Kritiker erdreistet zu schreiben, sie hätten »Schuberts großes Streichquartett op. 161 mehr gedanklich als empfindend« gegeben. Ein Segen nur, dass in derselben Zeitung ein Leserbrief abgedruckt war, der anerkennende Worte fand: »Diese Prägnanz der Stakkatoachtel, diese Frische des Musizierens!« »... und die Meinung aus Kennerkreisen«, hatte Herbert daneben vermerkt. Die Kenner sollten recht behalten, und zwar dauerhaft: Die Besprechungen der folgenden Jahre waren voll des Lobes, ganz gleich, mit wem Herbert spielte. Das Stanske-Quartett hatte er nach fünf Monaten wieder verlassen,[4] nun war er für ein paar Jahre ausschließlich am Nationaltheater tätig. Geradezu überschwänglich waren die Kritiken, die er zwischen 1949 und 1954 dann als Mitglied des Mannheimer Streichquartetts unter Leitung von Helmut Mendius[5] erhielt: »Daß sich diese vier Künstler ... in kurzer Zeit zu solcher ensemblemäßigen Geschlossenheit, zu einer derartig überraschenden organischen Schönheit und Innigkeit zusammenfinden würden, war auch in den kühnsten Vorstellungen nicht zu erwarten.«[6]

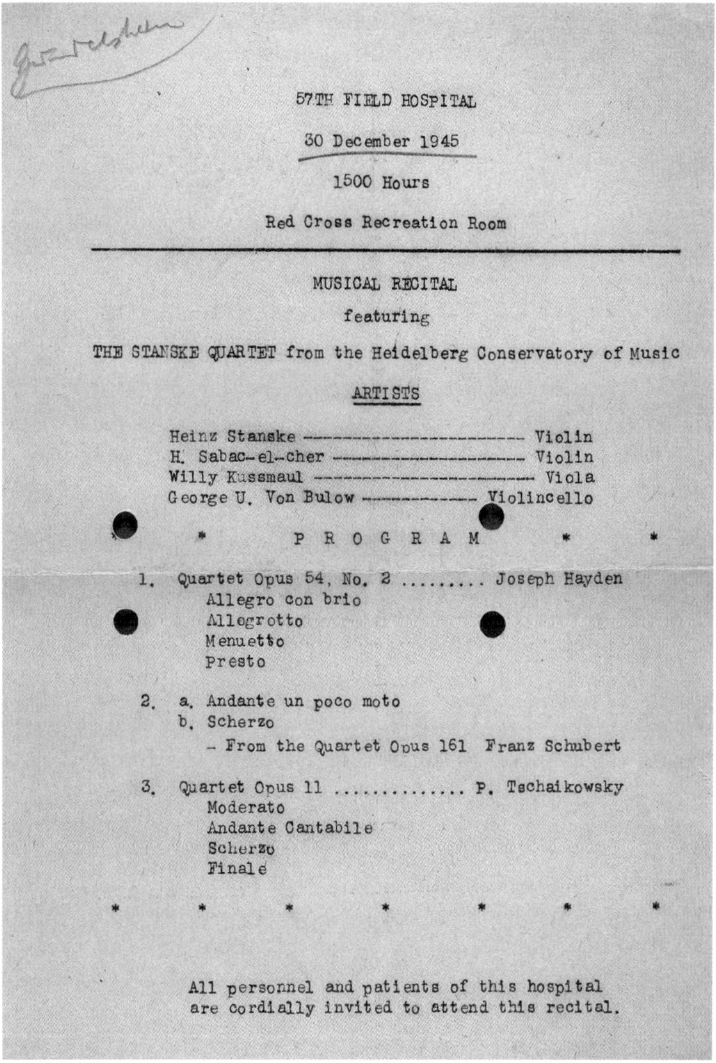

57TH FIELD HOSPITAL

30 December 1945

1500 Hours

Red Cross Recreation Room

MUSICAL RECITAL

featuring

THE STANSKE QUARTET from the Heidelberg Conservatory of Music

ARTISTS

Heinz Stanske ---------------------- Violin
H. Sabac-el-cher ------------------ Violin
Willy Kussmaul --------------------- Viola
George U. Von Bulow ------------ Violincello

* P R O G R A M * *

1. Quartet Opus 54, No. 2 .... Joseph Hayden
   Allegro con brio
   Allegrotto
   Menuetto
   Presto

2. a. Andante un poco moto
   b. Scherzo
   – From the Quartet Opus 161 Franz Schubert

3. Quartet Opus 11 .... P. Tschaikowsky
   Moderato
   Andante Cantabile
   Scherzo
   Finale

* * * * * * *

All personnel and patients of this hospital
are cordially invited to attend this recital.

Die Karriere setzt sich fort:
ein Auftritt mit dem Heinz-Stanske-Quartett vor Angehörigen
der US-Armee am 30. Dezember 1945

Ohne »Persilschein« wäre das alles freilich nicht möglich gewesen: Als Mitglied des Nationaltheater-Orchesters und damit Angestellter der Stadt Mannheim hatte er im Zuge der Entnazifizierung im Juni 1945 einen Personalfragebogen der amerikanischen Militärregierung mit eidesstattlicher Erklärung ausfüllen müssen, der zufolge er zwischen 1933 und 1945 keiner nennenswerten NS-Organisation angehört hatte.[7] Ein glattes Nein steht da bei allen abgefragten Gliederungen und Verbänden der NSDAP, und so hatte er am 4. Januar 1946 mit Brief und Siegel die uneingeschränkte »Zulassung zur Berufsausübung« erhalten. Die Vereidigung auf die Württembergisch-Badische Verfassung erfolgte im Jahr darauf, am 30. April 1947.[8]

Einblick in die Wohnsituation gibt ein Schriftverkehr des Theaters mit dem Wohnungsamt, das 1948 auf Grundlage des Kontrollratsgesetzes Nr. 18 in der Wohnung der Sabac el Chers, bestehend aus »3 Zimmern und Küche, 1 Mansarde und Bad«, »1 Zimmer infolge Unterbelegung« erfasst hatte. Mannheim, wie so viele völlig zerstörte Städte in Deutschland, war noch immer zu großen Teilen ein Trümmerfeld, nach wie vor herrschte akuter Wohnraummangel. Dass der Berufsmusiker, der zu Hause auch Schüler empfing, durch eine Einquartierung Fremder in die Bredouille gekommen wäre, sah auch sein Arbeitgeber ein, der mit der Begründung Einspruch erhob, dass er wie alle anderen Mitglieder des Orchesters täglich zu Hause üben müsse und zu diesem Behufe ein Extrazimmer benötige. »Außerdem hat Herr Sabac-el-Cher Unterricht an Nachwuchskräfte zu erteilen, die dringend gesucht werden, nachdem die Nachwuchsförderung in den letzten 9 Jahren infolge des Krieges ungewöhnlich stark zurückgegangen ist.«[9] Gustavs Sohn war und blieb Musiker mit Leib und Seele, fühlte sich wohl im Kreise seiner Kollegen und war, wie Bilder von Orchesterausflügen zeigen, bei diesen sehr beliebt. Doch krankheitsbedingt fiel er jetzt immer wieder aus; eine »schmerzhafte Arthritis des rechten Schultergelenks« zwang ihn im September 1947, seine Arbeit für mehr als drei Monate ruhen zu lassen, nach nur

Ausflug mit Kollegen vom Orchester des Nationaltheaters in den 1950er Jahren, 3. v. l. Herbert Sabac el Cher

acht Wochen im Dienst quälte ihn dann ein schmerzhafter Halsabszess – die Belastungen der zurückliegenden Zeit waren nicht spurlos an ihm vorübergegangen.[10]

1949, die Währungsreform war erfolgt, die Geschäfte boten nach Jahren des Mangels buchstäblich über Nacht wieder alle möglichen Waren an, die man höchstens noch vage aus Vorkriegszeiten kannte, gerade begann sich die Lage im Land zu bessern, da traf die Familie eine furchtbare Nachricht: Agnes war an Brustkrebs erkrankt. Die älteren Kinder gingen längst ihrer eigenen Wege, der kleine Axel aber war damals gerade zehn Jahre alt. Die Diagnose war, in jener Zeit zumal, vernichtend. Hilflos, mit wachsender Panik, mussten Vater und Sohn zusehen, wie Agnes, die Kämpferin, die sie alle mit großer Tatkraft und viel Sinn für Humor durch schwerste Jahre gebracht hatte, langsam immer weniger wurde. Noch verzweifelter wurde die Situation, als Herbert am 18. Januar des folgenden Jahres ohne Angabe näherer Gründe sein Kündigungsschreiben erhielt. Was auch immer sich hinter der bürokratischen Formel »im Vollzug des Stadtratsbeschlusses« verbarg, Tatsache ist, dass der Intendant den Entscheid, noch bevor er wirksam wurde, im Juni für nichtig erklärte.[11] All die Ängste, die ihn in dieser Zeit quälten, waren für Herbert, den in sich gekehrten, stillen Mann, der seine Nöte zweifellos nicht nach außen trug, sicher kaum zu ertragen.

Am 26. November 1953 starb Agnes mit nur neunundvierzig Jahren im Mannheimer Heinrich-Lanz-Krankenhaus; vier Jahre lang hatte sie sich quälen müssen und dann doch den Kampf verloren. Als letzte Besucher, auch dies steht im Familienbuch, wurde »Familie Pieper« vermerkt, wohl jene Freunde, von denen einer auch Axels Pate war.[12] Private Kondolenzschreiben oder sonstige Korrespondenz sind nicht mehr erhalten, nur ein kleines gedrucktes Kärtchen, mit dem Herbert und Axel sich für die Anteilnahme, die sie erfuhren, bedankten. Das Nationaltheater gewährte für die »anläßlich der Erkrankung und des Todes seiner Ehefrau entstandenen Aufwendungen eine Beihilfe in Höhe von 265 DM«.[13] Keine geringe Summe, und doch so gar kein Trost. Herbert, nun auf sich gestellt, war wie gelähmt und fand sich – nach dreiundzwanzig Ehejahren – allein nur schwer zurecht. Mehr denn je suchte er Zuflucht in seiner Arbeit, und der erst vierzehnjährige Axel nahm in mancherlei Hinsicht die Rolle der Mutter ein. Welche Lücke sie hinterließ, wurde ihm nun noch schmerzlicher bewusst. Verträumt, so berichtet er heute, sei Herbert gewesen, ein sensibler, herzensguter Mensch, aber völlig realitätsfern und mit den Dingen des täglichen Lebens hoffnungslos überfordert. Selbst eher bodenständig und praktisch veranlagt wie seine Mutter, hatte der Sohn nun neben der Schule, neben Leistungssport und Klavierunterricht einen Vater zu betreuen, der quietschende Türen »wegen Disharmonien« mit Salatöl behandelte, beim Bilderaufhängen den Putz von der Wand schlug und geistesvergessen kurz vor

Konzerten, die Geige schon in der Hand, durchaus mal im Frack aufs Motorrad stieg, um so ins Theater zu fahren – was Axel dann doch zu verhindern wusste und ihn im allerletzten Moment noch in ein Taxi bugsierte.[14]

Agnes, die geliebte Gefährtin über so viele Jahre hinweg, blieb gegenwärtig und unvergessen. Doch ohne Frau an seiner Seite konnte Herbert nicht sein; ein Leben allein war nicht vorstellbar – wohl auch gar nicht machbar –, und Axel wurde langsam erwachsen. Bevor er sich sorgenvoll fragen musste, wie der Vater zurechtkommen sollte, wenn er das Elternhaus einmal verließ, fand Herbert noch einmal sein Glück und verliebte sich in die damals vierzigjährige Mannheimerin Luise Becker. Am 23. April 1955 heirateten die beiden. Erfüllt sei diese zweite Ehe gewesen, berichtet sein Sohn, für den Herberts Entschluss sicherlich auch eine große Erleichterung war; er hatte kurz zuvor eine Lehre als Textilkaufmann in einem Bekleidungshaus begonnen.[15]

Aus ihrer alten Wohnung in der Lützowstraße, in die sie nach dem Wiederaufbau zurückgekehrt waren, zogen Sabac el Chers nun in die dritte Etage der Mainstraße 32. Die wiedergewonnene Stabilität aber sollte nicht lange währen, denn Herbert blieb gesundheitlich labil: Im Herbst 1956 wurde er mit neuralgischen Beschwerden ins Krankenhaus eingewiesen, und wegen eines Bandscheibenvorfalls musste er ab Februar des neuen Jahres drei Monate lang das Bett hüten. Die berufsbedingte einseitige Belastung zeigte nun Folgen, Schmerzen im Rücken, die bis in den Arm ausstrahlten, machten ihm zu schaffen, und immer wieder plagten ihn verschiedene Infekte. Seit 1962 hatte sich sein Allgemeinzustand derart verschlechtert, dass er fast anderthalb Jahre lang aus verschiedenen Gründen krankgeschrieben war. Ende August 1963 beantragte er einen Kuraufenthalt beim städtischen Sanatorium in Schussenried, und plötzlich ging alles ganz schnell: Nach einigen Tagen im Erholungsheim stellten sich innere Blutungen ein. Obwohl er sofort in ein Freiburger Krankenhaus ein-

Architektur der neuen Zeit:
das Nationaltheater Mannheim im Jahre 1958

geliefert wurde, verstarb Herbert Sabac el Cher, der inzwischen den Titel eines Kammermusikers trug, am 18. September 1963.[16] Auf ausdrücklichen Wunsch der Ehefrau fand die Beisetzung auf dem Mannheimer Hauptfriedhof in aller Stille statt. »Seine Mannheimer Kollegen und viele Freunde«, so heißt es in einem Nachruf, betrauerten den Tod des gerade Sechzigjährigen, »der alle, die den Menschen und Musiker kannten und schätzten, völlig unerwartet traf«. Mit einem Überweisungsbeleg für das Sterbegeld wurde seine Akte am 25. Oktober geschlossen. Eine Künstlerexistenz der besonderen Art ging mit seinem Tod zu Ende. Er hatte die Sabac'sche Passion ausschließlich gelebt, war aufgegangen in der Musik, die ihn alles vergessen ließ. Über seine Vorfahren und ihre besondere Herkunft aber hatte er im Detail nie gesprochen.

Die Geschichte der Sabac el Chers ist vor allem die einer Musikerfamilie, doch weder von Gustav noch von Horst sind Tondokumente erhalten. Nur eine einzige Aufnahme ist von Herberts musikalischer Arbeit geblieben: Am 3. März 1958 führte das Orchester des Nationaltheaters Mannheim unter Leitung von Herbert Albert die Brahms-Sinfonie Nr. 1 c-Moll, op. 68, auf. Am 6. Pult der Ersten Geigen spielte Herbert Sabac el Cher.[17]

Zwei Jahre vor seinem Tod hatte er noch versucht, Kontakt mit seiner Schwägerin in Senzig aufzunehmen. Im Sommer 1961 schrieb er an Liesbeth – die aus allen Wolken fiel. Sie hatte den Mannheimer Zweig der Familie ganz aus den Augen verloren, wusste sicher auch nicht, wie sie Herbert erreichen konnte. Sie bewohnte noch immer ihr Haus in der Heidestraße, weshalb der wohl auf gut Glück geschickte Brief seine Adressatin erreichte. Das Ende des Krieges hatte sie in Angst und Schrecken verlebt: Als die sowjetischen Truppen im April den kleinen Ort Senzig erreichten, war es noch zu Gefechten gekommen. Während Geschütze in unmittelbarer Nähe auf einen SS-Panzer zielten, saß Liesbeth mit dreißig Flüchtlingen aus dem Osten im Keller ihres Hauses, das schwer beschädigt wurde. Aus Mangel an Material und Geld war die Instandsetzung später nur schleppend vorangegangen, doch zögerte sie lange, sich davon zu trennen. Schließlich war es, in der ausschließlich glücklich erinnerten Zeit, für wenige Jahre auch ihr gemeinsames Heim mit Horst gewesen.[18]

Das Schreiben, das sie nun erhielt, war das erste Lebenszeichen von Herbert seit mehr als fünfzehn Jahren. Inzwischen bestand Deutschland schon längst aus zwei Staaten, und Senzig lag in der DDR, im damaligen Sprachgebrauch also »hinter dem Eisernen Vorhang«. Die Reisemöglichkeiten für Bürger der DDR waren sehr eingeschränkt, und auch Besuche aus der Bundesrepublik waren oft mit Mühsal verbunden. Dennoch war, als Liesbeth ihrem Schwager am 11. August einen langen Antwortbrief schrieb, noch vieles möglich, was unmittelbar danach völlig undenkbar sein sollte – zum Beispiel spontane Besuche von Sektor zu Sektor in und um Berlin. Liesbeth erzählte vom Tod ihrer Mutter und vieler alter Freunde, von ihren Geschwistern, Hanni und Erich, die ebenfalls in Senzig lebten, und von der Umwandlung des Familienbetriebes, einst der große Stolz ihres Vaters, in eine LPG, in der auch sie selbst tätig war. Dann aber brach es aus ihr hervor: »Horst kann ich nicht vergessen, es vergeht kein Tag, wo er sich nicht irgendwie in Erinnerung bringt. Ich glaube er ist von Deutschen erschossen worden, wahrscheinlich weil er mit den Russen sympatisierte u. man Angst hatte er würde überlaufen. Ich hörte nur dass jemand gesehen hatte wie er einen Kopfschuss bekam, aber es ist ja leider nichts weiter raus zu bekommen. Das Rote Kreuz im Westen hat es auch aufgegeben darnach zu forschen habe jedenfalls lange nichts mehr gehört.«[19] Eine Bestätigung für ihre Vermutung, die eigenen Leute hätten ihn erschossen, gab und gibt es nicht. Eine neue Ehe einzugehen wäre Liesbeth vermutlich wie ein Verrat vorgekommen. Erst am 8. Mai 1962 wurde Horst Sabac el Cher vom Kreisgericht Königs Wusterhausen offiziell für tot erklärt.[20]

Kinder hatten sie keine gehabt, und so war sie im östlichen deutschen Staat die letzte Trägerin des Namens Sabac el Cher. Das Grab von »Ma und Pa«, von Gertrud und Gustav Sabac el Cher in Senzig, hielt sie stets in großen Ehren: Für fünfundzwanzig Mark im Jahr, so schrieb sie, lasse sie es noch immer pflegen.[21] Nach diesem Brief brach die Verbindung zwischen den ostdeutschen und den westdeutschen Sabac el Chers ab. Keine zwei Tage später, in der Nacht zum 13. August, ließ Ulbricht den »antifaschistischen Schutzwall« um Ost-Berlin ziehen, eine Mauer mit »Todesstreifen« und Selbstschussanlagen, Minenfeldern und Grenzsoldaten, die unter Umständen gehalten waren, auch auf Frauen und Kinder zu schießen.[22]

Im März 1986 – ein Jahrhundert war vergangen, seit ihr Schwiegervater Gustav seine große Karriere begonnen hatte – starb Liesbeth Sabac el Cher im Alter von neunundsiebzig Jahren in Senzig;

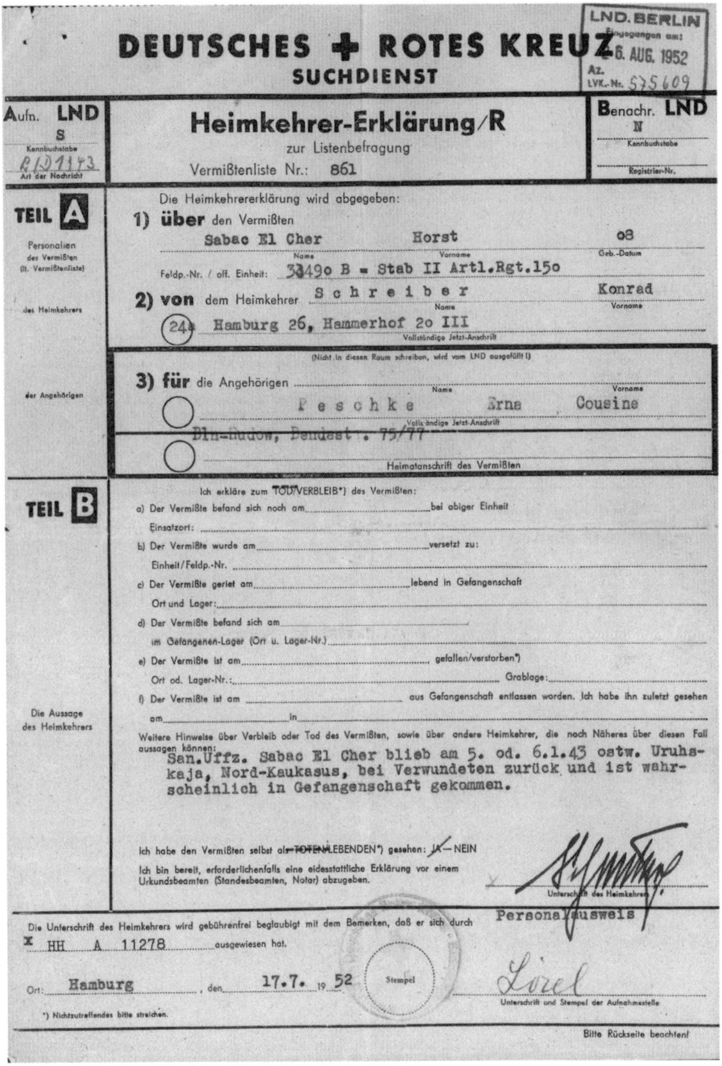

LND. BERLIN
Eingegangen am: 26. AUG. 1952
Az.
LVK.-Nr. 575609

DEUTSCHES ✚ ROTES KREUZ
SUCHDIENST

Aufn. LND
S
Kennbuchstabe
R(D)1143
Art der Nachricht

Heimkehrer-Erklärung/R
zur Listenbefragung
Vermißtenliste Nr.: 861

Benachr. LND
N
Kennbuchstabe
Registrier-Nr.

TEIL A
Personalien des Vermißten (lt. Vermißtenliste)

Die Heimkehrererklärung wird abgegeben:
1) über den Vermißten
Sabac El Cher (Name) Horst (Vorname) 08 (Geb.-Datum)
Feldp.-Nr. / off. Einheit: 33490 B = Stab II Artl.Rgt.150

des Heimkehrers
2) von dem Heimkehrer Schreiber (Name) Konrad (Vorname)
(24a) Hamburg 26, Hammerhof 20 III
Vollständige Jetzt-Anschrift

der Angehörigen
(Nicht in diesen Raum schreiben, wird vom LND ausgefüllt!)
3) für die Angehörigen
Peschke (Name) Erna (Vorname) Cousine
Bln-Rudow, Bendest. 75/77
Vollständige Jetzt-Anschrift
Heimatanschrift des Vermißten

TEIL B
Die Aussage des Heimkehrers

Ich erkläre zum ~~TOD~~/VERBLEIB*) des Vermißten:
a) Der Vermißte befand sich noch am .... bei obiger Einheit
Einsatzort: ....
b) Der Vermißte wurde am .... versetzt zu:
Einheit/Feldp.-Nr. ....
c) Der Vermißte geriet am .... lebend in Gefangenschaft
Ort und Lager: ....
d) Der Vermißte befand sich am ....
im Gefangenen-Lager (Ort u. Lager-Nr.) ....
e) Der Vermißte ist am .... gefallen/verstorben*)
Ort od. Lager-Nr.: .... Grablage: ....
f) Der Vermißte ist am .... aus Gefangenschaft entlassen worden. Ich habe ihn zuletzt gesehen
am .... in ....
Weitere Hinweise über Verbleib oder Tod des Vermißten, sowie über andere Heimkehrer, die noch Näheres über diesen Fall aussagen können:
San.Uffz. Sabac El Cher blieb am 5. od. 6.1.43 ostw. Uruhskaja, Nord-Kaukasus, bei Verwundeten zurück und ist wahrscheinlich in Gefangenschaft gekommen.

Ich habe den Vermißten selbst als ~~TOTEN~~/LEBENDEN*) gesehen: ~~JA~~ — NEIN
Ich bin bereit, erforderlichenfalls eine eidesstattliche Erklärung vor einem Urkundsbeamten (Standesbeamten, Notar) abzugeben.
Unterschrift des Heimkehrers

Die Unterschrift des Heimkehrers wird gebührenfrei beglaubigt mit dem Bemerken, daß er sich durch
x HH A 11278 ausgewiesen hat. Personalausweis
Ort: Hamburg, den 17.7. 1952
Stempel
Lorel
Unterschrift und Stempel der Aufnahmestelle
*) Nichtzutreffendes bitte streichen.
Bitte Rückseite beachten!

»… blieb … bei Verwundeten zurück und ist wahrscheinlich in Gefangenschaft gekommen.«
Mehr sollte Liesbeth nie über Horsts Verbleib erfahren.

Schmerzliche Teilung:
Bau der Berliner Mauer am 13. August 1961

um mehr als vier Jahrzehnte hatte sie den geliebten Mann überlebt. Sie war stets dieselbe geblieben. Resolut, entschieden und christlich engagiert, nahm sie kein Blatt vor den Mund – in der DDR nicht die beste Voraussetzung für ein ruhiges, beschauliches Dasein. Sie eckte an, geriet zeitweise wohl auch ins Visier der Staatssicherheit, womöglich im Zusammenhang mit den Treffen kirchlicher Gruppen, die regelmäßig in ihrem Haus stattfanden.[23]

Die Nachricht von ihrem Tod drang auch nach West-Berlin. Wenige Tage später erhielt ihr Neffe Klaus Schneider ein Kondolenzschreiben von ihm unbekannten Menschen, unterzeichnet »Ihre Ilse und Editha Horn«. Die Großnichten Gustav Sabac el Chers hatten die Anzeige gelesen und sich an das herzliche Verhältnis erinnert, das bis weit nach dem Krieg zu Liesbeth bestanden hatte; als in Berlin Hunger herrschte, hatte sie Horns wiederholt mit Nahrungsmitteln vom Hof ihres Vaters versorgt. »Zu einer Zeit, als Sie ein kleiner Junge waren, haben wir Liesbeth öfter über das Wochenende in Senzig besucht und manche schöne Stunde miteinander verlebt«, heißt es in ihrem Brief.[24] Auch hier hatte die Teilung Deutschlands das Band zwischen Familienzweigen durchtrennt.

Aber war es wirklich die deutsche Teilung allein gewesen, die alle Bande gekappt hatte? An Editha und Ilse hatte Herbert kein Lebenszeichen gesandt, und auch die Schwestern hatten den Kontakt nie gesucht. Dass er nach dem Krieg ganz abgebrochen war, lag sicherlich nicht zuletzt daran, dass der introvertierte Herbert kein großer Kontaktpfleger war, doch sie alle hatten in jenen Jahren wohl anderes im Kopf, trugen in Zeiten des Wiederaufbaus und der persönlichen Neuorientierung genug an eigenen Sorgen. Außerdem hatte die Ära des Wirtschaftswunders auch bei Horns nicht nur Schönes gebracht.

Darüber, wie es Gertrud nach dem Krieg erging, ist kaum etwas bekannt. Zurückgezogen lebte sie weiterhin in der Berliner Straße 160, 1950 dann zog sie noch einmal um, blieb aber ihrem Bezirk treu: Tempelhofer Damm 123 lautete die neue Adresse. Am 20. April 1958 starb sie im Alter von siebenundsechzig Jahren. Ihrem 1954 gestellten Antrag auf Entschädigung war erst kurz zuvor stattgegeben worden – eine späte Bestätigung für erlittenes Leid. »Die Antragstellerin gehörte dem Kreis der rassisch verfolgten Personen an«, heißt es da schwarz auf weiß. Das amtliche Schreiben, das ihr eine »Renten- und Kapitalnachzahlung« in Höhe von insgesamt immerhin 52 090 DM in Aussicht stellte, ist auf den 4. Juli 1957 datiert.

Wie Herbert knüpfte auch Editha ohne Weiteres an ihre Karriere an. Bis Ende der vierziger Jahre hatte sie Engagements in verschiedenen Städten, gastierte in Erfurt, Berlin und Gera und war umtriebig wie eh und je. »Sie zieht ganze Temperamentsregister. Bald ist sie energisch, bald übermütig, bald empört, bald höhnisch, bald lächelt sie, bald bettelt sie mit den Augen, bald verstellt sie sich als Bäuerin,

Editha mit Ruth Maria Kubitschek in der ZDF-Produktion »Hochspannung« von 1967

bald weiß sie nicht, was sie will, und bald erkennt sie doch ihr Ziel. … eine kleine Lehrerin in der Liebe«, hatte es noch zu Kriegszeiten in einer Kritik geheißen. Am Ende des Jahrzehnts galt das sicher mehr denn je. Routiniert beherrschte sie ihr Metier; ihre Spezialität »Salondame, leichtes Charakterfach« hatte sie längst gefunden; »Charakter und angejahrte Salondame« sollte sie später nicht ohne Selbstironie in einer Bewerbung schreiben. Die Sammlung von Fotos und Kritiken setzte sie nicht fort, weshalb es in ihrem Nachlass kaum Aufnahmen aus der Zeit nach 1945 von ihr gibt. Doch wissen wir, dass sie ihre Aktivitäten seit Anfang der fünfziger Jahre mehr zum Film verlagerte – im Kassenschlager »Die Halbstarken« von 1956 etwa spielte sie die Rolle der »Frau Haas«[25], später wirkte sie in zahlreichen

Rollenfoto aus den 1970er Jahren

Produktionen für Rundfunk und Fernsehen mit, und auch als Synchronsprecherin war sie jahrzehntelang sehr gefragt.

Ganz im Gegensatz zu ihrer Schwester, die den wachen Blick auf das Zeitgeschehen ein Leben lang bewahrte, war Politik auch im Nachkriegsdeutschland ihre Sache nicht.

Sorglos und selbständig, emanzipiert, unabhängig und witzig, stand sie fest auf eigenen Füßen, was auch in den westdeutschen Aufbaujahren für eine Frau so selbstverständlich nicht war. Zeitlebens rührte sie mit Erfolg die Werbetrommel in eigener Sache; dass das mit den Jahren nicht leichter wurde, liegt auf der Hand. Sie bewarb sich bei Produktionsfirmen, Theatern und Agenturen, führte auf Heller und Pfennig Buch über ihre Gagen, die sie, wenn sie nicht pünktlich kamen, mit großer Entschiedenheit eintrieb. Unbeschäftigt war sie nie, und augenscheinlich machte ihr der Beruf bis ins hohe Alter Spaß – über das sie sich, darin ganz typisch für ihre Zunft, im Laufe der Zeit eher ausschwieg. In den sechziger Jahren war sie laut Lebenslauf mit einem Mal vier Jahre jünger, später schrieb sie in diese Rubrik nur noch »siehe Bild«. Und das, obwohl sie ganz offensichtlich nicht gerade eitel war oder zumindest, als sie in die Jahre kam, aus der Not eine Tugend machte: Immer öfter spielte sie nun die Rolle der schrulligen Tante, mitunter auch der bodenständigen Frau von nebenan, mal mit Schürze und hochgekrempelten Ärmeln, mal mit Brille, Knautschhut und altjüngferlichem Kostüm.

Als neue Domäne entdeckte sie Kindertheater und -fernsehen und spielte in Serien mit, die Kultstatus erreichten: »Neues aus Uhlenbusch«, »Das feuerrote Spielmobil« und die »Rappelkiste« sind heute noch jedem ein Begriff, der als Kind in den siebziger Jahren vor dem Fernseher saß.

Ob es ihr wohl ein Schmunzeln abrang, als sie 1979, längst im Rentenalter, in Margarethe von Trottas »Schwestern oder Die Balance des Glücks« einen kleinen Part übernahm, ein Film, der von einem ungleichen Schwesternpaar handelt, einer symbiotischen Beziehung zweier Frauen, die nicht ohne- und nicht miteinander können? Da wohnte sie nämlich schon seit fast dreißig Jahren mit Schwester Ilse zusammen. Zur Familiengründung hatten sich beide, obwohl stets von Verehrern umgeben, niemals entschließen können – auch wenn Ilse später durchaus einmal sagte, sie hätte gerne Kinder gehabt. Dass sie dennoch nie eine Ehe einging, mag auch mit dem Trauma zusammenhängen, das die gelöste Verlobung im Krieg für sie bedeutet hatte.

Vielleicht nie so recht flügge geworden, hatte sie bis zu deren Tod bei der Mutter gelebt. Sie blieb labil, zerbrechlich und kränkelnd und wechselte krankheitsbedingt dauernd die Stellung. Gerne gehen ließ man sie nicht, alle erhaltenen Zeugnisse betonen ausdrücklich ihre

Die Schwestern Ilse und Editha Horn
mit einem Freund aus Südamerika, 1960er Jahre

ausnehmende Freundlichkeit und berufliche Kompetenz. Immer wieder sind Kuraufenthalte belegt, immer wieder bewarb sie sich nur für Halbtagsstellen. Die Diskrepanz, die schon in ihren frühen Jahren sichtbar geworden war, setzte sich weiter fort: Einerseits litt sie jahrzehntelang unter psychosomatischen Beschwerden, Herzproblemen und schweren Depressionen, deren Ursprung sie in der NS-Zeit sah – ihr Leben lang hegte sie eine Aversion gegen blondierte, kräftige Frauen! –, andererseits gab es durchaus Phasen wenn nicht des Glücks, so doch großer Zufriedenheit. Sie reiste viel, anfangs allein, später auch in der Gruppe. Zahlreiche Karten aus den fünfziger Jahren sind von diesen Touren erhalten, aus dem Salzkammergut, dem Fichtelgebirge, vom Wolfgang- und Zürichsee, aus dem Schwarzwald und von den Märchenschlössern Ludwigs II. am Chiemsee, einmal

Elegant bis ins hohe Alter: Ilse Horn bei einer Ausstellungseröffnung im Deutschen Historischen Museum am 25. Juni 2003

sogar aus Venedig. Kulturinteressiert und gebildet, konnte sie durchaus fröhlich sein – und hegte ein Faible für schöne Dinge: »… eine Handtasche für Dich« habe sie schon erstanden, schrieb sie aus der Lagunenstadt an die Schwester, und sie »hoffe noch viel zu sehen und zu kaufen!«

Bei Kollegen stets beliebt, blieb sie privat doch meist zurückhaltend, vorsichtig und hielt nur zu wenigen Menschen Kontakt, den allerdings beständig; mit Traute Barm etwa, die sie seit Schulzeiten kannte, verband sie eine lebenslange Freundschaft, ihr Sohn Victor wurde Ilses Patenkind. Die stärkste emotionale Bindung aber war stets die zu Editha geblieben. Als diese in den siebziger Jahren immer häufiger synchronisierte, zogen die beiden nach Lankwitz im Südwesten Berlins, weil das dortige Studio, Wenzel Lüdeckes Berliner Synchron, so schneller erreichbar war. Die Trennung, den Abschied vom bürgerlichen Tempelhof – bis dahin waren die beiden in der elterlichen Wohnung geblieben – hat Ilse, so sagte sie später, nur widerwillig vollzogen. Sicher konventioneller als Editha, empfand die Jüngere, die zeit ihres Lebens großen Wert auf ihre gute Herkunft gelegt und »ihren« Bezirk, außer auf Reisen, niemals verlassen hatte, den Wechsel als Abstieg. An die bescheidene kleine Zweizimmerwohnung in der Kaiser-Wilhelm-Straße 69, in der die beiden nun lebten, konnte sie sich niemals gewöhnen; dort gar Besuch zu empfangen, lehnte sie strikt ab, und das sollte bis an ihr Lebensende so bleiben. Dennoch kam es ihr nie in den Sinn, allein ihrer Wege zu ziehen. Die wohlhabenden Zeiten der Kindheit und Jugend, als die Eltern ein großes Haus führten, lagen lange zurück, doch sparen mussten die Schwestern nie. Und so war wohl bei beiden nicht mehr jungen Damen ein Stück Pragmatismus im Spiel, wenn sie sich nicht mehr entschließen konnten, noch einmal umzuziehen. Die Jahre vergingen, man war aneinander gewöhnt, also ließ man es, wie es war. Sie liebten sich, sie stritten sich auch und waren doch unzertrennlich, wussten um ihre Marotten, sahen einander altersbedingte Wunderlichkeiten nach. Seit den sechziger Jahren reisten sie auch gemeinsam – zumeist nach Spanien und mehrmals auch nach Südamerika, wo sie Freunde hatten.

In späteren Jahren wurde es stiller um sie, der Zusammenhalt aber blieb, ja steigerte sich wohl auch immer mehr zur verschworenen Gemeinschaft, etwa wenn es darum ging, in Wort und Tat gegen lärmende Nachbarn zu Felde zu ziehen. Als Editha Ende der achtziger Jahre schwer erkrankte und bettlägerig wurde, stand es für Ilse außer Frage, sie allein zu pflegen. Ohne ein Wort der Klage kümmerte sie sich um sie, fast fünf Jahre lang. Dass das die »kleine Schwester«, inzwischen auch über siebzig, an den Rand ihrer Kräfte brachte, ist un-

Axel Sabac el Cher in den 1960er Jahren …

schwer zu erahnen. Als Editha Horn 1994 mit zweiundachtzig Jahren starb, hinterließ sie eine bleibende, schmerzliche Lücke – doch war es für Ilse wohl letztlich auch eine Erlösung.

Sie verlebte noch einige schöne Jahre. Viel zu fein, zu damenhaft, um dies jemals zu thematisieren, blühte sie nach dem Tod ihrer Schwester sichtlich auf, wurde aktiver und lebhafter, ging nun, vielleicht erstmals, selbst auf andere zu. Stets elegant gekleidet, noch in hohem Alter eine schöne, gepflegte Erscheinung, war sie, wenn dazu aufgelegt, lachlustig, mitunter streitbar, politisch sehr interessiert – und sie erzählte, ebenfalls erstmals, von ihrer Vergangenheit. Was sie nicht vergessen konnte, was sie so tief verstört hatte, dass es in physische Leiden umschlug, darüber hielt sie sich meist bedeckt; es kam nur selten in Andeutungen zur Sprache, dann in plötzlich aufwallendem Zorn, wenn sie etwa sagte, das »Dritte Reich« habe ihr Leben zerstört. Was noch weiter zurücklag – die glückliche Kindheit, die

… und als Leutnant der Bundeswehr 1961

Liebe der Eltern, das wunderschöne Zuhause, davon berichtete sie bis zum Schluss ausführlich und schwärmerisch, und die Fotoalben, in denen sie in schwerster Zeit ihre Gegenwelten geschaffen hatte, wurden wie ein Schatz gehütet – wie übrigens auch ein paar Relikte aus ferner Vergangenheit: die goldene Uhr etwa, die der Diener des Prinzen von der Zarin erhalten hatte, das Dokument seiner Einbürgerung, Geburts- und Sterbeurkunden, Berichte von Familientagen des großen Horn'schen Clans oder die Unterlagen über die Erbschaft ihres Vaters.

Dass es noch lebende Mitglieder ihrer Familie gab, war ihr genauso wenig bekannt wie Axel Sabac el Cher, und in Senzig, wo sich bei Liesbeths Neffen noch weitere Dokumente befanden, war sie seit dem Mauerbau auch nicht mehr gewesen. Erst die Recherchen zum Gemälde »Preußisches Liebesglück« führten im Spätherbst 2002 ein

Hochzeit mit Ingrid Stüper, 1. August 1964

Treffen der Verwandten herbei. Axel hatte Anfang der sechziger Jahre als Zeitsoldat in der Bundeswehr zwar, ohne es zu wissen, die militärische Tradition der Sabac el Chers fortgeführt, doch den Beruf des Musikers hatte er nicht ergriffen. Er wurde Textilingenieur. Als er am 1. August 1964 die Göttingerin Ingrid Stüper heiratete, gab es, so dachte er, aus der Familie seines Vaters niemanden mehr, der mit ihm hätte feiern können. Die Personen auf den wenigen Fotos, die er besaß, konnte er zum großen Teil nicht identifizieren, und zu Lebzeiten seines Vaters hatte er nie einen Anlass gesehen, zu den bruchstückhaften Geschichten von Gustav, die Herbert – selten genug – erzählte, weitere Fragen zu stellen. Als er am 15. Oktober 1965 Vater einer Tochter wurde, konnte er ihr nichts mehr über seine Familie sagen.

Was in seiner Erinnerung blieb, war einzig die märchenhaft-exotische »Gutenachtgeschichte vom Mohren«, die er sich als Kind allabendlich von Mutter Agnes erzählen ließ – vom Wüstenscheich in Afrika, der ein riesiges Heer besaß, mit Elefanten und Kampfkamelen und vielen, vielen Pferden, vom Leben in Zelten, die kostbare Teppiche zierten, und einer Lieblingsfrau, die, als der Scheich im Kampf fiel, sich das Leben nahm. Eine Geschichte, die dadurch an Faszination gewann, dass Axel ein Teil von ihr war: »Ihr kleiner Sohn, dein Urgroßvater, war also Vollwaise. Und da die Ägypter den Krieg gewonnen hatten, nahmen sie diesen Prinzensohn, den kleinen Mohren, mit nach Kairo und steckten ihn in die Schule, wo er lesen und schreiben lernte ...« Immer weiter habe die Mutter die Geschichte ausgeschmückt, immer größer wurde die Zahl von Kampfkamelen und Pferden, und er schlief ein und träumte davon, in einem Beduinenzelt zu leben und auf Kamelen zu reiten. Dem Erwachsenen Axel war dies dann nichts mehr als eine schöne Legende, so fern und entrückt wie Weihnachtsgeschichten für Kinder. Von einem Fotoalbum Gustav Sabac el Chers, von der Familienchronik und der goldenen Taschenuhr hatte er keine Ahnung. Weder von Prinz Albrecht noch vom »Preußischen Liebesglück« war ihm je etwas zu Ohren gekommen, und ein Foto seines Urgroßvaters oder Großvaters in Uniform hatte er nie gesehen.

Die Spurensuche, die mit einem militärhistorischen Gutachten begann und gleich mehrere Künstlerbiographien zutage förderte, endete so in einer Familienzusammenführung. Das Grab von Gustav und Gertrud Sabac el Cher in Senzig wird noch immer liebevoll gepflegt, und als Ilse Horn im August 2004 im Alter von knapp fünfundachtzig Jahren starb, kam auch Axel Sabac el Cher zu ihrer Beerdigung.

Die schwarze Hautfarbe des Stammvaters ist ebenso verblasst wie die Erinnerung an ihn. Die afrikanischen Wurzeln sieht man weder Axel noch seiner Tochter Angela an. Die promovierte Betriebswirtin ist die letzte Trägerin des illustren Namens Sabac el Cher. Die

Auf den Spuren der eigenen Geschichte:
Axel Sabac el Cher mit Tochter Angela in der Bibliothek
des Deutschen Historischen Museums, 2001

ganze Polemik von mehr als einhundert Jahren, die das Leben früherer Generationen der Familie begleitet hatte, beweist hier ihre Absurdität: Es gibt weder schwarz noch weiß, es gibt nur unendlich viele Geschichten.

Anhang

Anmerkungen

Auftakt

1 Vgl. dazu Bastian Breiter, »Der Weg des ›treuen Askari‹ ins Konzentrationslager. Die Lebensgeschichte des Mohamed Husen«, in: Ulrich van der Heyden/Joachim Zeller, »Kolonialmetropole Berlin«, Berlin 2002, S. 215–220, hier S. 219.

2 Gutachten des Militärhistorikers Gerhard Bauer vom 27. Juni 1997.

3 M. Rischmann, »Mohren als Spielleute und Musiker in der preußischen Armee«, in: *Zeitschrift für Heeres- und Uniformkunde,* Heft 91/93, Juli/August/September 1936, S. 84.

4 Vgl. z. B. *Illustrirte Zeitung* Nr. 2832, 7. Oktober 1897, S. 482.

5 Zu Doerstling vgl. »Verzeichnis ostpreußischer Künstler«, Königsberg 1927, S. 11; »Doerstling, Emil«, in: »Saur Allgemeines Künstlerlexikon«, Bd. 28, München/Leipzig 2001, S. 260; Augustinus Schwarz, »Professor Emil Doerstling«, aus: »III. Löbenichter Köpfe«, nicht veröffentlichtes Manuskript, Museum der Stadt Königsberg, Duisburg o. J., sowie die unveröffentlichte handgeschriebene Familienchronik »Mein guter Vater« von Elsa Suttkus, Privatbesitz.

6 Vgl. Hans und Heidi Zeidler, »Der vergessene Prinz«, Dresden 1995, S. 63.

7 Caroline von Rochow, »Vom Leben am preußischen Hofe 1815–1852«, Berlin 1908, S. 206.

8 Ebd.

9 So der preußische Staatsmann Johann Friedrich von Ancillon über den jungen Prinzen, zit. nach Johannes Sievers, »Das Palais an der Wilhelmstraße 102. Der Bauherr«, in: ders. »Karl F. Schinkels Lebenswerk«, Bd. 7, Berlin/München 1954, S. 119.

10 Rochow, a. a. O., S. 207.

11 Vgl. Zeidler, a. a. O., S. 80.

12 So berichtet von Ilse Horn, der Urenkelin von August Sabac el Cher, am 9. März 2001 und am 11. April 2002.

13 Vgl. Gustav Seeber und Heinz Wolter, »Monarchen und Minister, sozialdemokratische Publizistik gegen Monarchismus und Volksbetrug«, Berlin 1974, S. 85.

14 *Der Sozialdemokrat* Nr. 5 und 6 vom 23. Januar und 1. Februar 1883.

Kapitel 1

1 Richard Lepsius, »Briefe aus Aegypten, Aethiopien und der Halbinsel des Sinai 1842–1845«, Berlin 1852, S. 24, Brief vom 2. Januar 1843.

2 Lepsius, a. a. O., S. VI.

3 Dietrich Wildung, »Altägypten – preußisch«, in: *MuseumsJournal* Nr. 1, 15. Jahrgang, Januar 2001, S. 46 f., hier S. 46, sowie ders., »Preußen am Nil«, Berlin 2002, S. 10–13. Zur genauen Datierung des Reisebeginns vgl. Lepsius, a. a. O., S. 12, Brief vom 16. Oktober 1842.

4 Lepsius, a. a. O., S. V.

5 Lepsius, a. a. O., Brief vom 16. Oktober 1842, S. 17 ff.

6 Lepsius, a. a. O., Brief vom 2. Januar 1843, S. 31.

7 Georg Erbkam, nicht veröffentlichtes Tagebuch, Dauerleihgabe an das altägyptische Wörterbuch in der Berlin-Brandenburgischen Akademie der Wissenschaften. Text transkribiert von Elke Freier. ÄM Archiv 94–96, Eintrag vom 6. März.

8 Hermann Fürst von Pückler-Muskau, »Aus Mehemed Alis Reich. Ägypten und der Sudan um 1840«, Zürich 1988, S. 122–128.

9 Lespsius, a. a. O., S. 72, Brief vom 31. Mai 1843.

10 Pückler a. a. O., S. 43.

11 Bei Lepsius, a. a. O., S. 25 f., 45, 48 ff., 70. Briefe vom 2. Januar, 18. März, 13. April und 31. Mai 1843.

12 Lepsius, a. a. O., S. 48 f.

13 Vgl. den nicht veröffentlichten Brief Georg Erbkams an seine »liebe Mutter, Geschwister und Freunde!« vom 7. Mai 1843, Zentralarchiv Staatliche Museen zu Berlin – Stiftung Preußischer Kulturbesitz sowie den Tagebucheintrag Erbkams vom 5. April.

14 Erbkam, nicht veröffentlichtes Tagebuch, a. a. O., Eintrag vom 6. April 1843. Dr. Franz Pruner war ein deutscher Arzt und Anthropologe, Josef Bonomi Zeichner und Maler, Wagner hieß der preußische Konsul in Ägypten, Hein-

rich Abeken war Theologe und als »Feder Bismarcks« später Verfasser der Emser Depesche, James William Wild ein englischer Architekt.

15 Vgl. den nicht veröffentlichten Brief Erbkams, a. a. O.

16 Richard Lepsius, a. a. O., Brief vom 2. März 1844, S. 184 f.

17 Vgl. dazu Hermann Fürst von Pückler-Muskau, a. a. O., S. 193, 244 f., 267, 498, 575, 580 und 676.

18 Vgl. den nicht veröffentlichten Brief Erbkams, a. a. O.

19 Vgl. Erbkam, nicht veröffentlichtes Tagebuch, a. a. O., Eintrag vom 7. April 1843.

20 Lespius, a. a. O., Brief vom 13. April 1843, S. 51 f.

21 Ernestine von Wildenbruch an Massilissa von Boguslawski. Vgl. »Die Briefe der Ernestine von Wildenbruch«, in: »Aus der preussischen Hof- und diplomatischen Gesellschaft«, hg. von A. von Boguslawski, Stuttgart/Berlin 1903, S. 176 ff. und S. 182 f.

Kapitel 2

1 Telefonische Auskunft vom 17. Januar 2001 von Marie Therese Hug, Prinzessin von Preußen, geboren 1911 im Albrecht-Palais, über die Unterbringung der Dienerschaft.

2 »Neu-Ägypten in Berlin«, in: *Neue Preußische Zeitung,* Nr. 181, 6. August 1853, S. 1.

3 E. Helwing, Prof. an der Königlichen Universität Berlin, »Zweiter Bericht für die ägyptische Regierung über die Erziehung und den Unterricht der nach Berlin gesandten ägyptischen Schüler«, Berlin, 15. April 1853, Museum für Kindheit und Jugend, Berlin.

4 Darauf wird in den folgenden Kapiteln noch eingegangen werden. Die abwertende Beurteilung des »Schwarzen« war im Übrigen keineswegs ein althergebrachtes Phänomen, im Gegenteil: Seit dem 12. Jahrhundert galt den herrschenden Schichten Europas das »Orientalische« als verfeinerte Hochkultur. Ein grundlegender Wandel der allgemeinen Ansicht hatte erst seit dem Ende der Religionskriege im 17. Jahrhundert stattgefunden: »In der Zeit zwischen 1648 und 1789 gerät die alte Frage nach dem ›wahren‹ Gesicht des Schwarzen in den Sog der ideologischen Auseinandersetzung zwischen Adel und Bürgertum. Afrika, das man sich bis dahin als ein verführe-

risches Paradies verfeinerter Kultur vorgestellt hatte, verwandelte sich nun im Bewußtsein vieler Menschen in ein Land primitiver Unterentwicklung: ... der kultivierte ›Mohr‹ [wurde nach und nach] zum wüsten ›Wilden‹.« Vgl. hierzu Peter Martin, »Schwarze Teufel, edle Mohren«, Hamburg 1993, S. 66, 77 f., 81.

5 Vgl. dazu »Johann Gottfried Schadow und die Kunst seiner Zeit«, Ausstellungskatalog, Köln 1994, S. 261 f.

6 Bernhard Lepsius, »Haus Lepsius, vom geistigen Aufstieg Berlins zur Reichshauptstadt«, Berlin 1933, S. 138.

7 August Jäger, »Das Leben des Fürsten von Pückler-Muskau«, Stuttgart 1843, S. 323 ff. Vgl. dazu auch Paulette Reed-Anderson, »Eine Geschichte von mehr als 100 Jahren. Die Anfänge der Afrikanischen Diaspora in Berlin«, Berlin 1995, S. 13, 15.

8 Vgl. dazu Kirchenbuch, Geborene und Getaufte in der Jerusalemkirche im Monat April 1852, Eintrag 504, Archiv der Jerusalemkirche.

9 Vgl. dazu den handgeschriebenen Eintrag von Gustav Sabac el Cher im Familienstammbuch Gustav Sabac el Cher, S. 3, Privatbesitz.

10 Berliner Adressbücher von 1843, 1850 und 1867, Staatsbibliothek Berlin.

11 Brief von Norbert Kruppke, Kirchengemeinde Osterburg, vom 9. Juni 1994 an Frau Eva Ströhmer-Kulisch.

12 Geheimes Preußisches Staatsarchiv, I.HA, Rep. 100, Nr. 934.

13 G. Manthei, »Der herrschaftliche Diener. Lehrbuch zum Selbstunterricht nebst praktischer Anleitung zum Serviettenbrechen«, Berlin 1911, S. 20 f.

14 Zum folgenden Exkurs vgl. Martin, »Schwarze Teufel, edle Mohren«, a. a. O., S. 42 ff., 100–112, 129–181, hier S. 101 ff.

15 Zum unrühmlichen Kapitel des Menschenhandels unter brandenburgischer Flagge vgl. Ulrich van der Heyden, »Das brandenburgische Kolonialabenteuer unter dem Großen Kurfürsten«, in: ders./Joachim Zeller, a. a. O., S. 15–19. Was anfangs unmöglich schien – das Kurfürstentum besaß nicht ein einziges Schiff, und die europäischen Seemächte, in großer Zahl in der Region schon präsent, waren wenig erpicht auf Konkurrenz – wurde schließlich Realität: Eine erste Expedition stach 1680 in See und nahm Kurs auf den Golf von Guinea. Sie kehrte erfolgreich zurück, mit Gold und Elfenbein im Wert von 100 000 Talern an Bord sowie mit dem festen Vorsatz, an der Küste des heutigen Ghana ein eigenes Fort zu bauen, was die Einheimischen, so der Leiter der Expedition, »mit Freude gestattet« hätten. »Mit Pauken und Schalmeyen« wurde am 1. Januar 1683 der Grundstein für

die »Veste Großfriedrichsburg« gelegt – und damit auch die Basis für den transatlantischen Handel.

16 Durch Sondervergütungen etwa bei einer Heirat, Übernahme der Kosten im Krankheitsfall, freie Wohnung auf dem Gelände des Schlosses, ja sogar einer Altersversorgung durch den adligen »Herrn« waren sie bei Hofe in der Regel nicht schlecht gestellt, und besondere Verdienste und Fähigkeiten wurden großzügig belohnt. Vgl. Martin, a. a. O., S. 137–143, 156 ff.

17 Mit ihnen begann, was heute in der Forschung die »Geschichte der afrikanischen Diaspora in Deutschland« genannt wird.

18 So berichtet es jedenfalls der Publizist Karl August Varnhagen von Ense, zit. bei Hans und Heidi Zeidler, »Der vergessene Prinz«, Dresden 1995, S. 89. Bei dem Ehrenzeichen handelt es sich um die 1851 gestiftete Hohenzollern'sche Denkmünze »1848/49«.

19 Zit. in: »Beitrag zu den Erinnerungen 1870/71, Prinz Friedrich Heinrich Albrecht von Preußen«, Berlin 1895, S. 9. Vgl. auch Zeidler, a. a. O., S. 94.

20 Zit. ebd., S. 93.

21 Zit. ebd., S. 99.

22 Vgl. dazu Astrid Fritsche, »Der Pfingstberg in Potsdam, Amtlicher Führer«, hg. von Stiftung Preußischer Schlösser und Gärten Berlin-Brandenburg, 1995, S. 9.

23 Davon zeugen einige Briefe Albrechts, in denen er den Bruder inständig bittet, ihn den »Krieg in der Nähe« sehen zu lassen, »Erfahrungen zu sammeln, um später in der Lage zu sein, dem Vaterlande und der Armee nützen zu können …«. Vgl. »Beitrag zu den Erinnerungen 1870/71, Prinz Friedrich Heinrich Albrecht von Preußen«, Berlin 1895, S. 40 f. Dass Zweifel an seinen Fähigkeiten bestanden, mag der Ausspruch illustrieren, den Fürst Bülow, der Nachfolger Bismarcks, später Friedrich Wilhelm IV. in den Mund legte: »Wären wir vier als Söhne eines kleinen Beamten geboren worden, so würde ich Architekt sein, Wilhelm Feldwebel, Karl wäre ins Gefängnis gekommen und Albrecht verbummelt.« Zit. nach ders., »Denkwürdigkeiten«, Bd. 1, Berlin 1934, S. 18.

24 Leopold von Schlözer, »Generalfeldmarschall Freiherr von Loë, ein militärisches Zeit- und Lebensbild«, Berlin 1914, S. 262, weitere Zitate S. 265, 252, 254.

25 Zit. ebd., S. 269.

26 Ebd., S. 271.

27 Zit. ebd., S. 276.

28 Ebd., S. 257. Die Illustrationen mit dem Titel »Im Kaukasus. 1862« werden in der Staatsbibliothek Berlin verwahrt; bei dem erwähnten Schlachtenmaler handelt es sich wohl um den auch bei Carl von Reclam erwähnten Theodor Horschelt. Vgl. Carl von Reclam, »Geschichte der Familie Reclam«, Leipzig 1895, S. 38.

29 Vgl. dazu das Urteil bei Freiherr v. Loë, General-Feldmarschall, »Erinnerungen aus meinem Berufsleben 1849 bis 1867«, Stuttgart und Leipzig 1906, S. 49.

30 »Beitrag zu den Erinnerungen 1870/71«, a. a. O., S. 43, sowie »Allgemeine Deutsche Biographie«, Bd. 45, Berlin 1971, S. 741.

31 Vgl. Ulrich van der Heyden, »Die Mohrenstraße«, in: ders./Joachim Zeller, a. a. O., S. 188 f.

32 Karl Friedrich Heinrich Theodor von Reitzenstein wurde am 12. November 1797 in Luplow in Mecklenburg-Schwerin geboren. 1833 heiratete er Sophie Ida Auguste Karoline Friederike von Jasmund. Ein Jahr später wurde ihr Sohn Friedrich geboren. 1848 verließ Karl Friedrich von Reitzenstein die preußische Armee im Rang eines Obersten. Am 18. Juni 1878 verstarb er in Görlitz. Vgl. auch Kurt von Priesdorf, »Soldatisches Führertum«, Hamburg 1937–1942, S. 338 f. Laut Schreiben von Konrad Freiherr von Reitzenstein vom 1. August 2002 verstarb Karl Friedrich von Reitzenstein allerdings nicht in Görlitz, sondern in Sachsenberg bei Schwerin.

33 Kirchenbuch Dreifaltigkeitsgemeinde, Aufgebote und Getraute im Monat November 1867, S. 64, Nr. 223, Archiv der St.-Lukas-Gemeinde. Zum Folgenden ebd., Geborene und Getaufte im Monat Mai 1868, S. 34, Nr. 258.

34 Brief von Norbert Kruppke, Kirchengemeinde Osterburg, vom 9. Juni 1994 an Frau Eva Ströhmer-Kulisch.

35 Telefonische Auskunft vom 17. Januar 2001 von Marie Therese Hug, Prinzessin von Preußen, geboren 1911 im Albrecht-Palais, über die Unterbringung der Dienerschaft.

36 Kirchenbuch Dreifaltigkeitsgemeinde, Geborene und Getaufte im Monat August 1869, S. 56, Nr. 434, Archiv der St.-Lukas-Gemeinde.

37 »Aus der Vergangenheit des Schlosses Albrechtsberg. Persönliche Erinnerungen«, in: *Dresdner Anzeiger* Nr. 191, 1930, S. 516. Es berichtet die Tochter des Hofgärtners Neumann.

38 Vgl. Carl von Reclam, a. a. O., S. 39.

39 Geheimes Preußisches Staatsarchiv, I. HA, Rep. 100, Nr. 934.

40 Kirchenbuch Dreifaltigkeitsgemeinde, Gestorbene im Monat September 1885, Fol. 45, Archiv der St.-Lukas-Gemeinde.

41 Neben der erwähnten 1851 gestifteten Hohenzollern'schen Denkmünze »1848/49« und dem Erinnerungskreuz »Treuen Kriegern 1866« erhielt er folgende königlich-preußische Ehrenzeichen: Eisernes Kreuz 1870, 2. Klasse am Nichtkämpferband; Medaille des Roten Adler-Ordens von 1871 (sie wurde nur an solche Mannschaften vom Feldwebel abwärts verliehen, »die einen Krieg nicht mitgemacht haben und ferner an Hof-Lakaien usw.«); die Kriegsdenkmünze 1864 (sicher für Nichtkämpfer) sowie die Kriegsdenkmünze 1870/71 für Nichtkämpfer.

Kapitel 3

1 Zu den Angaben zum Werdegang vgl. *Illustrirte Zeitung,* Nr. 2832, 7. Oktober 1897, S. 482.

2 Die Faszination für schwarze Musikanten war aber keineswegs eine Idee des Barock; im arabischen Raum schon in der Antike bekannt, erreichte der Brauch seit der Zeit der Kreuzzüge auch Europa. In Deutschland fanden sich seit dem 16. Jahrhundert vermehrt schwarze Musiker. Vgl. Peter Martin, »Schwarze Teufel, edle Mohren«, Hamburg 1993, S. 113 ff.

3 Zit. nach Martin, a. a. O., S. 123.

4 Zit. nach Martin, a. a. O., S. 124.

5 Vgl. Rischmann, a. a. O., S. 83 f. sowie H. P. Stein, »Wort und Brauch in Heer und Flotte«, Stuttgart 1986, S. 319. Zur Zeit Friedrichs des Großen sind Soldzahlungen an sie belegt, und 1741 kamen vier Kompanien preußischer Grenadiere durch Breslau, von denen jede einen schwarzen Spielmann als Querpfeifer hatte. Die Pfeifer der Leib- und Grenadier-Kompanie des I. Bat. Garde 15 waren bis 1806 in der Mehrheit Schwarzafrikaner, vereinzelt auch Araber. Um das Jahr 1840 wurden drei farbige Spielleute dem I. Regiment 29 zugeteilt. Zwei von ihnen flüchteten schon bald, der dritte setzte sich 1848 in Mannheim ab, wo das Regiment wegen ausgebrochener Unruhen vorübergehend in Quartier lag. Selbst bis zum Ersten Weltkrieg beschäftigten einige Regimenter schwarze Musiker als Kesselpauker oder Schellenbaumträger, so das Grenadier-Regiment zu Pferde Nr. 3 die Gefreiten Mambo und Zigorra und das Leibgarde-Husarenregiment den Vizefeldwebel Sambo.

6 Vgl. hierzu Walter Transfeldt, »Wort und Brauchtum des Soldaten«, Hamburg 1959, S. 153.

7 »Das kleine Buch vom Deutschen Heere«, a. a. O., S. 111 f. Soweit im Folgenden nicht anders nachgewiesen, beziehen sich die historischen Aussagen zu Ausbildung und Stellung des Militärmusikers auf ein am 8. September 2006 geführtes Interview mit Gehard Bauer, Militärhistorisches Museum der Bundeswehr, Dresden.

8 Vgl. Joachim Zeller, »Das deutsche Kolonialhaus in der Lützowstraße«, in: Ulrich van der Heyden/Joachim Zeller (Hg.), »Kolonialmetropole Berlin«, Berlin 2002, S. 91.

9 So formuliert es Gertrud später in einem behördlichen Schreiben der dreißiger Jahre zwecks Nachweis der arischen Abkunft »ihres Erzeugers«; die erforderlichen Recherchen förderten dann auch die Geburtsurkunde Bechtels zutage.

10 Schülerlisten 1869–1898, Universität der Künste Berlin, Universitätsarchiv, Bestand 1, Nr. 622, Bl. 343^{r}.

11 *Illustrirte Zeitung,* Nr. 2832, 7. Oktober 1897, S. 482.

12 Die Begebenheit wurde auf einen Zeitungsbericht über Doerstlings Bild und Gustav Sabac el Cher hin im Internet veröffentlicht unter http://www.wissen48.net/x/Einmal_im_Walzertakt-403590.html

13 Vgl. zum Beruf des Schwiegervaters die Familienchronik Herbert Sabac el Cher, S. 26, Privatbesitz.

14 Kathrin Roller, »›Wir sind Deutsche, wir sind Weiße und wollen Weiße bleiben‹ – Reichstagsdebatten über koloniale ›Rassenmischung‹«, in: Ulrich van der Heyden/Joachim Zeller (Hg.), a. a. O., S. 73–79.

15 Vgl. dazu Konfirmationsurkunde von Horst Sabac el Cher, Privatbesitz.

16 Berliner Adressbücher 1902 bis 1917, Stadtmuseum Berlin. Berliner Adressbücher 1919 bis 1932 (obgleich Anna 1930 verstarb).

17 Zu den Daten der Trauung, Geburt und Taufe vgl. Stammbuch der Familie Horn, S. 6–12, Privatbesitz.

18 So im »Militärpaß des Landsers und Rekruten Karl-Egon Johannes Gottlieb Horn« aus dem Ersten Weltkrieg, Privatbesitz.

19 *Berliner Tageblatt,* 10. November 1918.

Kapitel 4

1 Vgl. Zeitungsausschnitt »Wie ich zum Theater kam«, vermutlich Ende der dreißiger Jahre, ohne nähere Quellenangabe, Nachlass Editha Horn.

2 Interview mit Traute Barm vom 30. August 2005.

3 Vgl. dazu *Die Funkstunde,* Nr. 21 vom 23. Mai 1926, S. 537.

4 Vgl. Joachim Zeller, »Berliner Maler und Bildhauer im Dienste der Kolonialidee«, in: Ulrich van der Heyden/Joachim Zeller, »Kolonialmetropole Berlin«, Berlin 2002, hier S. 167.

5 Vgl. Reiner Pommerin, »›Sterilisierung der Rheinlandbastarde‹. Das Schicksal einer farbigen deutschen Minderheit 1918–1937«, Düsseldorf 1979, S. 31.

6 So im *Daily Herald* vom 10. April 1920.

7 Vgl. dazu Jahresbericht der Musikhochschule Nr. 48, S. 140, Universität der Künste Berlin.

8 Zur musikalischen Zusammenarbeit der Brüder äußerte sich Axel Sabac el Cher in einem Interview am 7. September 2006.

9 Das Folgende bezieht sich auf ein Schreiben von Helfriede Höschel-Frauböse, der Tochter Elfriede Hollsteins, vom 11. Juli 2007.

10 Zit. nach Peter Martin/Christine Alonzo (Hg.), »Zwischen Charleston und Stechschritt. Schwarze im Nationalsozialismus«, München 2004, S. 264.

11 Vgl. Heiko Möhle, »Betreuung, Erfassung, Kontrolle. Afrikaner aus den deutschen Kolonien und die ›Deutsche Gesellschaft für Eingeborenenkunde‹ in der Weimarer Republik«, in: Marianne Bechhaus-Gerst/Reinhard Klein-Arendt (Hg.), »Die (koloniale) Begegnung. AfrikanerInnen in Deutschland 1880–1945. Deutsche in Afrika 1880–1918«, Frankfurt am Main 2003, S. 227, 233 ff.

12 Vgl. dazu Inserat in der *Königswusterhausener Zeitung* vom 10. Mai 1931, das im Folgenden Zitierte ist undatiert.

13 Die Rekonstruktion der Senziger Zeit ist vor allem den fundierten Recherchen Hanneliese Henows und zahlreichen Gesprächen zu verdanken, die sie mit Zeitzeugen in Senzig führte. Die folgenden Ausführungen komprimieren die Korrespondenz zwischen ihr und Gorch Pieken in den Jahren 2001–2006.

14 Vgl. dazu Reisepass von Horst Sabac el Cher, ausgestellt am 24. Mai 1929 in Königsberg, Visa S. 7 und 9 sowie Meldebestätigung S. 32, Privatbesitz.

15 Vgl. Protokoll eines Gesprächs vom 8. März 1999 zwischen Hanneliese Henow und Herta Kellermann, geborene Schwaddeck.

16 Vgl. Brief von Hanneliese Henow vom 20. Oktober 2002. Im Bericht »11 Jahre Arbeit des Stahlhelm-Frauenbundes Landesverband Sachsen«, 1935 in Dresden erschienen, heißt es auf S. 1 und 4 f.: »Die Aufgaben bestanden vornehmlich in der Pflege deutschen Wesens und deutscher Sitte, im Kampf für die Heimat und in erzieherischer Einwirkung auf Volk und Familie. … Diese Frauen waren durch das gemeinsame Kriegserlebnis ganz andere geworden, und als Grundmelodie zog durch alle das eine: Deutschland, Deutschland über alles! … In unendlich vielen Kursen vom Jahre 1925 an sind unsere Frauen und Mädchen geschult worden. … Wie viel wurde da geschafft für Kameraden und Kameradinnen, für Säuglinge und Kinder in allen Lebenslagen. Keiner sollte darben und Not leiden, wir waren ja eine große Familie. Dann gedenke ich der vielen Abende, an denen Kochen, Backen, Servieren, alles, was zu einer gepflegten Häuslichkeit gehört, gelehrt wurde.«

17 Brief von Hanneliese Henow vom 20. Oktober 2002, in dem sie Zeitzeugen aus Senzig zitiert, die die Treffen als »eine Zusammenkunft von alten Kämpfern des I. Weltkrieges« beschreiben, »wo sich die Männer noch über damalige Erlebnisse austauschten. Sie fanden dort Gelegenheit, wieder mal zusammen zu kommen.«

18 Vgl. dazu Familienstammbuch Gustav Sabac el Cher, S. 14, Privatbesitz.

19 Abt B 8 Reihe 6 Nr. 15.

20 Vgl. dazu Familienstammbuch Herbert Sabac el Cher, S. 4, Privatbesitz. Theoretisch wäre eine evangelische Trauung möglich gewesen, die jedoch die katholische Kirche mit Kommunion- und Beichtverbot belegt hätte.

21 Telefonische Auskunft Axel Sabac el Cher im Juni 2007.

22 Vgl. dazu Schreiben des Bezirks-Schornsteinfegers F. W. Höschel an das Nationaltheater Mannheim vom 22. September 1943, Personalakte von Herbert Sabac el Cher, Stadtarchiv Mannheim.

23 Schreiben von Helfriede Höschel-Frauböse, der Tochter Elfriede Hollsteins, vom 11. Juli 2007.

24 Telefonische Auskunft von Klaus Schneider, einem Neffen Liesbeth Sabac el Chers, im Juli 2007.

25 Vgl. Zeugnisse der Mecklenburg-Strelitzschen Hypothekenbank vom 29. März 1902 sowie der Mecklenburgischen Depositenkasse der Berliner Bank, der Mecklenburg-Strelitzschen Hypothekenbank vom 29. Februar 1904 und des Bankhauses F. W. Krause & Co. vom 30. September 1930, Nachlass Ilse Horn.

26 Korrespondenz in der Erbsache Sandmann zwischen dem Neustrelitzer Rechtsanwalt und Notar O. Piper und Karl-Egon Horn zwischen 1930 und 1931, Nachlass Ilse Horn. Bei dem verkauften Landgut handelte es sich um einen in der Korrespondenz als »Blücher« bezeichneten Besitz; eine Inventurliste von 1923 (!) weist ein beträchtliches unbewegliches Vermögen, vor allem Viehbestand, auf.

27 Vgl. Schreiben des Angestelltenbüros der Reichsbank an Karl-Egon Horn vom 28. Juni, 26. August und 28. Oktober 1933, Nachlass Ilse Horn. Als Vergleichswert für den Durchschnittsverdienst eines Angestellten im Jahre 1938 lagen nur Angaben für das Land Hessen vor. Demnach verdiente ein Angestellter dort monatlich etwa zweihundertsieben Reichsmark. Vgl. »Hessen im Wandel. Die letzten hundert Jahre 1860–1960«, hg. vom Hessischen Statistischen Landesamt, Wiesbaden 1960, S. 543.

28 Bestätigungsschreiben des Deutschen Handlungsgehilfen-Verbands vom 13. September 1933 über die Aufnahme Karl-Egon Horns, Nachlass Ilse Horn.

29 Vgl. Familienstammbuch Gustav Sabac el Cher, S. 13, Privatbesitz.

30 Telefonische Auskunft von Klaus Schneider, dem Neffen von Liesbeth Sabac el Cher, am 30. Mai 2002.

31 Vgl. Telegramme vom 11. und 12. Oktober 1934, Privatbesitz.

32 Vgl. dazu Familienstammbuch Herbert Sabac el Cher, S. 24, Privatbesitz, und die telefonische Auskunft vom 31. Mai 2002 von Ilse Horn, der Großnichte von Gertrud Sabac el Cher.

33 Beide Zeitungsausschnitte aus dem Jahre 1934 – sie tragen die Titel »Mohrenkapellmeister gestorben« sowie »Obermusikmeister Sabac-el-Cher gestorben« – fanden sich im Nachlass von Ilse Horn, leider ohne genaue Quellen- und Datumsangabe.

Kapitel 5

1 Vgl. den Zeitungsausschnitt »Wie ich zum Theater kam« unterzeichnet »Editha Horn« aus dem im Sommer 1935 entstandenen Fotoalbum sowie erhaltenes Programmblatt für eine Aufführung von Gerhart Hauptmanns »Biberpelz«, 8. September 1932, veranstaltet durch den »Verein für das Deutschtum im Ausland, Jugendgruppe und Schulgruppe am Realgymna-

sium mit Oberrealschule zu Berlin-Tempelhof, Nachlass Ilse Horn. Editha spielte die Rolle der Waschfrau, Frau Wolff.

2 Bis 1931 besuchte sie die Städtische Höhere Handelsschule Berlin Mitte, danach war sie als Stenotypistin tätig. Zeugnisse aus den Jahren 1931–1933, Nachlass Editha Horn.

3 Zeugnis der Eignung zum Bühnenberuf, Kunstgattung Schauspiel, vom 12. September 1934, Nachlass Editha Horn.

4 Um die »Reinerhaltung des deutschen Blutes« auch wirklich gewährleisten zu können, wurde allerdings bereits am 14. November 1935 in einer ersten Durchführungsverordnung des »Blutschutzgesetzes« ein weiteres Ehehindernis definiert, das andere »Artfremde« als Juden einbezog. Vgl. dazu Andreas Rethmeier, »›Nürnberger Rassegesetze‹ und Entrechtung der Juden im Zivilrecht«, Frankfurt am Main 1995, S. 203.

5 Schreiben von Editha Horn an das Einwohnermeldeamt sowie an den Pfarrer der Berliner Jacobikirche vom 16. und 21. Februar 1934, Nachlass Editha Horn.

6 Vgl. Ausweise Editha Horn Reichstheaterkammer und Reichsfachschaft Film e. V. vom 1. September 1934 und 6. November 1935.

7 »Juden waren und sind es, die den Neger an den Rhein bringen, immer mit dem gleichen Hintergedanken und klarem Ziele, durch die dadurch zwangsläufig eintretende Bastardisierung die ihnen verhasste weiße Rasse zu zerstören, von ihrer kulturellen und politischen Höhe zu stürzen und selber zu ihren Herren aufzusteigen«. Hitler, »Mein Kampf«, S. 357, zit. nach Peter Martin, »Zwischen Charleston und Stechschritt. Schwarze im Nationalsozialismus«, München 2004, S. 383.

8 So Fischer in seinem vielbeachteten, noch 1961 (!) wieder aufgelegten Buch »Die Rehobother Bastarde«. Zit. nach Kathrin Roller, »Der Rassenbiologe Eugen Fischer«, in: Ulrich van der Heyden/Joachim Zeller (Hg.), »Kolonialmetropole Berlin«, Berlin 2002, S. 131.

9 Vgl. Katharina Oguntoye, »Eine afro-deutsche Geschichte. Zur Lebenssituation von Afrikanern und Afro-Deutschen in Deutschland von 1884 bis 1950«, Berlin 1997, S. 134.

10 »Braune oder gelbe Hautfarbe«, so hieß es in einem juristischen Kommentar als Hinweis für den untersuchenden Arzt, sei das erste Indiz, denn »gelbe Hautfarbe besitzt auch der Neger, die dann herausmendeln kann …; Farbreste lassen sich nachweisen in der Nasolabialfalte und auf den Möndchen der Fingernägel, bräunliche oder gelbliche, meist marmorierte oder klein-

eckige Färbung des sogenannten Augenweiß (Beinhaut); bei Kindern unter fünf Jahren findet sich am oberen Ende der Gesäßspalte manchmal ein blauer Fleck. Das Haar ist spiralgedreht (engkraus) oder gekreppt, oder es kann sehr hart und straff sein. Breite niedrige Nase, geblähte Nüstern, quer ovale oder quer dreieckige Nasenlöcher deuten gleichfalls auf fremdrassigen Einschlag. Die Nasenwurzel ist oft breit und niedrig. Verdächtig sind auch aufgeworfene, verdickte Lippen ... Es wird sich als notwendig erweisen, nicht nur den zu Beurteilenden, sondern womöglich seine Eltern und etwaigen Geschwister anzusehen. Wenn dies nicht möglich ist, lasse man sich zumindest Fotografien vorlegen.« Zit. bei Andreas Rethmeier, a. a. O., S. 204, Anm. 26.

11 Vgl. dazu Pascal Grosse, »Koloniale Lebenswelten in Berlin 1885–1945«, in: Ulrich van der Heyden/Joachim Zeller (Hg.), a. a. O., S. 195–201, hier S. 199.

12 Weiter hieß es: »Sollen wir schweigend dulden, daß künftig an den Ufern des Rheins statt der hellen Lieder weißer, schöngesichtiger, gutgewachsener, geistig hochstehender, regsamer, gesunder Deutschen die krächzenden Laute grauscheckiger, niederstirniger, breitschnäuziger, plumper, halbtierischer, syphilitischer Mulatten ertönen?« *Ärztliche Rundschau* Nr. 47, 20. November 1920.

13 Vgl. dazu Reiner Pommerin, »›Sterilisierung der Rheinlandbastarde‹. Das Schicksal einer farbigen deutschen Minderheit 1918–1937«, Düsseldorf 1979.

14 Vgl. dazu Harald Sippel, »Kolonialverwaltung ohne Kolonien – das Kolonialpolitische Amt der NSDAP und das geplante Reichskolonialministerium«, in: Ulrich van der Heyden/Joachim Zeller (Hg.), a. a. O., S. 256–261, hier S. 257 f.

15 Zit. nach Horst Gründer (Hg.), »›... da und dort ein neues Deutschland gründen‹. Rassismus, Kolonien und kolonialer Gedanke vom 16. bis zum 20. Jahrhundert«, München [3]2006, S. 333 und 347.

16 Vgl. dazu Heiko Möhle, »Betreuung, Erfassung, Kontrolle. Die ›Deutsche Gesellschaft für Eingeborenenkunde‹«, in: Ulrich van der Heyden/Joachim Zeller, a. a. O., S. 243–251, hier S. 245.

17 Aktennotiz des Leiters der für Kolonialfragen zuständigen Abteilung III K des Außenamts zur Lage der in Deutschland lebenden Schwarzen aus den ehemaligen deutschen Schutzgebieten vom 7. November 1934, zit. nach Peter Martin, a. a. O., S. 410.

18 Vgl. dazu Katharina Oguntoye, a. a. O., S. 115 ff., außerdem Bastian Breiter,

»Der Weg des ›treuen Askari‹ ins Konzentrationslager«, in: Ulrich van der Heyden/Joachim Zeller, a. a. O., S. 216.

19 Zit. nach Heiko Möhle, a. a. O., S. 249 f. Vgl. hierzu auch Susann Lewerenz, »Die Deutsche Afrika-Schau (1935–1940)«, Frankfurt am Main 2006.

20 Aktennotiz über die Mitgliedschaft einer Jugendlichen, »z. Zt. im Untergau Bonn tätig«, im Bund Deutscher Mädel vom 7. November 1936, zit. nach Peter Martin, a. a. O., S. 417.

21 Zit. nach Peter Martin, a. a. O., S. 332.

22 Vgl. William J. Baker, »An American Life«, New York 1986, S. 90 f.

23 Brief von Hanneliese Henow vom 20. Oktober 2002.

24 Feldpost von Horst Sabac el Cher, Feldpostnummer 33490 B, vom 19. Dezember 1942, Privatbesitz.

25 Vgl. Deutsches Reich Arbeitsbuch Nr. KM/00598 von Horst Sabac el Cher, ausgestellt vom Arbeitsamt Teltow Nebenstelle Königswusterhausen am 9. August 1935, Privatbesitz; Angestelltenversicherung Versicherungskarte Nr. 6 von Horst Sabac el Cher, ausgestellt am 17. September 1938, Privatbesitz.

26 Vgl. Brief von Axel Sabac el Cher vom 19. Januar 2001.

27 »Jetzt wird es für ihn doch höchste Zeit«, hatte Günther auf der Karte von Agnes neben die Adresse notiert. Karte von Agnes an Herbert Sabac el Cher vom 1. Mai 1939, Privatbesitz.

28 Vgl. Familienstammbuch Herbert Sabac el Cher, S. 6, Privatbesitz.

29 Apostelgeschichte 16,31: »Glaube an den Herrn Jesus Christus; so wirst du und dein Haus selig«, Brief von Horst und Liesbeth Sabac el Cher vom 11. Mai 1939, Privatbesitz.

30 Brief von Editha Horn an Agnes und Herbert Sabac el Cher vom 10. Mai 1939, Privatbesitz.

31 Alle hier aufgeführten Verträge stammen aus dem Nachlass Editha Horns.

32 Zeitungsausschnitt ohne Quellenangabe, August 1937, Nachlass Editha Horn.

33 Kritiken im *Neuen Baden-Badener Tageblatt* und im *Badeblatt* vom 25. August 1937, Nachlass Editha Horn.

34 »Der Malerprinz«, Operette in 3 Akten von Walter Erwin Dietrich und Georg La Tour-Albrecht, Editha spielte die Rolle von Theresia, der Frau eines Malermeisters, und hatte auf der Besetzungsliste handschriftlich vermerkt: »50jährige, behäbige Wienerin! – Anno 1936 bin ich 23 Jahre alt!!!« Programmblatt Juni 1936, Nachlass Editha Horn.

35 Zeugnisse zwischen 1932 und 1936 sowie Abschlusszeugnis der mittleren

Reife an der »Staatlich anerkannten Städtischen Mittelschule«, Nachlass Ilse Horn.

36 Vgl. Zeugnis der Haushaltungsschule des Diakonissenhauses Paul-Gerhardt-Stift sowie ein Ausbildungsnachweis über einen Kurs in Maschinenschreiben und Kurzschrift, »Kurzschrift: 100 Silben in d. Minute, Maschinenschreiben: 3 Anschläge in d. Sek.«, Nachlass Ilse Horn.

37 Interview mit Traute Barm vom 30. August 2005.

38 Ein Kopie des Trauscheins mit aufgestempeltem und beglaubigtem Scheidungsdatum liegt dem Stammbuch der Familie Ernst Helmut Wachtel bei, Nachlass Editha Horn.

39 Dem Schreiben zufolge lag die »verfolgungsbedingte Minderung der Erwerbsfähigkeit« bei Gertrud Horn bis 1939 bei 30, bis 1942 bei 70 und seit 1. April 1945 bei 100 Prozent. Schreiben des Entschädigungsamtes Berlin an den Rechtsanwalt Paul Müller vom 4. Juli 1957, Nachlass Ilse Horn.

40 Schreiben der Deutschen Reichsbank an Gertrud Horn vom 4. Oktober 1940, Privatbesitz.

41 Laut Meldung vom 15. Mai 1940 bei der 5. Sanitäts-Ersatzabteilung 3. Wenige Wochen vor dieser ersten Meldung muss das Diensteintrittsdatum gelegen haben. Vgl. dazu das Schreiben der Deutschen Dienststelle für die Benachrichtigung der nächsten Angehörigen von Gefallenen der ehemaligen deutschen Wehrmacht vom 19. Juni 2002 und telefonische Auskunft von Herrn Kühmayer von der Deutschen Dienststelle vom 26. Juni 2002.

42 Telefonische Auskunft von Ilse Horn vom 31. Mai 2002.

43 Vgl. dazu Beate Meyer, »Jüdische Mischlinge – Rassenpolitik und Verfolgungserfahrung 1933–1945«, Hamburg 1999, S. 96, 230 f. »Mischlinge ersten Grades« hingegen wurden seit dem 8. April 1940 kategorisch mit einem »Ausschließungsschein« belegt.

44 Vgl. M. Rischmann, »Mohren als Spielleute und Musiker in der preußischen Armee«, in: *Zeitschrift für Heeres- und Uniformkunde* Heft 91/93, Juli/August/September 1936, S. 84.

45 Die im Folgenden zitierten Feldpostbriefe von Horst Sabac el Cher an seine Frau Liesbeth stammen vom 19., 22. und 25./26. Dezember 1942, Privatbesitz.

46 Zu den hier genannten Standorten von Horst Sabac el Cher vgl. Schreiben der Deutschen Dienststelle für die Benachrichtigung der nächsten Angehörigen von Gefallenen der ehemaligen deutschen Wehrmacht vom 19. Juni 2002.

47 Vgl. hierzu Peter Martin, »›… auf jeden Fall zu erschießen‹. Schwarze Kriegsgefangene in den Lagern der Nazis«, in: *Mittelweg* 36/5, 1999, S. 76–91.

48 Vgl. zum Kriegsverlauf www.dhm.de\lemo.

49 Schreiben des Batteriehauptmanns von Horst Sabac el Cher, Dienststelle 33490B, vom 7. Februar 1943, Privatbesitz.

50 Vgl. Übersichtsskizze der Kaukasusreise, 1862, in: Leopold von Schlözer, »Generalfeldmarschall Freiherr von Loë, ein militärisches Zeit- und Lebensbild«, Berlin 1914, Anhang.

51 Vgl. dazu Dienstvertrag von Herbert Sabac el Cher, Personalakte Herbert Sabac el Cher, Stadtarchiv Mannheim.

52 Vgl. dazu die Bescheinigung der Direktion der Höheren Privatschule Schwarz vom 19. November 1943, Personalakte Herbert Sabac el Cher, Stadtarchiv Mannheim.

53 So ist etwa ein Schreiben von Friedrich Wilhelm Höschel, dem Vormund seines unehelichen Sohnes Siegfried, an das Nationaltheater Mannheim erhalten, in dem er am 22. September 1943 ausstehende Zahlungen »für mein Mündel Siegfried Hollstein« anmahnt, was von der Theaterleitung mit dem Hinweis beantwortet wird, Herbert habe »infolge des Terrorangriffs auf Mannheim noch keine ständige Wohnung«. Personalakte Herbert Sabac el Cher, Stadtarchiv Mannheim.

54 Personalakte Herbert Sabac el Cher, Stadtarchiv Mannheim.

55 Vgl. dazu Brief von Axel Sabac el Cher vom 19. Januar 2001; Dr. Peter Funk, »Von der Dissonanz zum Wohlklang, Nationaltheaterquartett in Heidelberg«, in: *Hakenkreuzbanner,* Mai 1944, Quartettkritiken, Privatbesitz.

56 Franz Notz, »Kammerkonzert des Streichquartetts des Nationaltheaters«, in: *Bodensee-Rundschau,* Nr. 285, vom 4. Dezember 1943.

57 K. E. Wiemann, »Kammermusikabend in Müllheim. Das Streichquartett des Nationalorchesters Mannheim gastierte«, in: *Der Allemanne,* vom 17. Dezember 1943.

58 Hildegard Schäfer, »Kammermusik im Stadtparksaal«, Sinsheim, Zeitungskritik Februar 1943, in: Quartettkritiken, Privatbesitz.

59 Interview mit Axel Sabac el Cher vom 7. September 2006.

60 Schreiben von Helfriede Höschel-Frauböse, der Tochter Elfriede Hollsteins, vom 11. Juli 2007.

61 Brief von Agnes Sabac el Cher an Elfriede Höschel vom 22. April 1941, hier wird als Absenderadresse noch die Roonstraße 36 in Köln angegeben.

62 Vgl. dazu 11. August 1944, Badenweiler, Kurhaussaal 20 Uhr, in: Quartettkritiken, Privatbesitz.

63 Vgl. dazu Meldebescheinigung bei der Allgemeinen Ortskrankenkasse Mannheim vom 18. Oktober 1944, Personalakte Herbert Sabac el Cher, Stadtarchiv Mannheim.

64 Laut Schreiben der Deutschen Dienststelle für die Benachrichtigung der nächsten Angehörigen von Gefallenen der ehemaligen deutschen Wehrmacht vom 19. Juni 2002 wurde er der Stammkompanie Kraftfahr-Ersatzabteilung 13 zugeteilt. Im Personalbogen von Herbert Sabac el Cher steht unter Punkt 8. Militärverhältnisse: g. w.Heimat, Landwehr II. Gemeint ist vermutlich der Tauglichkeitsgrad »gvHeimat = garnisonsverwendungsfähig in der Heimat und in den besetzten Gebieten, jedoch nicht im Operationsgebiet«.

65 Vgl. dazu »175 Jahre Musikalische Akademie des National-Theater-Orchesters Mannheim 1779–1954«, Ehrentafel der Gefallenen und Verstorbenen, Mannheim 1954, S. 3.

66 Vertragsbestätigung der Gastspielbühne Handwerk vom 11. August 1943, Nachlass Editha Horn.

67 Quittung über die Bestattungskosten für Elise Sabac el Cher, wohnhaft in der Willibald-Alexis Str. 27, in Höhe von 93 RM.

Kapitel 6

1 Schreiben des Städtischen Ausgleichsamtes an das Nationaltheater Mannheim, »Betrifft: Sabac el cher, betriebsnotwendige Anschaffung einer Geige«, vom 16. Juni 1954, Personalakte Herbert Sabac el Cher, Stadtarchiv Mannheim.

2 Vgl. Schreiben des Nationaltheaters vom 9. November 1945, Personalakte Herbert Sabac el Cher, Stadtarchiv Mannheim.

3 Vgl. dazu Quartettkritiken von Herbert Sabac el Cher vom 26. Dezember 1945 und Programmhinweis des 57th Field Hospital vom 30. Dezember 1945, Privatbesitz.

4 Vgl. dazu Programmhinweis Kammermusik-Abend des Heinz-Stanske-Quartett vom 20. Mai 1946, Privatbesitz.

5 Telefonische Auskunft von Helmut Mendius vom 14. Juni 2002.

6 So in der *Rheinpfalz* vom 31. Januar 1950.

7 Vgl. dazu Personalfragebogen und Eidesstattliche Erklärung von Herbert Sabac el Cher, Stadtarchiv Mannheim.

8 Vgl. dazu Bescheinigung vom 23. Mai 1947, Personalakte Herbert Sabac el Cher, Stadtarchiv Mannheim.

9 Vgl. dazu Schreiben des Wohnungsamts vom 2. Juni 1948 und vom Intendanten des Nationaltheaters vom 7. Juni 1948, Personalakte Herbert Sabac el Cher, Stadtarchiv Mannheim.

10 Ärztliche Atteste vom 23. März 1948 und 23. September 1947, hier auf der Rückseite der Vermerk: »... ist seit heute wieder zum Dienst gemeldet«, datiert auf den 7. Januar 1948, Personalakte Herbert Sabac el Cher, Stadtarchiv Mannheim.

11 Kündigungsschreiben des Intendanten des Nationaltheaters vom 18., handschriftlicher Einspruch Herbert Sabac el Chers vom 24. Januar sowie Aufhebung der Kündigung vom 2. Juni 1950, Personalakte Herbert Sabac el Cher, Stadtarchiv Mannheim.

12 Vgl. dazu Familienstammbuch Herbert Sabac el Cher, S. 15, Privatbesitz.

13 Vgl. dazu Schreiben des Städtischen Personalamtes vom 29. Januar 1954, Personalakte Herbert Sabac el Cher, Stadtarchiv Mannheim.

14 So Axel Sabac el Cher im Interview vom 7. September 2006.

15 Vgl. dazu Personalbogen sowie Urlaubsgesuch vom 15. April 1955; Bescheinigung der Firma Engelhorn + Sturm in Mannheim vom 25. Mai 1955, Personalakte Herbert Sabac el Cher, Stadtarchiv Mannheim.

16 Vgl. dazu Urlaubsgesuch vom 28. August 1963 und Vermerk vom 23. September 1963, Personalakte Herbert Sabac el Cher, Stadtarchiv Mannheim. Die Amtsbezeichnung eines »Kammermusikers« war allen Orchestermitgliedern mit einer mindestens fünfjährigen Dienstzeit am 18. Januar 1960 durch einen Beschluss des Verwaltungs- und Finanzausschusses der Stadtverwaltung Mannheim verliehen worden, vgl. Schreiben des Intendanten des Nationaltheaters, Personalakte Herbert Sabac el Cher, Stadtarchiv Mannheim.

17 Im Archiv des Nationaltheaterorchesters Mannheim.

18 Telefonische Auskunft von Klaus Schneider im Juli 2007.

19 Brief von Liesbeth Sabac el Cher an Herbert Sabac el Cher vom 11. August 1961, Privatbesitz. Zu den verbürgten Fakten in Bezug auf Horsts Verschwinden vgl. Deutsches Rotes Kreuz Suchdienst Heimkehrer-Erklärung von Konrad Schreiber vom 17. Juli 1952, von Fredo Heinatz vom 22. Au-

gust 1952 und Ernst Wörner vom 28. Oktober 1952, Privatbesitz. Laut Auskunft der Deutschen Dienststelle wurde Horst am 7. Januar 1943 bei Matjugorin/Kaukasus vermisst, das etwa zehn Kilometer von Uruchskaja entfernt liegt. Schreiben der deutschen Dienststelle, a. a. O.

20 Vgl. dazu Schreiben des Kreisgerichts Königs Wusterhausen, Geschäftsnummer 3 D 62/63, vom 2. Juli 1962 an Liesbeth Sabac el Cher, Privatbesitz.

21 Brief von Liesbeth Sabac el Cher an Herbert Sabac el Cher vom 11. August 1961, Privatbesitz.

22 Vgl. hierzu »Schießbefehl für DDR-Grenze entdeckt: ›Zögern Sie nicht, auch nicht bei Frauen und Kindern‹«, vgl. Spiegel online, 11. August 2007, nachzulesen unter http: // www.spiegel.de / panorama / zeitgeschichte / 0,1518,499434,00.html

23 Telefonische Auskunft von Klaus Schneider im Juli 2007.

24 Kondolenzschreiben von Ilse und Editha Horn vom 1. April 1986, Privatbesitz.

25 Darsteller-Vertrag über die Rolle der »Frau Haas« in »Die Halbstarken« mit der Interwest Film GmbH in Berlin-Lankwitz vom 17. Juli 1956, Nachlass Editha Horn.

Literaturverzeichnis

»Album der Orientalischen Reise vom Februar-August 1843«, Deutsches Historisches Museum, Berlin, Inv.-Nr.: Do 2001/28

Bab, Bettina/Wolfgang Weiss, »250 Jahre Dreifaltigkeitskirche 1739–1989«, Berlin 1990

Baker, William J., »An American Life«, New York 1986

Bechhaus-Gerst, Marianne/Reinhard Klein-Arendt (Hg.), »Die (koloniale) Begegnung. AfrikanerInnen in Deutschland 1880–1945. Deutsche in Afrika 1880–1918«, Frankfurt am Main 2003

»Beitrag zu den Erinnerungen 1870/71, Prinz Friedrich Heinrich Albrecht von Preußen«, Berlin 1895

Boguslawski, A. von (Hg.), »Aus der preussischen Hof- und diplomatischen Gesellschaft«, Stuttgart/Berlin 1903

»Das kleine Buch vom Deutschen Heere. Ein Hand- und Nachschlagebuch zur Belehrung über die deutsche Kriegsmacht«, Kiel/Leipzig 1901

Erbkam, Georg, unveröffentlichte Tagebücher. Dauerleihgabe an das altägyptische Wörterbuch in der Berlin-Brandenburgischen Akademie der Wissenschaften. Transkribiert von Elke Freier.

Familienstammbuch Gustav Sabac el Cher, Privatbesitz

»Genossen der Gegenwart, mit einem Vorwort des Verfassers des Mefistofeles«, Coesfeld 1843

Graichen, Gisela/Gründer, Horst (Hg.), »Deutsche Kolonien. Traum und Trauma«, München 2005

Gründer, Horst (Hg.), »›da und dort ein neues Deutschland gründen‹. Rassismus, Kolonien und kolonialer Gedanke vom 16. bis zum 20. Jahrhundert«, München 2006

Hasenclever, Adolf, »Geschichte Ägyptens im 19. Jahrhundert 1798–1914«, Halle a. S. 1917

Heyden, Ulrich van der/Joachim Zeller (Hg.), »Kolonialmetropole Berlin«, Berlin 2002

Jäger, August, »Das Leben des Fürsten von Pückler-Muskau«, Stuttgart 1843

»Johann Gottfried Schadow und die Kunst seiner Zeit«, Ausstellungskatalog, Köln 1994

Lepsius, Bernhard, »Haus Lepsius, vom geistigen Aufstieg Berlins zur Reichshauptstadt«, Berlin 1933

Lepsius, Richard, »Briefe aus Aegypten, Aethiopien und der Halbinsel des Sinai 1842–1845«, Berlin 1852

Lewerenz, Susann, »Die Deutsche Afrika-Schau (1935–1940)«, Frankfurt am Main 2006

Loë, General-Feldmarschall Freiherr v., »Erinnerungen aus meinem Berufsleben 1849 bis 1867«, Stuttgart und Leipzig 1906

Manthei, G., »Der herrschaftliche Diener. Lehrbuch zum Selbstunterricht nebst praktischer Anleitung zum Serviettenbrechen«, Berlin 1911

Martin, Peter, »Schwarze Teufel, edle Mohren«, Hamburg 1993

Martin, Peter / Christine Alonzo (Hg.), »Zwischen Charleston und Stechschritt. Schwarze im Nationalsozialismus«, München 2004

Meyer, Beate, »Jüdische Mischlinge – Rassenpolitik und Verfolgungserfahrung 1933–1945«, Hamburg 1999

Oguntoye, Katharina, »Eine afro-deutsche Geschichte. Zur Lebenssituation von Afrikanern und Afro-Deutschen in Deutschland von 1884 bis 1950«, Berlin 1997

Pierer's Universallexikon Bd. 17, Altenburg 1857 / 1865

Pommerin, Reiner, »›Sterilisierung der Rheinlandbastarde‹. Das Schicksal einer farbigen deutschen Minderheit 1918–1937«, Düsseldorf 1979

Pückler-Muskau, Hermann Fürst von, »Aus Mehemed Alis Reich. Ägypten und der Sudan um 1840«, Zürich 1988

Reclam, Carl von, »Geschichte der Familie Reclam«, Leipzig 1895

Reed-Anderson, Paulette, »Eine Geschichte von mehr als 100 Jahren. Die Anfänge der Afrikanischen Diaspora in Berlin«, Berlin 1995

Rethmeier, Andreas, »›Nürnberger Rassegesetze‹ und Entrechtung der Juden im Zivilrecht«, Frankfurt am Main 1995

Rischmann, M., »Mohren als Spielleute und Musiker in der preußischen Armee«, in: *Zeitschrift für Heeres- und Uniformkunde* Heft 91 / 93, Juli / August / September 1936

Rochow, Caroline von, »Vom Leben am preußischen Hofe 1815–1852«, Berlin 1908

Schlözer, Leopold von, »Generalfeldmarschall Freiherr von Loë, ein militärisches Zeit- und Lebensbild«, Berlin 1914

SETHE, PAUL, »Russische Geschichte«, Frankfurt am Main 1965
SIEVERS, JOHANNES, »Karl F. Schinkels Lebenswerk«, Bd. 7, Berlin/München 1954
STEIN, H. P., »Wort und Brauch in Heer und Flotte«, Stuttgart 1986
TRANSFELDT, WALTER, »Wort und Brauchtum des Soldaten«, Hamburg 1959
WILDUNG, DIETRICH, »Preußen am Nil«, Berlin 2002
ZEIDLER, HANS UND HEIDI, »Der vergessene Prinz«, Dresden 1995
ZEIDLER, HEIDEMARIE, »Lebensdaten des Prinzen Friedrich Heinrich Albrecht von Preußen 1809–1872«. Unveröffentlichtes Manuskript im Besitz des Deutschen Historischen Museums, Berlin

Personenregister

(**Fett** gedruckte Seitenzahlen verweisen auf Abbildungen)

A

Abeken, Heinrich 41
Ajiamé (auch Machbuba) 45, 58, 61
Albert, König von Sachsen 113
Albert, Herbert 223
Albrecht, Prinz von Preußen 12, **13,** 14, 16 ff., 24 ff., 31, 39, **40,** 43–47, 49, **49,** 55, 59 ff., 67 ff., 70, **75,** 75–78, 80, 82, 84 f., 113, 203, 237
Albrecht, Sohn von Prinz Albrecht von Preußen 85
Alexander II. Nikolajewitsch, Zar von Russland 71, 77
Alexandra Fjodorowna, geb. Charlotte von Preußen, Schwester Albrechts von Preußen, Zarin von Russland 12, 71, **72**
Arndt, Paul 206, 208

B

Baker, Josephine 135
Banze, Günther, Adoptivsohn von Herbert Sabac el Cher 144, **145,** 178, 203, 208
Banze, Melitta, Adoptivtochter von Herbert Sabac el Cher 144, **145,** 178, 203
Barm, Traute 131, 189, 232
Barm, Victor 232
Bechtel, Willi 101, **185**
Becker, Luise, *s.* Luise Sabac el Cher
Beethoven, Ludwig van 192, 206
Behr, Ludwig 206
Bismarck, Otto von 98
Bonomi, Josef 40 f.
Brahms, Johannes 97, 223

C

Castan, Louis 99
Champollion, Jean-François 21 f.
Charlotte, Prinzessin von Preußen, Tochter von Marianne und Albrecht von Preußen 12
Chocolate Kiddies 135
Claire (auch »Cler«), Major von 42, **42,** 47
Coulomb (Architekt) 41
Curt, Erich, Bruder von Liesbeth 224
Curt, Friedrich, Vater von Liesbeth 146

Curt, Hanni, Schwester von Liesbeth 224
Curt, Liesbeth, *s.* Liesbeth Sabac el Cher

D

Delina, Lissi 105, **106**
Deubner (Lakai) 47, **47,** 49, 62
Doerstling, Emil 11 f., 93, 107
Dusand, Godefroy **29**
Dvořák, Antonin 205 f.

E

Ellington, Duke 135
Erbkam, Bernhard 42
Erbkam, Georg 26, 36–39, 41, 43, 45, 70

F

Fischer, Eugen 165, 167
Frey, Johann Jakob 46
Friedrich I., König von Preußen, Vater des »Soldatenkönigs« 92
Friedrich Wilhelm von Brandenburg, der Große Kurfürst 65, 78, 92
Friedrich Wilhelm I. König von Preußen, der »Soldatenkönig« 68, 92
Friedrich Wilhelm III., König von Preußen 12, 16, 62
Friedrich Wilhelm IV., König von Preußen 12, 17, 21, 23 f., **25,** 67–70, 84

G

Gabre Máriam 45, 58, 61
Goebbels, Joseph 202
Goetz, Curt 161
Grünwald, Carl Maria 9 f.

H

Hagenbeck, Carl **98,** 99
Heine, Dr. (Pfarrer) 110
Hennings (Hebamme) 101
Heydrich, Reinhard 148
Hitler, Adolf 133, 148 ff., 161, 165, 167, 172 f., 195 f., 202, 212
Höschel, Elfriede, geb. Hollstein 207
Höschel, Friedrich Wilhelm 145
Höschel, Helfriede 145
Hohenau, Rosalie Gräfin von, *s.* Rosalie von Rauch
Hollstein (*s. a.* Höschel), Elfriede 136, 139, 144 f.
Hollstein, Siegfried (unehel. Sohn von Herbert Sabac el Cher) 139, 145, 207
Horn, Editha 114, 129, **130,** 161 f., **163 f.,** 165, 170, 176, **179**ff., 180, 182, **182**f., 184, 186, 188 ff., 204, 208–212, **209,** 226 f., **231,** 232 f.
Horn, Gertrud, geb. Sabac el Cher 101, **102,** 114, **116,** 117 ff., **118,** 120 ff., **129,** 130 f., 146, 170, **171,** 176, **185,** 190 f., **209,** 210 f., 227
Horn, Ilse 128, **130,** 130 f., 144, 148, 170, **171,** 176, **185, 188,**

186–190, 192, **209**, 210 f., 226 f., 230, **231 f.**, 232 ff., 237
Horn, Karl-Egon 114, **116**, 120, 122, 128, 146, 148 f., **149**, 176, 190
Höschel, Elfriede, *s.* Elfriede Hollstein
Höschel, Friedrich Wilhelm 145
Humboldt, Alexander von 21, 24
Ibrahim (Dragoman) 32, **42**, 47
Ismail, Sohn Mehmed Alis 59

J

Jäger, August 58
Joachim, Joseph 97
Jung, Anna Maria, *s.* Anna Maria Sabac el Cher
Jung, Johann Friedrich 78
Jung, Julia, geb. von Reitzenstein 80

K

Karl, Prinz von Preußen, Bruder Albrechts 18
Kellermann, Herta, geb. Schwaddeck (Hausmädchen) 142, 153
Kenter, Heinz Dietrich 161
Kleist, Heinrich von 184
Koßleck, Professor 97
Kubitschek, Ruth Maria **228**

L

Lehmann (Taufpate von Herbert Sabac el Cher) 109
Lenné, Peter Joseph 14
Lepsius, Elisabeth 58
Lepsius, Richard 21–24, 26, 36, 38 f., 45 f., 58, 70
Lessing, Gotthold Ephraim 184
Loë, Walter Freiherr von 73 f.
Lohse, Adolph 69
Lüdecke, Wenzel 233
Ludwig II., König von Bayern 231
Luise, Königin von Preußen 12, 16
Luitpold von Bayern, Prinzregent 113
Luschan, Felix von 100

M

Machbuba, *s.* Ajiamé
Marianne, Prinzessin der Niederlande, erste Ehefrau Albrechts von Preußen 12, 14, **15**, 17, 68 f.
Mehmed Ali, Vizekönig von Ägypten 23, 26 f., **29**, 30, 43, 45, 59 f.
Mendius, Helmut 216
Minutoli, Johann Heinrich Carl Freiherr Menu von 23
Mozart, Wolfgang Amadeus 104, 205 f.

N

Napoleon I. Bonaparte 21, 58, 69
Neininger, Agnes, *s.* Agnes Sabac el Cher
Neininger, Günther, *s.* Günther Banze
Neininger, Melitta, *s.* Melitta Banze

Nikolaus I. Pawlowitsch, Zar von Russland 12, 71, 77, 113
Noel, Henry 82

O

Otto, Adolph 62
Otto, Jäger **43**, 48 f., 49, 62
Owens, Jesse 172 f.

P

Passalacqua, Giuseppe 23
Perling, Anna 109, 113 f., 118, **121**, 176
Perling, Bruno 109, 118
Perling, Gertrud, *s.* Gertrud Sabac el Cher
Perling, Oskar 117
Pieper, Dr. Waldemar 178
Pilzecker, Registrator 80
Pruner, Dr. Franz 40
Pückler-Muskau, Hermann Fürst von 27–32, 34, 45, 58, 61

R

Rabe, Johannes 26
Rauch, Rosalie von, Gräfin von Hohenau, zweite Ehefrau Albrechts von Preußen 17, 69 f., 80, 85
Rauch, Gustav von 17
Reclam, Charles 25 f., 32, 34, 37, 42, 44, 46, 48, 50 f., 61, 70 f., 76
Reitzenstein, Julia von, *s.* Julia Jung
Reitzenstein, Karl Friedrich Heinrich Theodor von 78
Rochow, Caroline von 14
Rohlfs, Gerhard 82
Rosselini, Ippolito 21 f.

S

Sabac el Cher
– Agnes, geb. Neininger, Frau von Herbert Sabac el Cher 144, **145**, 176 ff., 204, **205**, 207, 215, 219 ff., 236
– Angela, Tochter von Axel und Ingrid Sabac el Cher 237, **238**
– Anna Maria, geb. Jung, Frau von August Albrecht Sabac el Cher 78, **79**, 80, 88, 96, 113 f., 114, 176, 212
– August Albrecht 44 f., 48 ff., **49**, 52, 55 f., 58–65, 67 f., 71, 75–78, **75 ff.**, 80, 82, **83**, 84 ff., **87**, 88, 92, 120, 139, 203
– Axel, Sohn von Herbert und Agnes Sabac el Cher 178, 186, 190, 203 f., **205**, 206, 215, 219 ff., **234 ff.**, 235 ff., **238**
– Elise Bertha Charlotte, Tochter von August Albrecht und Anna Maria Sabac el Cher 55, 80, **81**, 100 f., 114, 129, 139, 148, **152**, 157, 170, 190, **209**, 210 ff., **212**
– Gertrud, geb. Perling, Frau von Gustav Albrecht Sabac el Cher 107, **108**, 109 f., 113, 117, **118**, 119, **129**, 140–143, **142**, 146, 150, **152**, 153, 155, 157, 161, 224, 237

– Gertrud, Tochter von Elise Bertha Charlotte Sabac el Cher, Frau von Karl Egon Horn, *s.* Gertrud Horn
– Gustav, Sohn von August Albrecht und Anna Maria Sabac el Cher 10 ff., 80, **81**, 86, 91–97, **94**, **96**, 100–111, **105 f.**, **108**, **112**, 113 f., **115**, 117, 120, 122 f., 127 f., **129**, 131 f., **132 f.**, 134 f., 139, 140 f., **142**, 143 f., 146, 148, 150, **152**, 153 ff., **154ff.**, 157, 161, 173, 192 ff., 218, 223 f., 226, 236 f.
– Herbert, Sohn von Gustav Albrecht und Gertrud Sabac el Cher 109 f., 117 f., **119**, **121**, 129, **129**, 135 f., **136 ff.**, **142**, 144 ff., **145**, 146 ff., 165, 170, 173, 176 ff., **177**, 191, 200, 203–208, **207**, 215 f., **217**, **219**, 220–223, 227, 236
– Horst, Sohn von Gustav Albrecht und Gertrud Sabac el Cher 110, **110**, 114, 117 f., **118 f.**, **121**, 129, **129**, 135, **137**, 141, **142**, 146, **147**, **149**, **152**, 154, 170, 173, **174 f.**, 176, 178, 191–197, **193**, **198**, 199f., **201**, 201 ff., 208, **212**, 223 f., **225**
– Ingrid, geb. Stüper, Frau von Axel Sabac el Cher 236, **236**
– Liesbeth, geb. Curt, Frau von Horst Sabac el Cher 146, **147**, 153 f., 173, 175 f., 178, 191, **193**, 194, 197, **198**, 199 f., 201 ff., 215, 223 f., **225**, 226 f., 235
– Luise, geb. Becker, zweite Ehefrau von Herbert Sabac el Cher 221
– Rudi, Sohn von Gustav Albrecht und Gertrud Sabac el Cher 110
Sandmann, Paul 128, 148
Scharnack (Lakai) 47, **47**
Schiller, Friedrich von 184
Schinkel, Karl Friedrich 14, 59
Schneider, Klaus 226
Schönfelder (Küster) 107
Schwimmer (Koch) **43**, 48, 80
Stanske, Heinz 216, **217**
Strauss, Richard 103
Ströhmer, August Ferdinand **42**, 42, 47, 49, 61 f., 67, 71, 80
Ströhmer, Berta 61, 80
Ströhmer, Friedrich Wilhelm 62
Ströhmer, Gustav Theodor 80
Stüler, Friedrich August 22
Stüper, Ingrid, *s.* Ingrid Sabac el Cher

TUV

Trotta, Margarethe von 230
Ulbricht, Walter 224
Varnhagen von Ense, Karl August 68

W

Wachtel, Helmut Ernst 190
Wagner (preußischer Konsul in Ägypten) 40 f.
Wagner, Richard 103, 131
Wallenstein, Heinrich 206
Weber (Konsul) 58
Wetzel, Dr. 187
Wieprecht, Wilhelm 95
Wild, James William 41
Wildenbruch, Ernestine von 51

Wildenbruch, Louis von 51
Wilhelm, Kronprinz von Preußen 122, 153
Wilhelm I König der Niederlande 12
Wilhelm I., König von Preußen, deutscher Kaiser 59, 84, 86, 115
Wilhelm II., deutscher Kaiser 98, **98**, 113, 118, 122, 153

Z

Zeisig (Taufpatin von Herbert Sabac el Cher) 109

Bildnachweis

Ägyptisches Museum, Berlin: S. 25
Archiv für Kunst und Geschichte: S. 57
Archiv der St. Lukas Gemeinde, Berlin: S. 84/85
Archiv Tierpark Hagenbeck, Hamburg: S. 98
Bildamt des Reichskolonialbundes: S. 168
Bildarchiv Preußischer Kulturbesitz, Berlin: S. 105
Deutsches Historisches Museum, Berlin: S. 27–29, 31, 33, 38, 40, 42–44, 47–50, 59, 66, 70, 72, 99, 104, 134, 151, 195, 222, 226
Geheimes Staatsarchiv Preußischer Kulturbesitz, Berlin: S. 63
Privatbesitz: S. 13, 15, 76, 77, 79, 81, 83, 87, 94, 96, 102, 106, 108, 110, 112, 115, 116, 118, 119, 121, 129, 130, 132, 133, 137, 138, 142, 145, 147, 149, 152, 154–156, 163, 164, 171, 174, 175, 177, 179–183, 185, 188, 193, 198, 201, 205, 209, 212, 217, 219, 225, 229, 231, 232, 234–236, 238
Staatsbibliothek zu Berlin: S. 75
Stadtarchiv Mannheim: S. 207
Universitätsarchiv der Universität der Künste Berlin: S. 136
Vogel, Alfred, »Erblehre und Rassenkunde«, Stuttgart 1938: S. 166
Zeitungsarchiv Rainer Kugel, Königs Wusterhausen: S. 141
Zweites Deutsches Fernsehen, Mainz: S. 228

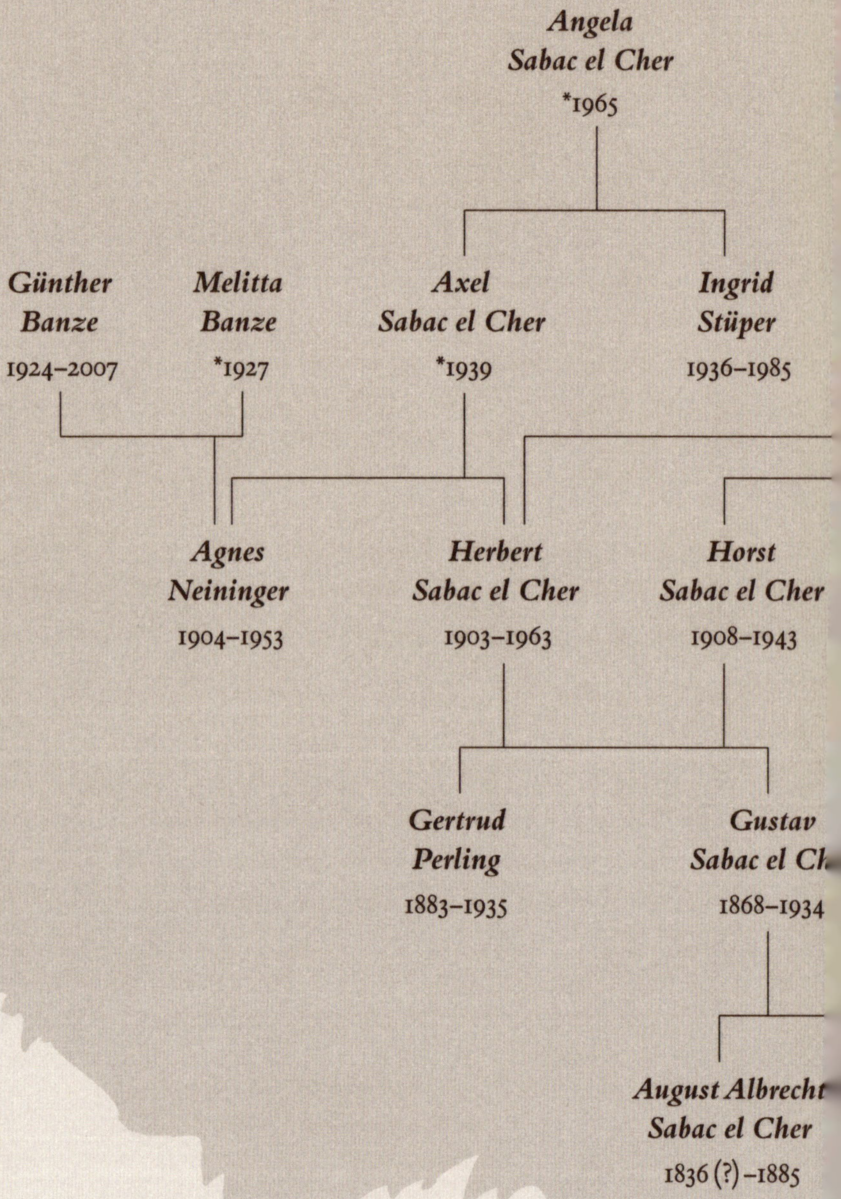
Angela
Sabac el Cher
*1965
Günther
Banze
1924–2007
Melitta
Banze
*1927
Axel
Sabac el Cher
*1939
Ingrid
Stüper
1936–1985
Agnes
Neininger
1904–1953
Herbert
Sabac el Cher
1903–1963
Horst
Sabac el Cher
1908–1943
Gertrud
Perling
1883–1935
Gustav
1868–1934
August Albrecht
Sabac el Cher
1836 (?) –1885